半導体からITサービスまで、世界視点での主要企業を地図で把握

グローバルITの世界地図

情報通信総合研究所
南 龍太 著

WORLD MAP
OF
RYUTA MINAMI
GLOBAL IT

ソシム

Arm Holdings
英国、ケンブリッジ

ロジック半導体の設計支援に特化。ソフトバンクが株式の約9割保有。

ルネサスエレクトロニクス
東京都江東区

ロジック、アナログなど様々な半導体を製造。車載分野に強み。

ラピダス
東京都千代田区

先端ロジック半導体の量産を目指して設立。北海道千歳市に工場設立。

Samsung Electronics
京畿道水原市

半導体製造最大手。ロジック半導体からアナログ半導体まで幅広く手掛ける。

UMC
新竹市

世界屈指の半導体製造受託企業。先端技術に強み。

TSMC
新竹市

世界初の半導体受託製造企業であり、台湾最大級の企業。先端技術に強み。

ロジック半導体

ロジック半導体とは、電子機器において論理演算や制御などの処理を担う半導体。CPU や GPU が該当する

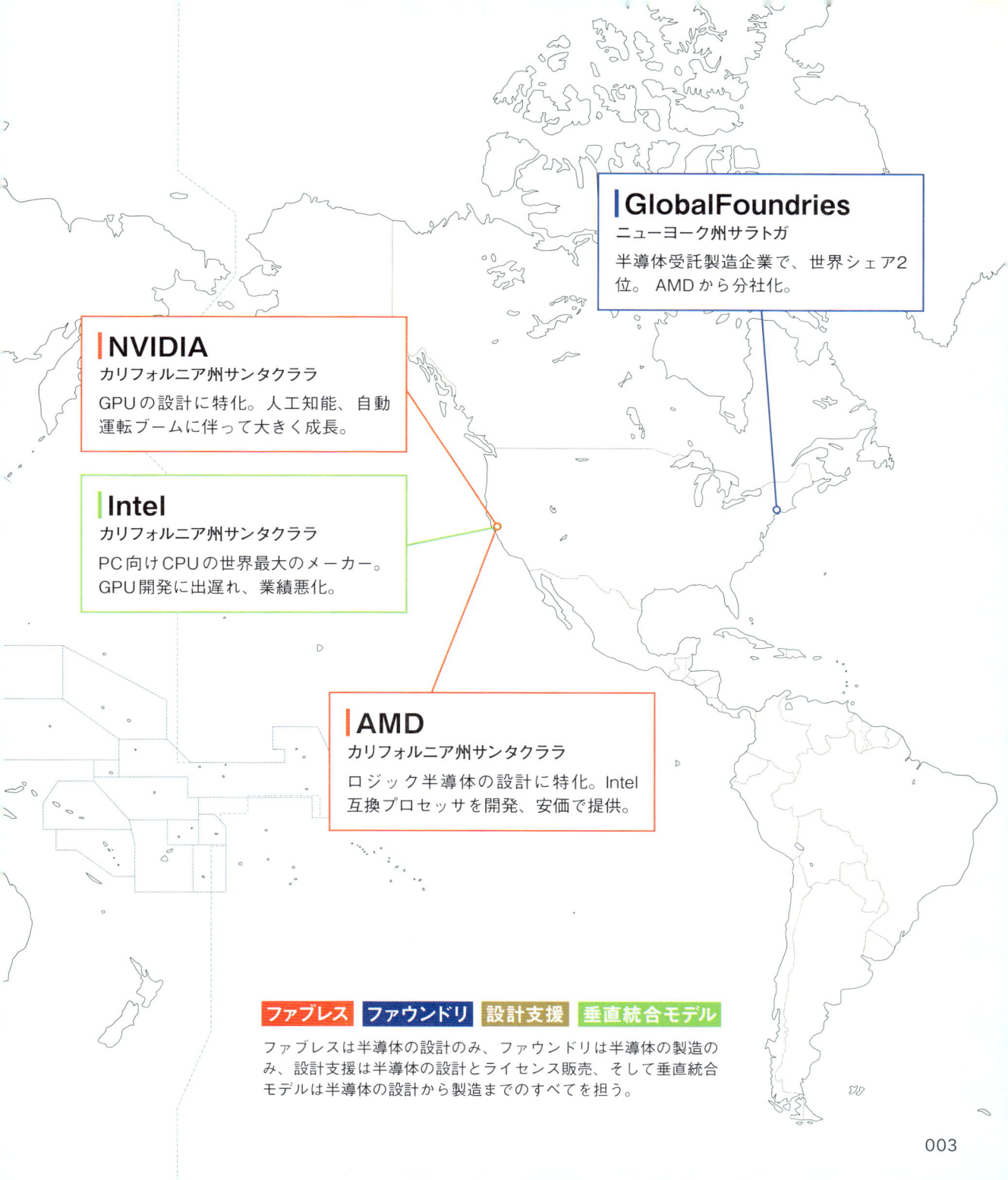

GlobalFoundries

ニューヨーク州サラトガ

半導体受託製造企業で、世界シェア2位。 AMD から分社化。

NVIDIA

カリフォルニア州サンタクララ

GPU の設計に特化。人工知能、自動運転ブームに伴って大きく成長。

Intel

カリフォルニア州サンタクララ

PC 向け CPU の世界最大のメーカー。GPU 開発に出遅れ、業績悪化。

AMD

カリフォルニア州サンタクララ

ロジック半導体の設計に特化。Intel 互換プロセッサを開発、安価で提供。

ファブレス　ファウンドリ　設計支援　垂直統合モデル

ファブレスは半導体の設計のみ、ファウンドリは半導体の製造のみ、設計支援は半導体の設計とライセンス販売、そして垂直統合モデルは半導体の設計から製造までのすべてを担う。

Infineon Technologies

ドイツ、バイエルン州

様々な半導体を開発・製造。Siemens
から分離・独立。

ルネサスエレクトロニクス

東京都江東区

ロジック、アナログなど様々な半導体
を製造。車載分野に強み。

キオクシア

東京都港区

主にフラッシュメモリを開発・製造。
東芝の半導体メモリ事業から分社化。

Samsung Electronics

京畿道水原市

半導体製造最大手。DRAM、NAND
ともにトップシェア。

SK hynix

京畿道利川市

様々な半導体を開発・製造。特に、
DRAMの製造に強み。

半導体メモリ

半導体メモリとは、データを一時的または半
永続的に保存するための半導体。DRAM や
SRAM、NAND フラッシュなどが該当する

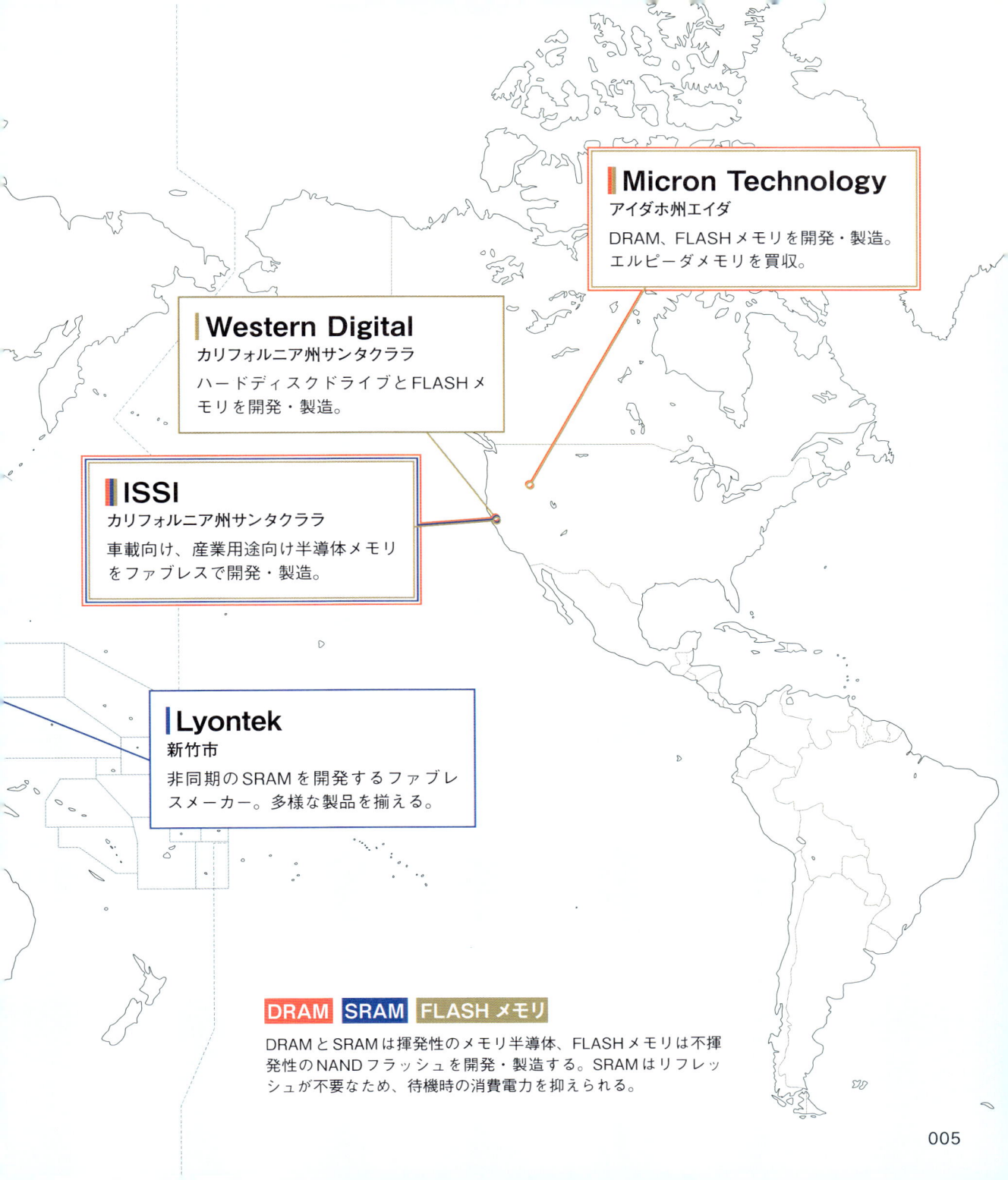

Micron Technology
アイダホ州エイダ

DRAM、FLASHメモリを開発・製造。エルピーダメモリを買収。

Western Digital
カリフォルニア州サンタクララ

ハードディスクドライブとFLASHメモリを開発・製造。

ISSI
カリフォルニア州サンタクララ

車載向け、産業用途向け半導体メモリをファブレスで開発・製造。

Lyontek
新竹市

非同期のSRAMを開発するファブレスメーカー。多様な製品を揃える。

DRAM **SRAM** **FLASHメモリ**

DRAMとSRAMは揮発性のメモリ半導体、FLASHメモリは不揮発性のNANDフラッシュを開発・製造する。SRAMはリフレッシュが不要なため、待機時の消費電力を抑えられる。

STMicroelectronics

スイス、ジュネーブ

マイクロコントローラ、アナログ
IC、ディスクリート半導体を製造。

TDK

東京都中央区

電子材料、電子部品などを開発・製
造。主力事業を積極的に入れ替え。

ソニーセミコンダクタ
ソリューションズ

神奈川県厚木市

イメージセンサ、各種LSIなどを開発・
製造。CMOSセンサ最大手。

Samsung Electronics

京畿道水原市

家電、スマホ、電子部品などを開発・
製造。メモリ半導体に強み。

Yageo

新北市

抵抗器、コンデンサ、センサなどを製
造する電子部品メーカー。

アナログ半導体

アナログ半導体とは、電圧や電流などの連続的
な信号を処理、増幅、変換、または制御するた
めの半導体。センサやコンデンサなどが該当

OMNIVISION Technologies
カリフォルニア州サンタクララ

CMOSイメージセンサの専業メーカー。車載向けに強み。

Texas Instruments
テキサス州ダラス

オペアンプ、ADC、DACなどを製造。幅広い製品ラインナップ。

キヤノン
東京都大田区

映像機器、事務機器、半導体製造装置などを製造。CMOSセンサも。

太陽誘電
東京都中央区

コンデンサ、インダクタなどを製造するほか、ソリューションを提供。

村田製作所
京都府長岡京市

コンデンサ、フィルタ、センサなどを製造。祖業は碍子などの陶器製品。

ON Semiconductor
アリゾナ州スコッツデール

センサなど様々な半導体を製造。モトローラから分離・独立。

ローム
京都府京都市

電源管理IC、電子部品などを製造。効率性、小型化に優れる。

CMOSセンサ **積層セラミックコンデンサ** **その他**

CMOSセンサはCMOSを用いた固体撮像素子を開発・製造し、積層セラミックコンデンサは電極と誘電体とを積み重ねたコンデンサを開発・製造する。

BOE Technology Group
北京市

主に液晶・有機ELディスプレイを開発・製造。液晶パネル世界1位。

Lenovo
北京市

PC、周辺機器を開発・製造。IBM、NEC、富士通などのPC部門を買収。

LG Display
ソウル市

LGグループ傘下のディスプレイメーカー。大型有機ELに強み。

Samsung Display
京畿道龍仁市

サムスン電子傘下のディスプレイメーカー。有機ELパネルに注力。

コニカミノルタ
東京都千代田区

事務機器、光学機器などを製造。コニカとミノルタが経営統合して発足。

日立製作所
東京都千代田区

重電機器を製造し、ITソリューションを提供。海外展開で事業成長。

富士通
神奈川県川崎市

ITソリューションが現在の主業。メインフレームの製造は中止予定。

コンピュータ、周辺機器

コンピュータとはプログラムに基づき自動計算する機械の総称、周辺機器とはコンピュータの出入力などを支援する機械の総称

Apple
カリフォルニア州サンタクララ

PC、モバイルデバイスなどを開発・製造。AIにも注力。

キヤノン
東京都大田区

映像機器、事務機器、半導体製造装置などを製造。光技術に強み。

リコー
東京都大田区

事務機器、光学機器などを開発・製造。複写機用感光紙が祖業。

Hewlett Packard
カリフォルニア州サンタクララ

PC、プリンタなどを開発・製造。企業向け機器を扱うHPEと分離。

DELL Technologies
テキサス州ラウンドロック

PC、サーバ、データストレージ、周辺機器を開発・製造。

IBM
ニューヨーク州ウェストチェスター

ITソリューションとコンサルティングを提供。AIにも注力。

PC　メインフレーム　プリンタ　モニター

PCは個人向けコンピュータ、メインフレームは巨大組織向け大型コンピュータ、プリンタは個人・オフィス向けプリンタ、モニターは液晶・有機ELモニタを製造。

Xiaomi
北京市

スマートフォン、スマート白物家電を製造。近年はEV事業にも参入。

Lenovo
北京市

PC、周辺機器を開発・製造。IBM、NEC、富士通などのPC部門を買収。

Guangdong OPPO Mobile Telecommunications
広東省東莞市

スマートフォン、オーディオ機器などを製造。BBKグループ傘下。

vivo Mobile Communication
広東省東莞市

スマートフォン、そのアクセサリなどを製造。BBKグループ傘下。

Huawei Technologies
広東省深圳市

通信機器やスマートフォンを製造。スマートウォッチで売上世界1位。

Pegatron
台北市

PCを中心としたコンピュータ機器、ゲーム機などを製造。

Foxconn
新北市

PC、スマートフォン、ゲーム機などの製造を受託。シャープを買収。

モバイルデバイス

モバイルデバイスとは、充電式バッテリーなどの独立した電源を持つ、小型軽量で持ち運び可能な電子機器の総称

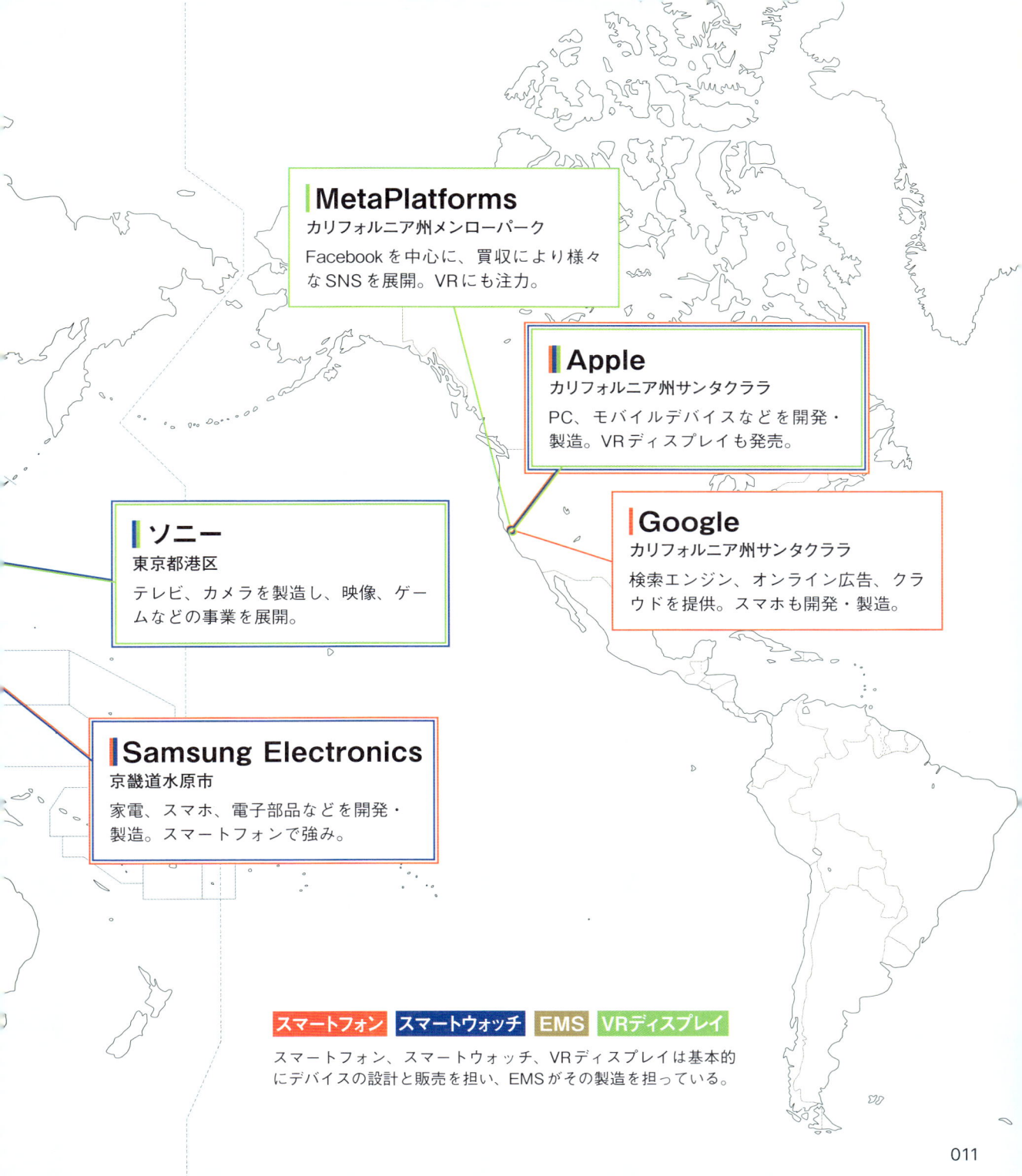

MetaPlatforms

カリフォルニア州メンローパーク

Facebook を中心に、買収により様々な SNS を展開。VR にも注力。

Apple

カリフォルニア州サンタクララ

PC、モバイルデバイスなどを開発・製造。VR ディスプレイも発売。

ソニー

東京都港区

テレビ、カメラを製造し、映像、ゲームなどの事業を展開。

Google

カリフォルニア州サンタクララ

検索エンジン、オンライン広告、クラウドを提供。スマホも開発・製造。

Samsung Electronics

京畿道水原市

家電、スマホ、電子部品などを開発・製造。スマートフォンで強み。

スマートフォン　スマートウォッチ　EMS　VRディスプレイ

スマートフォン、スマートウォッチ、VR ディスプレイは基本的にデバイスの設計と販売を担い、EMS がその製造を担っている。

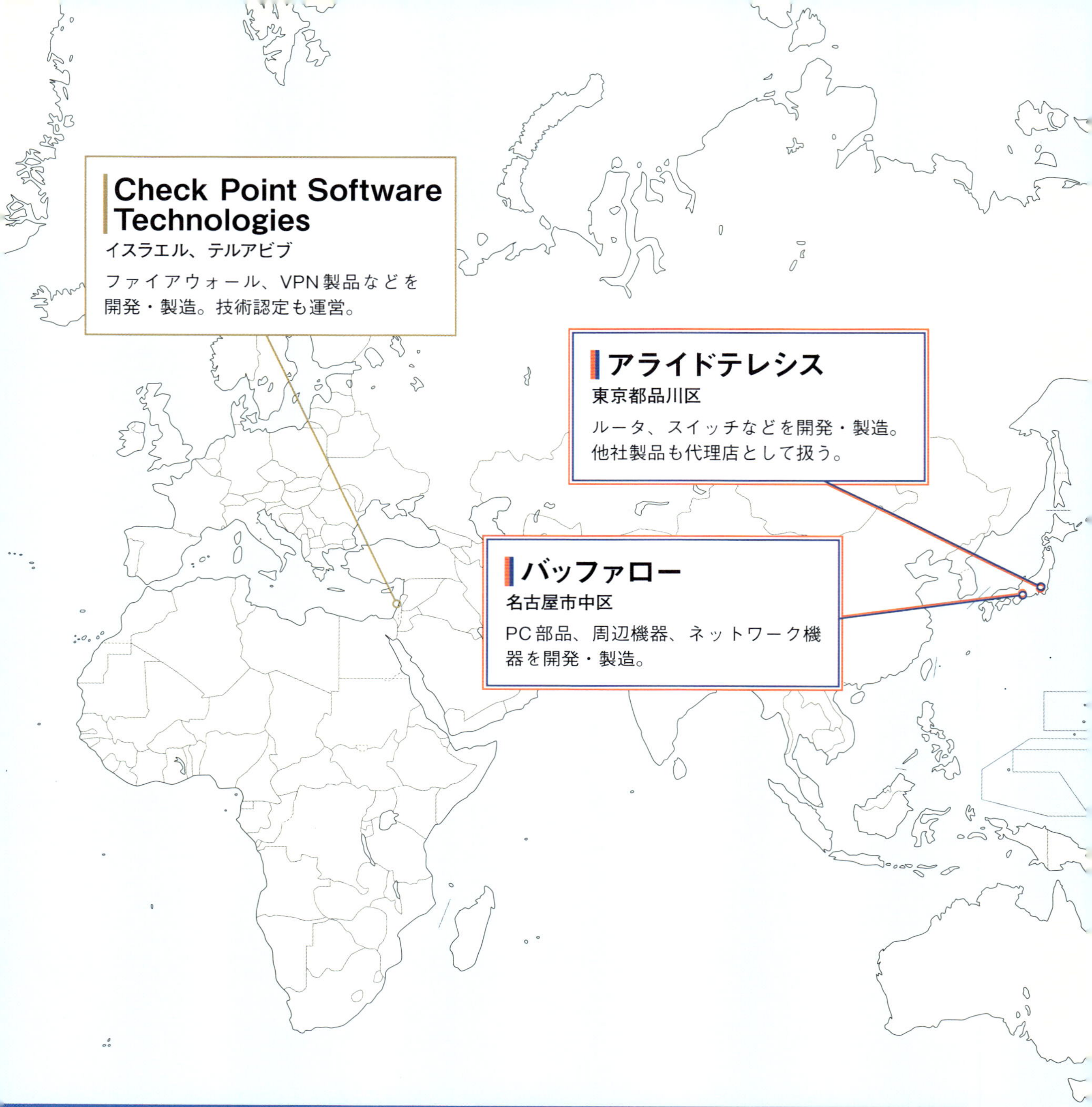

Check Point Software Technologies

イスラエル、テルアビブ

ファイアウォール、VPN 製品などを
開発・製造。技術認定も運営。

アライドテレシス

東京都品川区

ルータ、スイッチなどを開発・製造。
他社製品も代理店として扱う。

バッファロー

名古屋市中区

PC 部品、周辺機器、ネットワーク機
器を開発・製造。

ネットワーク機器

コンピュータネットワーク上でデータの送受
信を管理・制御し、ネットワーク外からの攻
撃を防御するハードウェア

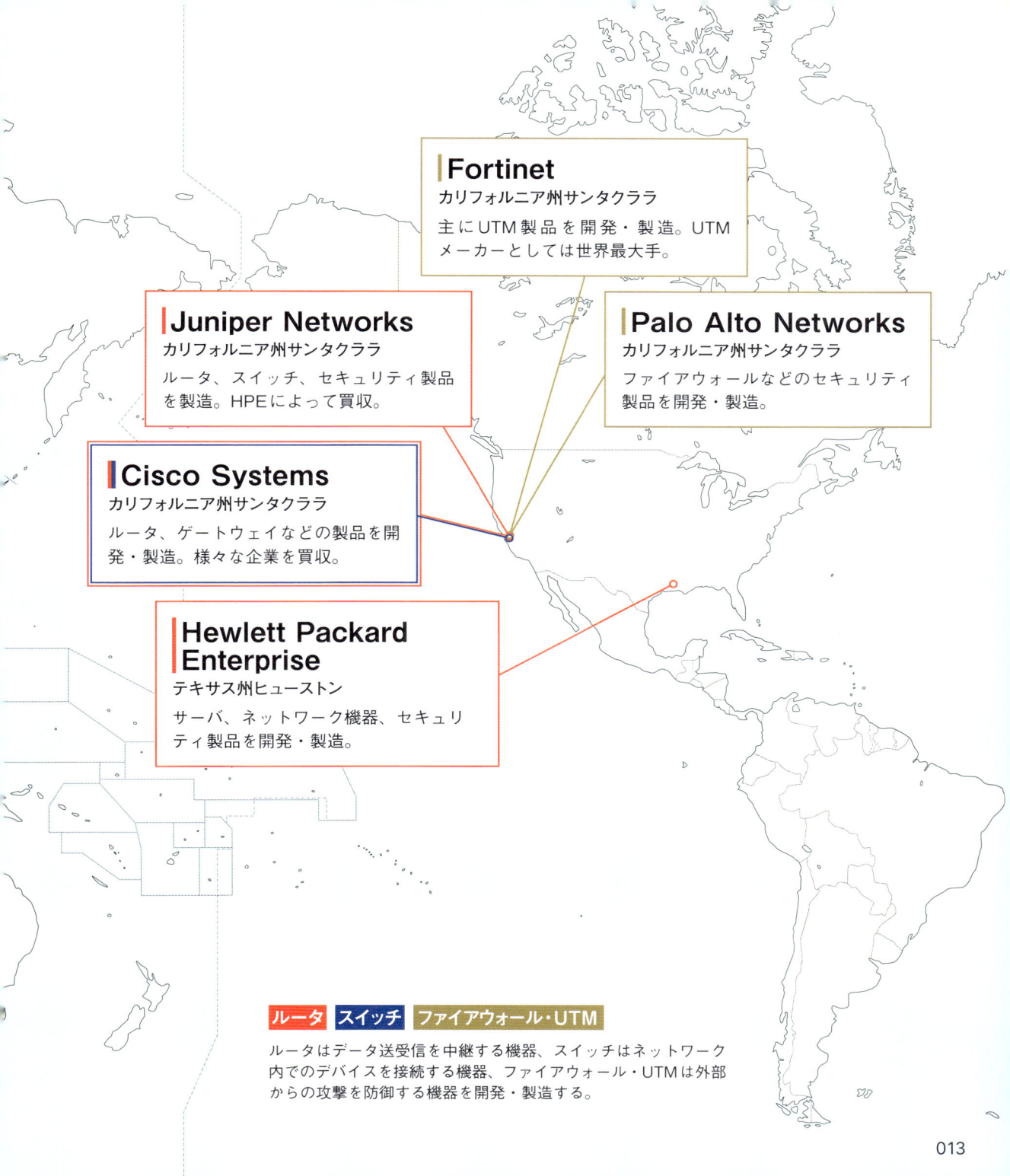

Fortinet
カリフォルニア州サンタクララ

主に UTM 製品を開発・製造。UTM メーカーとしては世界最大手。

Juniper Networks
カリフォルニア州サンタクララ

ルータ、スイッチ、セキュリティ製品を製造。HPE によって買収。

Palo Alto Networks
カリフォルニア州サンタクララ

ファイアウォールなどのセキュリティ製品を開発・製造。

Cisco Systems
カリフォルニア州サンタクララ

ルータ、ゲートウェイなどの製品を開発・製造。様々な企業を買収。

Hewlett Packard Enterprise
テキサス州ヒューストン

サーバ、ネットワーク機器、セキュリティ製品を開発・製造。

ルータ **スイッチ** **ファイアウォール・UTM**

ルータはデータ送受信を中継する機器、スイッチはネットワーク内でのデバイスを接続する機器、ファイアウォール・UTM は外部からの攻撃を防御する機器を開発・製造する。

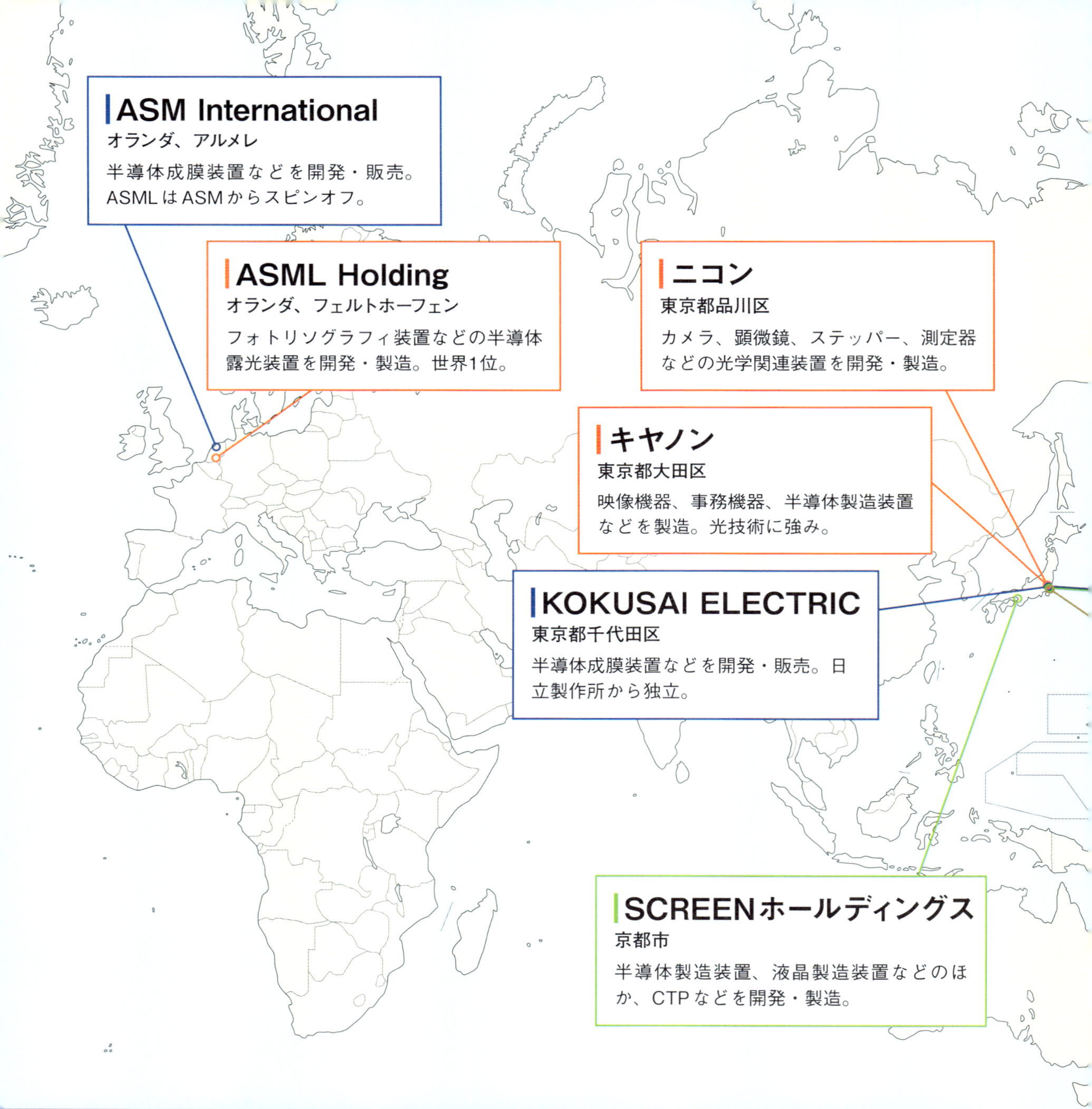

ASM International

オランダ、アルメレ

半導体成膜装置などを開発・販売。
ASML は ASM からスピンオフ。

ASML Holding

オランダ、フェルトホーフェン

フォトリソグラフィ装置などの半導体
露光装置を開発・製造。世界1位。

ニコン

東京都品川区

カメラ、顕微鏡、ステッパー、測定器
などの光学関連装置を開発・製造。

キヤノン

東京都大田区

映像機器、事務機器、半導体製造装置
などを製造。光技術に強み。

KOKUSAI ELECTRIC

東京都千代田区

半導体成膜装置などを開発・販売。日
立製作所から独立。

SCREEN ホールディングス

京都市

半導体製造装置、液晶製造装置などのほ
か、CTP などを開発・製造。

半導体製造装置

半導体製造装置とは、半導体チップの製造に使
われる機器やシステム。ナノメートル単位の微細
加工が求められるため、高度な技術力が必要

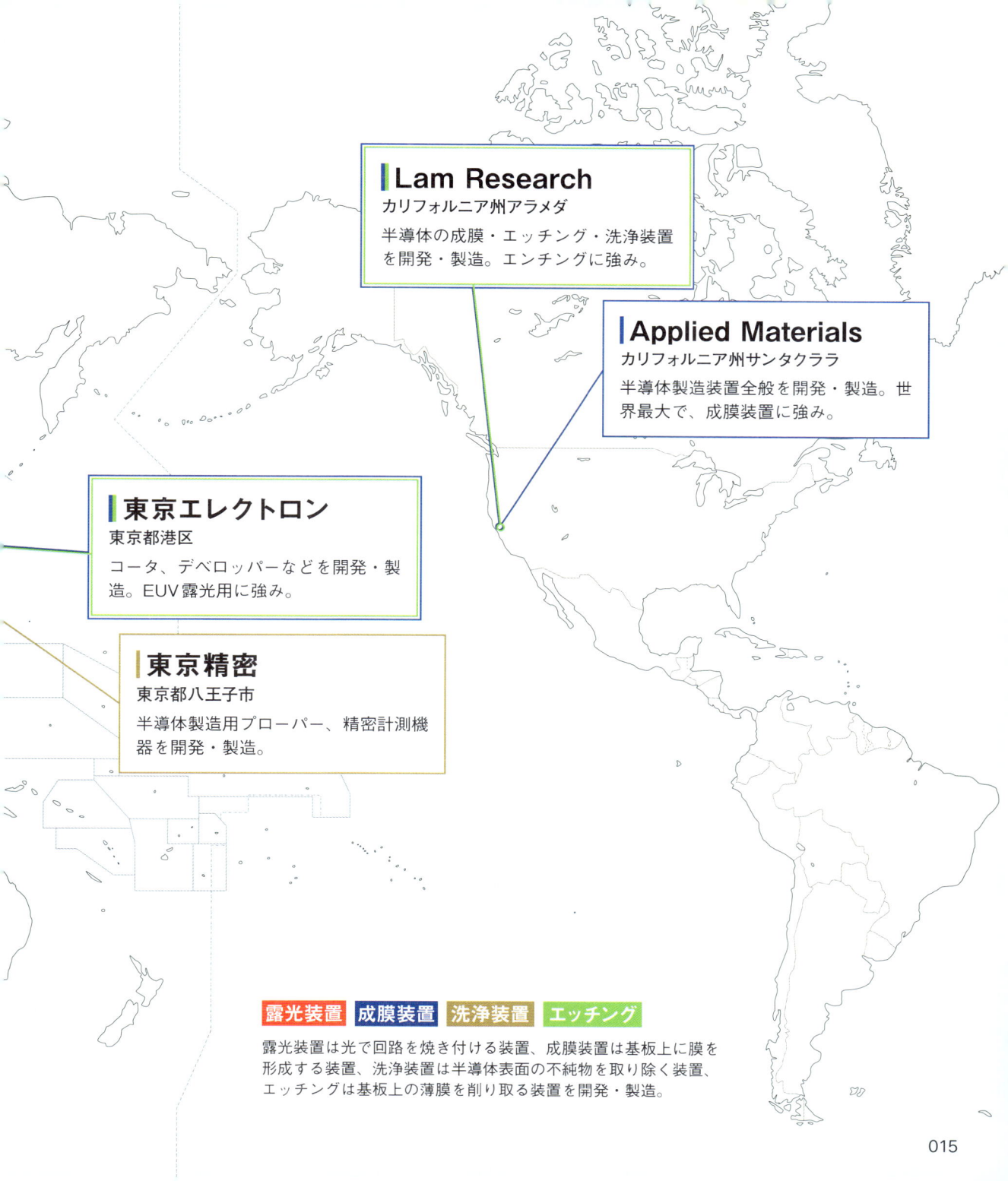

Lam Research
カリフォルニア州アラメダ

半導体の成膜・エッチング・洗浄装置を開発・製造。エンチングに強み。

Applied Materials
カリフォルニア州サンタクララ

半導体製造装置全般を開発・製造。世界最大で、成膜装置に強み。

東京エレクトロン
東京都港区

コータ、デベロッパーなどを開発・製造。EUV露光用に強み。

東京精密
東京都八王子市

半導体製造用プローパー、精密計測機器を開発・製造。

露光装置 **成膜装置** **洗浄装置** **エッチング**

露光装置は光で回路を焼き付ける装置、成膜装置は基板上に膜を形成する装置、洗浄装置は半導体表面の不純物を取り除く装置、エッチングは基板上の薄膜を削り取る装置を開発・製造。

Telefónica

スペイン、マドリード

スペインおよびスペイン語圏のラテンアメリカ諸国で最大の通信事業者。

NTT コミュニケーションズ

東京都千代田区

長距離・国際通信、クラウド、ネットワーク事業を提供。NTT グループ。

KDDI

東京都新宿区

固定通信、移動通信、衛星通信、専用線などの事業を提供。

セコム

東京都渋谷区

警備事業が祖業だが、事業を多角化。アット東京を買収し、DC も主力に。

China Telecom

北京市

中国最大の固定通信事業者。主に中国南部において事業を展開。

Singapore Telecommunications

シンガポール

固定通信のほか、クラウド、衛星通信サービスを提供。アジア最大級。

データセンター、クラウド基盤

データセンターとは企業のサーバを安定運用するための施設、クラウドサービス基盤とはクラウド上で利用可能なサーバやネットワーク

AWS
ワシントン州シアトル

クラウド基盤サービスを提供。
Amazonの基盤であり、子会社。

Microsoft
ワシントン州レドモンド

OS、ミドルウェア、アプリのほか、
クラウドサービスなどを提供。

Google
カリフォルニア州サンタクララ

検索エンジン、オンライン広告、クラ
ウド、モバイルデバイスを提供。

Digital Realty Trust
テキサス州ダラス

データセンター関連サービスのほか、
不動産投資・管理事業を展開。

Equinix
カリフォルニア州サンマテオ

データセンター事業を提供。買収戦略
によって、欧州最大手DCに。

NTT データ
東京都江東区

SIを中心にIT関連業務を様々な業界
に展開。NTTグループ主要5社の1つ。

富士通
神奈川県川崎市

SIを中心にIT関連事業と、電子デバ
イス、ネットワーク機器を提供。

IBM
ニューヨーク州ウェストチェスター

ITソリューションとコンサルティング
を提供。クラウドにも注力。

`データセンター特化` `DC＋通信` `マネージドサービス` `クラウド`

データセンター特化とは場所貸しのみ、DC＋通信とは場所とネッ
トワーク回線を提供、マネージドサービスとは場所・ネットワーク
と運用支援を提供、クラウドはIaaSを提供する。

SES
ルクセンブルク、ベッツドルフ

通信衛星の運営サービスを提供。多数の人工衛星を運用する欧州屈指の事業者。

Alcatel Submarine Networks
フランス、パリ

海底ケーブルの敷設事業を展開。市場シェアトップ。旧ルーセント。

住友電気工業
大阪市中央区

日本最大の非鉄金属メーカー、光ファイバーの製造技術に強み。

Prysmian Group
イタリア、ミラノ

電線・通信ケーブルを開発・製造。グループでの電線の売上は世界最大。

Eutelsat
フランス、パリ

通信衛星の運営サービスを提供。欧州、中近東、アフリカなどをカバー。

Nexans
フランス、パリ

電線・通信ケーブルを開発・製造。電線の売上は世界3位。

Huawei Technologies
広東省深圳市

通信機器やスマートフォンを製造。スマートウォッチで売上世界1位。

国際通信ネットワーク

国際通信ネットワークとは、国際海底ケーブル網や通信衛星によって実現される通信網。長距離光通信が可能になる

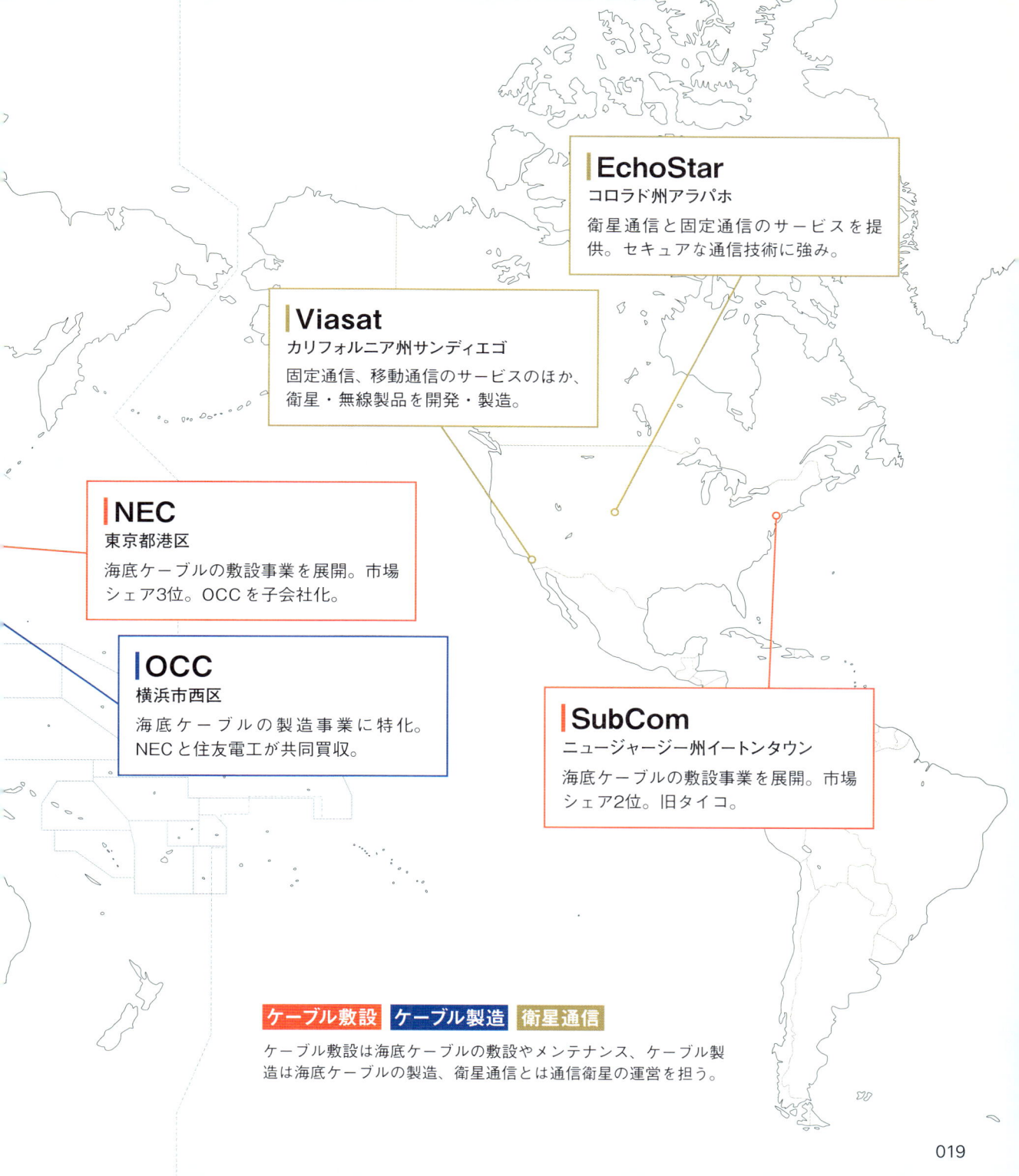

EchoStar
コロラド州アラパホ
衛星通信と固定通信のサービスを提供。セキュアな通信技術に強み。

Viasat
カリフォルニア州サンディエゴ
固定通信、移動通信のサービスのほか、衛星・無線製品を開発・製造。

NEC
東京都港区
海底ケーブルの敷設事業を展開。市場シェア3位。OCCを子会社化。

OCC
横浜市西区
海底ケーブルの製造事業に特化。NECと住友電工が共同買収。

SubCom
ニュージャージー州イートンタウン
海底ケーブルの敷設事業を展開。市場シェア2位。旧タイコ。

ケーブル敷設　ケーブル製造　衛星通信

ケーブル敷設は海底ケーブルの敷設やメンテナンス、ケーブル製造は海底ケーブルの製造、衛星通信とは通信衛星の運営を担う。

TRON プロジェクト

東京都文京区

日本独自のOS開発プロジェクト。組み込み用OSとして使われている。

Huawei Technologies

広東省深圳市

通信機器やスマートフォンを製造。国家の方針で独自OSを開発。

Samsung Electronics

京畿道水原市

様々な半導体とモバイルデバイスなどを手掛け、独自OSを開発。

OS・ミドルウェア

OSとはミドルウェアやアプリケーションが稼働するための基盤ソフト、ミドルウェアとはシステム構築で特定の機能を果たすソフトウェア

Microsoft
ワシントン州レドモンド

OS、ミドルウェア、アプリのほか、クラウドサービスなどを提供。

Apache Software Foundation
デラウェア州ニューキャッスル

Apache HTTP Server など、オープンソースソフトウェアの開発を支援。

Google
カリフォルニア州サンタクララ

検索エンジン、オンライン広告、クラウドのほか、AndroidOS を提供。

Apple
カリフォルニア州サンタクララ

PC、モバイルデバイスなどを開発・製造。iOS、macOS を開発

Nginx
カリフォルニア州サンフランシスコ

オープンソース Web サーバ nginx を開発。F5 Networks が買収。

Oracle
テキサス州オースティン

DBMS を中心に様々なソフトウェアを開発・提供。クラウドにも注力。

IBM
ニューヨーク州ウェストチェスター

IT ソリューションとコンサルティングを提供。クラウドにも注力。

`OS` `DBMS` `Web サーバ` `アプリケーションサーバ`

OS はクライアント・サーバ OS を提供し、アプリケーションサーバはビジネスロジックの処理を担当、Web サーバは Web コンテンツの配信を担当、DBMS はデータの管理を担当する。

SAP
ドイツ、バーデン・ビュルテンベルク州

ERP、SCM、CRM、SFA などを開発。欧州最大のソフトウェア企業。

SCSK
東京都江東区

システムインテグレーションが主業。パッケージソフトも開発・提供。

オービック
東京都中央区

ERP を開発・提供。導入、教育、運用サポート、情報提供も支援。

富士通
神奈川県川崎市

IT ソリューションが現在の主業。パッケージソフトも開発・提供。

Zoho
インド、チェンナイ

CRM、SFA などの IT サービスを提供。米国や欧州など、グローバルで展開。

基幹システム、業務支援システム

基幹システムとは企業の中核業務を支える業務アプリケーション、業務支援システムとは社内業務を効率化する業務アプリケーション

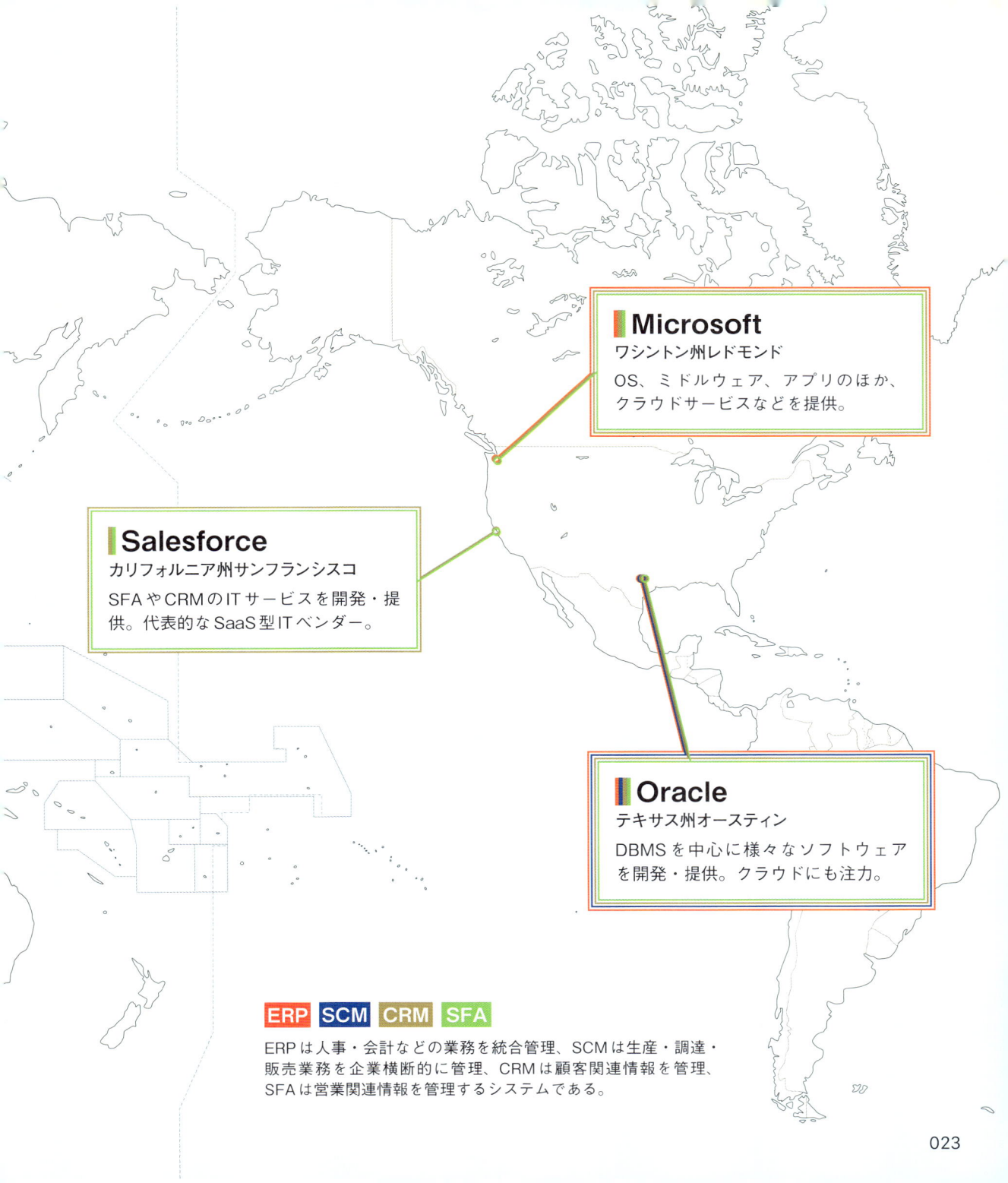

Microsoft
ワシントン州レドモンド
OS、ミドルウェア、アプリのほか、クラウドサービスなどを提供。

Salesforce
カリフォルニア州サンフランシスコ
SFAやCRMのITサービスを開発・提供。代表的なSaaS型ITベンダー。

Oracle
テキサス州オースティン
DBMSを中心に様々なソフトウェアを開発・提供。クラウドにも注力。

ERP **SCM** **CRM** **SFA**

ERPは人事・会計などの業務を統合管理、SCMは生産・調達・販売業務を企業横断的に管理、CRMは顧客関連情報を管理、SFAは営業関連情報を管理するシステムである。

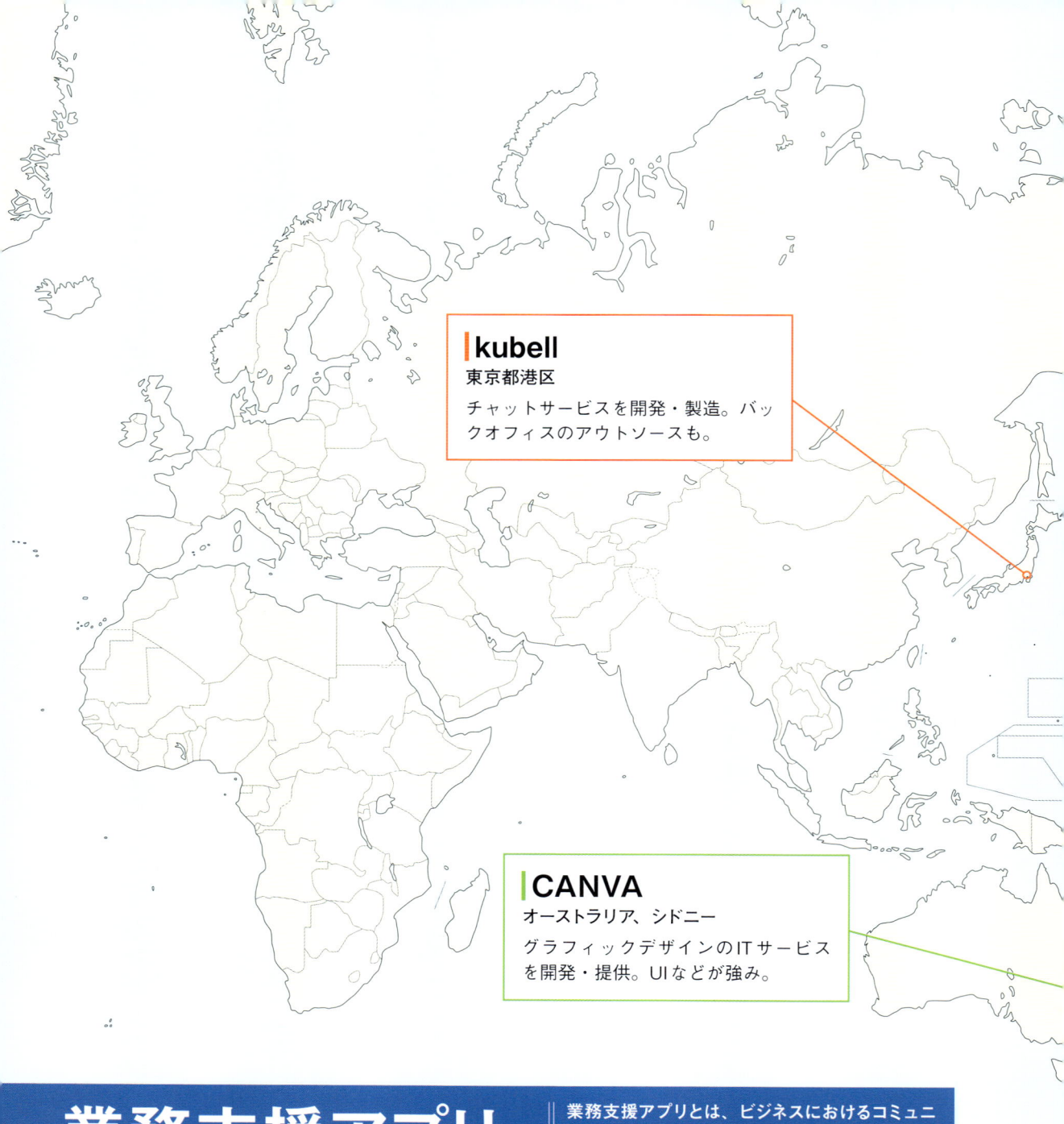

kubell
東京都港区
チャットサービスを開発・製造。バックオフィスのアウトソースも。

CANVA
オーストラリア、シドニー
グラフィックデザインのITサービスを開発・提供。UIなどが強み。

業務支援アプリ

業務支援アプリとは、ビジネスにおけるコミュニケーション、データ共有、タスク管理などのために利用するツール

Box
カリフォルニア州サンマテオ

ビジネス向けファイル共有・コラボレーションサービスを開発・運営。

Dropbox
カリフォルニア州サンフランシスコ

ビジネス向けファイル共有・コラボレーションサービスを開発・運営。

Microsoft
ワシントン州レドモンド

OS、ミドルウェア、アプリのほか、クラウドサービスなどを提供。

Zoom Communications
カリフォルニア州サンタクララ

ビデオ・オンライン会議、チャット・コラボレーションツールを開発。

Adobe
カリフォルニア州サンタクララ

グラフィック・映像のデザイン・編集ツールを開発。トップシェア企業。

Google
カリフォルニア州サンタクララ

検索エンジン、オンライン広告、クラウド、モバイルデバイスを提供。

Atlassian
オーストラリア、シドニー

IT技術者向けの情報共有、課題管理システムを開発・提供する。

会議・チャット **ファイル共有** **タスク管理** **デザイン**

会議・チャットはテキストや映像によるコミュニケーション、ファイル共有はクラウド上のデータ共有、タスク管理はタスク管理、デザインはグラフィック・映像編集の支援ツールを提供する。

LINE ヤフー
東京都千代田区

ポータルサイト、EC、メッセージングアプリなどを展開。

楽天
東京都世田谷区

EC を中心に、金融・通信サービスなど多角展開。Viber を運営。

Telegram Messenger
アラブ首長国連邦、ドバイ

テキスト・ビデオチャットなどが可能なサービスの Telegram を開発。

ByteDance
北京市

動画共有サービスの TikTok を開発・提供。全世界にサービスを展開。

Mohalla Tech
インド、バンガロール

インドのローカル言語に特化した SNS アプリを開発。ショート動画も。

Kakao Corporation
済州市

ポータルサイト、メッセージングアプリを運営。ダウムと合併。

VNG
ベトナム、ホーチミン

メッセージングアプリ、Zalo を運営。グループチャット機能が強み。

SNS・コミュニケーション

SNS・コミュニケーションとは、ネット上でテキスト・画像・映像などを通じて個人・グループがつながるためのプラットフォームである

Discord
カリフォルニア州サンフランシスコ

エンジニア向けのインスタントメッセンジャーや音声通話のサービスを展開。

LinkedIn
カリフォルニア州サンタクララ

ビジネス特化型SNSサービスを開発・提供。転職などでの利用多い。

YouTube
カリフォルニア州サンマテオ

動画共有サービスのYouTubeを開発・提供。Googleが買収。

Meta Platforms
カリフォルニア州サンマテオ

Facebookを中心に、買収により様々なSNSを展開。VRにも注力。

MIXI
東京都渋谷区

SNSのmixiから事業を開始し、現在はスポーツやゲーム、AIに注力。

X
テキサス州バストロップ

SNSである旧TwitterのXを開発・運営。テキストや画像を共有。

SNS **動画共有** **メッセージングアプリ**

SNSはテキスト・画像による情報発信、動画共有は映像による情報発信、メッセージングアプリは主に知り合いとのやり取りを担う。

Allegro
ポーランド、ポズナン

家電製品や日用品をはじめとした幅広い商品を扱う EC サイトを運営。

Ozon
ロシア、モスクワ

オンライン書店として事業を開始し、幅広い商品を扱う EC サイトを運営。

Wildberries
ロシア、モスクワ

ロシアのほか、CIS 圏で EC サービスを提供。ロシア最大の EC 事業者。

楽天
東京都世田谷区

EC を中心に、金融・通信などを展開。アジア、欧州などにも進出。

Alibaba Group Holdings
浙江省杭州市

B2C・C2C・越境 EC を運営し、電子マネー、検索サイトなどを展開。

Flipkart International
インド、バンガロール

オンライン書店として事業を開始し、幅広い商品を扱う EC サイトを運営。

Shopee
シンガポール

越境の EC サイトを開発・運営。東南アジアや台湾で最大規模。

eコマース

E コマースとは、インターネットを通じた電子商取引であり、B2C だけでなく、C2C、D2C など多様な取引形態が存在する

Amazon.com
ワシントン州シアトル

EC基盤、クラウド基盤、動画・音楽配信などのサービスを運営。

Shopify
カナダ、オタワ

個人や小規模事業者向けのecプラットフォームを運営。全世界に展開。

Walmart
アーカンソー州ベントンビル

米国を中心に全世界にスーパーマーケットを展開。売上額で世界最大。

eBay
カリフォルニア州サンノゼ

C2CのECサイトを運営。C2Cで世界最多の利用者数。

LINE ヤフー
東京都千代田区

ポータルサイト、EC、メッセージングアプリなどを展開。

Etsy
ニューヨーク州ブルックリン

手芸や骨董品、玩具や宝飾品などを扱うECサイトを運営。

メルカリ
東京都港区

C2CのECを中心に、金融事業などを展開。米国、台湾などにも進出。

Mercado Libre
アルゼンチン、ブエノスアイレス

ラテンアメリカ内で越境ECサイトを運営。ブラジル、メキシコに強み。

B2C **C2C** **ECプラットフォーム**

B2Cとは小売事業者と消費者をつなぐ電子商取引、C2Cとは一般消費者同士をつなぐ商取引、ECプラットフォームとは個人または小規模事業者によるECサイトの運営を支援する。

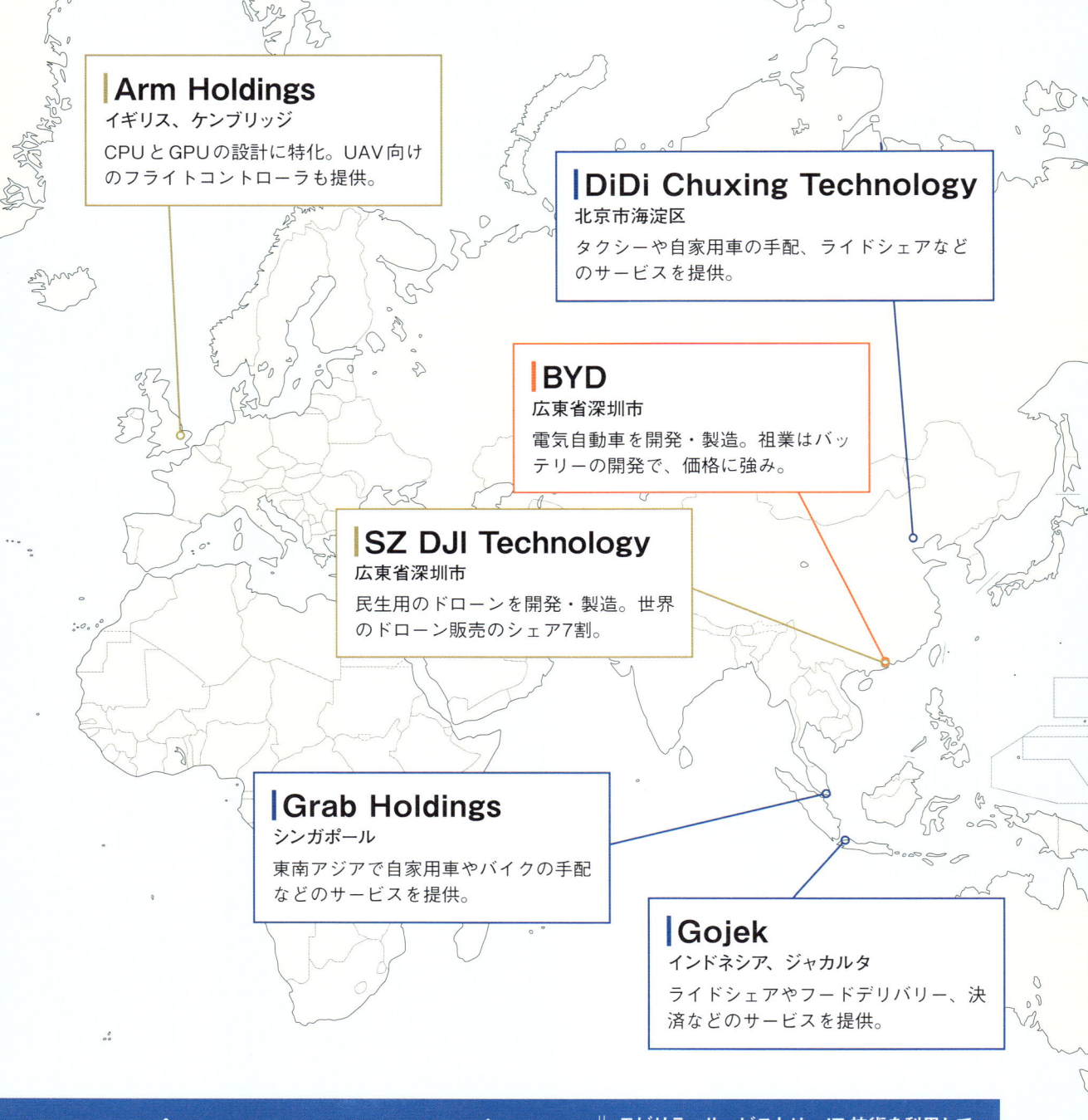

Arm Holdings
イギリス、ケンブリッジ

CPUとGPUの設計に特化。UAV向けのフライトコントローラも提供。

DiDi Chuxing Technology
北京市海淀区

タクシーや自家用車の手配、ライドシェアなどのサービスを提供。

BYD
広東省深圳市

電気自動車を開発・製造。祖業はバッテリーの開発で、価格に強み。

SZ DJI Technology
広東省深圳市

民生用のドローンを開発・製造。世界のドローン販売のシェア7割。

Grab Holdings
シンガポール

東南アジアで自家用車やバイクの手配などのサービスを提供。

Gojek
インドネシア、ジャカルタ

ライドシェアやフードデリバリー、決済などのサービスを提供。

モビリティサービス

モビリティサービスとは、IT技術を利用して、自動車、ドローンによる移動や配送などを実現するサービスあるいはそれを実現する製品

Amazon.com

ワシントン州シアトル

EC基盤、クラウド基盤などのサービスを運営。ドローン配送も。

Uber Technologies

カリフォルニア州サンフランシスコ

ライドシェア、フードデリバリー、宅配などのサービスを運営。

Cruise

カリフォルニア州サンフランシスコ

自動運転技術をメーカーと共同開発し、自動運転サービス提供予定。

Wing Aviation

カリフォルニア州サンタクララ

ドローンによる配送サービスを展開。Alphabet傘下。

Waymo

カリフォルニア州サンタクララ

自動運転技術を開発し、自動運転タクシー事業展開予定。Alphabet傘下。

Joby Aviation

カリフォルニア州サンタクルーズ

空飛ぶタクシー用のeVTOLを開発。1回の充電で最大240km移動可能。

Tesla

テキサス州オースティン

電気自動車を開発・製造。太陽光発電システムも開発。

CASE/SDV　MaaS　UAV　ドローン配送

CASE/SDVとはEVを支える技術、MaaSとはITによって実現される移動の利便性、UAVファウンドリとは人が登場しない無人航空機、ドローン配送はドローンによる空中配送。

はじめに

　グローバル経済の不確実性が増す2025年、世界のIT産業は大きな転換期を迎えている。米中の技術覇権争いは最先端の半導体や量子コンピュータの分野に及び、経済安全保障の観点からテクノロジーの管理や規制が強化されている。トランプ新政権による保護主義的な通商政策は、グローバルなサプライチェーンをめぐる新たな課題を浮き彫りにした。

　対立は米中に限らない。海底の通信ケーブルや宇宙の衛星通信といった目の行き届きにくい場所で、多国間の争いや疑念が生じている。世界的に入り組む対立構造の中、欧州は独自のデータ管理政策を進め、GDPR（EU一般データ保護規則）を通じてITの規制を強める。各国・地域の策動は、ITの進化と市場の在り方に大きな影響を与えている。

　地政学的な緊張が高まる半面、テクノロジーは一層の進化を見せる。生成AIは言語理解や創造的タスクにおいて人間に迫る、時に凌駕する能力を示し、産業構造や働き方に劇的な変化をもたらしている。量子コンピュータの実用化も視野に入りつつあり、暗号技術や材料開発、金融工学など幅広い分野での応用が期待される。

　こうした世界情勢を見るに、グローバルな視点からIT産業を考察する今日的意義は極めて大きい。技術革新の波は、世界各地で異なる形で生起し、他地域へと波及し、混ざり合いながら独自の発展を遂げている。シリコンバレーを中心とする米国では、巨大テック企業とスタートアップが共生する革新的なエコシステムが確立され、AI研究開発の最前線として世界をリードしている。一方、中国は国家主導のデジタル経済圏を成し、独自のプラットフォームを育て上げ、IT大国としての地歩を築いた。

　欧州は、GDPRに代表されるデータ保護政策を軸に、プライバシーとデジタル主権を重視した独自の発展モデルを追求している。インドは豊富なIT人材を生かしたソフトウェア開発のハブとして成長し、近年では自国発のユニコーン企業も続々と誕生している。東南アジアでは、シンガポールがデジタルハブとしての地位を固める一方、インドネシアやベトナムなどの新興国も、若い人口構成とデジタル技術の急速な普及を背景に、独自の市場を築いている。「最後のフロンティア」として注目されるアフリカも然りだ。

　グローバルIT産業の実態を立体的に描き出すこと。これが本書『グローバルITの世界地図』の主たる試みである。世界各地で独自の発展を遂げるIT産業の姿を丹念に観察し、

その共通項と固有の特質を浮き彫りにしていく。随所に配置した地図や図表は、複雑に絡み合うエコシステムの構造を視覚的に理解する手掛かりとなるだろう。

　とりわけ2章で提示した8つの類型は、単なる分類学的な整理に留まらないという自負がある。各地域の歴史的背景や社会構造、文化的特性が、いかにしてユニークなIT産業の発展モデルを生み出してきたのか。ステレオタイプに堕することを避けつつ、多様性こそがイノベーションの源泉であるという事実をあらためて浮き彫りにした。もちろん、世界のIT産業を半ば固定的な型に当てはめることには慎重でなければならない。

　本書は全6章にわたり、このような多様性に富んだグローバルIT産業の全体像を、多角的な視点から描き出す。1章では世界各地のITエコシステムを概観し、各国・地域の特徴的なアプローチを明らかにする。3章と4章は、グローバルITを支えるテクノロジーとその発展の歴史を詳述する。3章では特に、ITの代名詞ともなっているシリコンバレー、そのシリコンの由来たる「半導体」の進化がAIやクラウドコンピューティングを加速させてきたことを理解する。4章では、ITの発展の歴史を振り返る。コンピュータの黎明期からインターネットの誕生、モバイル技術の進化まで、IT産業の発展は極めて短期間でありながら、革新的な変化に満ちていた。現在もクラウドコンピューティングや半導体技術の進化が続き、新たな転換点を迎えている。こうした歴史の流れを通じて、今後のITの方向性をより深く洞察できるだろう。なお、ここで紹介するハードウェアやインフラ、ソフトウェアやITサービスの分類は次頁に記載の「【ITの分類】」の通りである。

　5章では、生成AIのRAGやRLHFを取り入れた新たなモデルや、実用化に向けた取り組みが進む量子コンピュータなどに光を当てた。そして最後の6章では、グローバルITを牽引する人物たちの関係性に焦点を当て、イノベーションを生み出す人的ネットワークの重要性を浮き彫りにする。昨今のドナルド・トランプとイーロン・マスクの蜜月も、人的ネットワークの濃さ、広さが、時として、この答えのないゲームを勝ち抜いていくためのカギとなり得ることを示している。

　時代は急速に変化し、ITの未来予測は決して一筋縄ではいかない。しかし、その変化を読み解くことで、新たな機会を見いだすこともできる。本書が、ITの進化がもたらす可能性とリスクを多角的に理解し、今後のIT産業の方向性を見極める一助となることを願う。

2025 年 3 月　南龍太

●本書における【ITの分類】

ハードウェア、インフラ	ロジック半導体	CPU、GPU、AIチップ、FPGA
	半導体メモリ	DRAM、SRAM、NANDフラッシュ、NORフラッシュ、3D XPoint
	アナログ半導体	ADC、DAC、信号処理IC、パワー半導体、ディスクリート半導体、アナログIC
	ストレージ	HDD、テープストレージ
	コンピュータ	パソコン、ワークステーション、メインフレーム、スパコン
	モバイルデバイス	スマートフォン、タブレット、ウェアラブルコンピュータ
	コンピュータ周辺機器	入力装置、出力装置、記憶装置、通信機器、拡張カード
	ネットワーク機器	ルータ、スイッチ、ブリッジなど
	半導体製造装置	フォトリソグラフィ、エッチング、CVD、ダイシング、ボンディング
	データセンター、クラウド基盤	コロケーション、ハイパースケーラ
	国際通信ネットワーク	海底通信ケーブル、通信衛星
ソフトウェア、サービス	OS	クライアントOS、サーバOS
	ミドルウェア	DBMS、Webサーバ、アプリケーションサーバ
	基幹システム	ERP、SCM、会計、人事管理、生産調達管理、販売管理
	業務支援システム	CRM、SFA、KM、グループウェアなど
	SNS・コミュニケーション	SNS、メッセンジャーなど
	業務支援アプリ	クラウドストレージ、ビジネスチャット、ビデオ会議ツール
	動画サービス	動画配信サービス、動画作成ツール
	音楽配信サービス	ストリーミングサービスなど
	eコマース	EC、越境EC、D2C、C2C
	モビリティサービス	CASE、SDV、MaaS、(都市型)UAV、ロボット配送、ドローン配送
	クラウドソーシング	デザイン、ライティング、プログラミング、翻訳
	フィンテック	決済サービス、P2Pレンディング、クラウドファンディング、ロボアドバイザー
	インシュアテック	パーソナライズド保険、リスク分析、テレマティクス
	リーガルテック	リーガルリサーチ、契約ライフサイクル管理、契約分析、ODR
	HRテック	統合ソリューション、TM、オンライン求人、スポットワーク
	フードテック、アグリテック	スマート調理、トレーサビリティシステム、ドローン、作業機のIoT化
	ヘルステック	ヘルステック、メドテック、エイジテック
	エドテック	MOOC、LMS、AIチューター
	ガブテック	ガブテック、ポリテック、レグテック

CONTENTS

グローバルITの世界地図

1 章 グローバルITの拠点

2 章 グローバルITのインキュベーションシステム

3 章 グローバルITのプレイヤー

CONTENTS

4章 グローバルITのこれまで

1章

グローバルITの拠点

地球上にインターネット網が張り巡らされ、ヒト・モノ・カネ、そして情報が縦横無尽に行き交う今日、どの国・地域においてもITが存在しない場所はほぼない状況になりつつある。ITの最前線がシリコンバレーであることに疑いの余地はないが、アジアや欧州をはじめ、様々な地域でそれぞれの事情に応じたITシステムが構築されている。本章では、こうした国・地域の独自性に着目する。シリコンバレーを擁する米国のほか、米国に次いでITエコシステムが活況な英国、巨大プラットフォーム企業が台頭する中国、成長著しいインドのスタートアップ、データ保護政策を取る欧州のIT産業など、各国・地域のアプローチは多種多様だ。シンガポールは東南アジアのデジタルハブとして多国籍企業の誘致を進め、その東南アジアは全域で独自の発展を見せる。近年ではアフリカ諸国もフィンテック分野の革新が目覚ましく、新興市場としての存在感を増している。各国・地域の相関関係を概観し、グローバルITの地図を描き出していく。

1/1 シリコンバレー

テック企業のメッカ、イノベーションの震源地

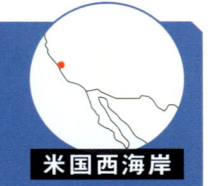

米国西海岸

図：米国西海岸の主要な IT 拠点

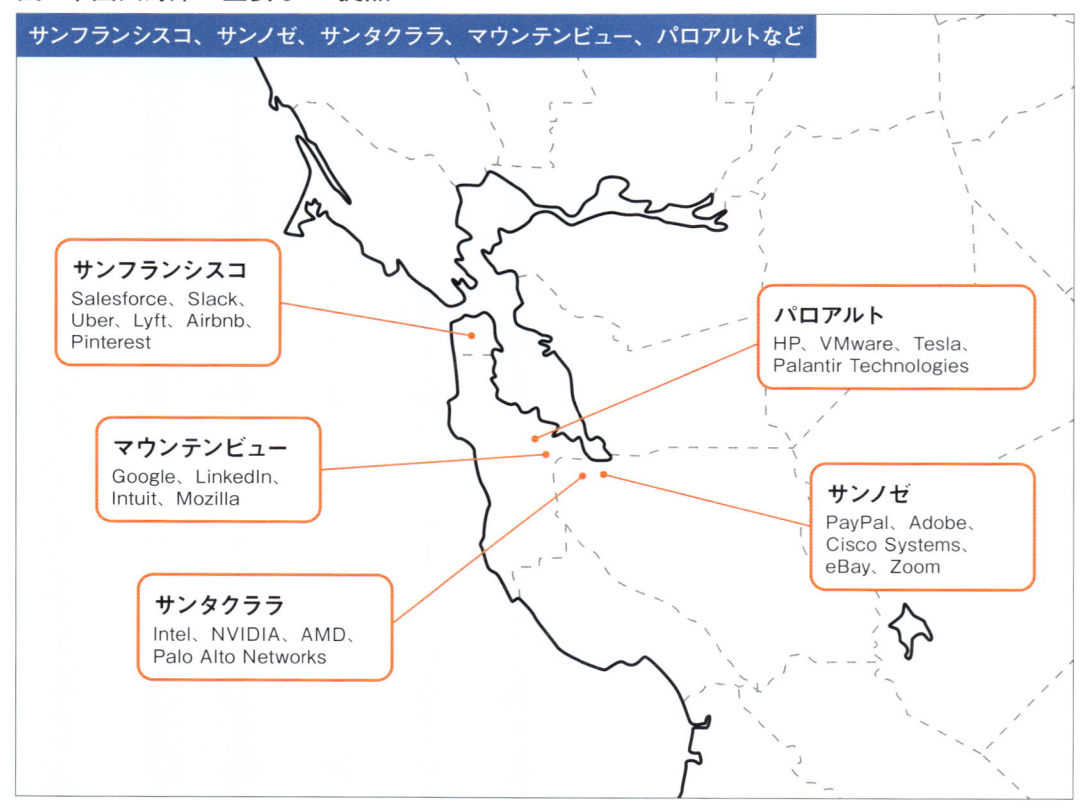

サンフランシスコ、サンノゼ、サンタクララ、マウンテンビュー、パロアルトなど

サンフランシスコ
Salesforce、Slack、Uber、Lyft、Airbnb、Pinterest

パロアルト
HP、VMware、Tesla、Palantir Technologies

マウンテンビュー
Google、LinkedIn、Intuit、Mozilla

サンノゼ
PayPal、Adobe、Cisco Systems、eBay、Zoom

サンタクララ
Intel、NVIDIA、AMD、Palo Alto Networks

1950 年代から半導体産業の集積地として発展

　世界最大のテクノロジーハブとして知られるシリコンバレーは、革新的なテック企業のメッカ、イノベーションの震源地であり、グローバルITの中心地として機能している。米国

カリフォルニア州のサンフランシスコやサンタクララに位置し、サンノゼを中心にパロア
ルト、マウンテンビュー、クパチーノといった都市を含む地域の通称である。かつて果樹
園が広がる農業地帯だったが、1950年代から半導体産業の集積地として発展を遂げてきた。

　なおシリコンバレーという名称は、1971年にジャーナリストのDon Hoeflerによって
書かれた「Silicon Valley USA」というタイトルの記事が由来とされる。

スタンフォード大学周辺に工業団地を設立

　シリコンバレーの誕生は、スタンフォード大学の存在抜きには語れない。大学では、
1950年代からエレクトロニクス分野の研究を積極的に推進し、Yahoo！やGoogle
（Alphabet）の創業者をはじめ優秀な人材を輩出してきた。中でも、Frederick Terman
教授は、大学と産業界の連携を促し、シリコンバレーの形成に大きく貢献した人物として
知られる。

　その歴史の始まりはさらに1930年代まで遡る。教授は教え子であったWilliam
HewlettとDavid Packardに大学近くで起業することを勧め、2人は1932年に自宅ガレー
ジで会社を立ち上げ、1939年に晴れてHewlett-Packard Company（HP）が創業された。
シリコンバレーの産業集積の起点となる記念すべき出来事だった。

　教授は、大学予算に比べて巨額の国家予算に目をつけ、スタンフォード大学の研究成果
を軍事やビジネスにつなげようと、大学周辺に工業団地を建設することを提唱した。この
アイデアに基づいて、1951年に設立されたStanford Industrial Park（スタンフォード
工業団地：現Stanford Research Park）には、HPのほか、General Electric（GE）や
Lockheed（現Lockheed Martin）といった錚々たる企業が拠点を構えた。こうしてシ
リコンバレーにハイテク企業が集結する基盤が築かれるとともに、HPなどの新興企業が
シリコンバレーにおける成功と起業家精神の象徴となり、多くのスタートアップが創業さ
れていった。

　1950年代後半に入ると、シリコンバレーが本格的に勃興する。ベル研究所を去った
William Bradford Shockleyが1955年、パロアルトに半導体研究所を立ち上げた。そ
の後、「裏切者8人（Traitorous Eight）」と呼ばれる研究者たちが独立して、Fairchild
Semiconductor International, Inc.を設立、この企業からIntelやAdvanced Micro

Devices（AMD）など後に有名となる企業が数多くスピンオフし、「フェアチルドレン」と呼ばれる半導体企業群が形成された。

　HPやFairchildを中心としたIT関連企業は第2次世界大戦後の冷戦下、軍需に応える形で活況を呈した。特にFairchildは「トランジスタ革命」を巻き起こし、シリコンバレーの発展を加速させていく。

「早く失敗する」という考え方を重視

　こうした歴史を辿ったシリコンバレーには、現代も起業家の精神、DNAが脈々と着実に受け継がれ、息衝いている。シリコンバレーたらしめる要素や伝統の中核を成すのが、スタンフォード大学を中心とした研究機関と産業界の密接な連携であり、大学発のイノベーションが直接的に企業化される土壌である。加えて、リスクを取る文化と失敗を許容する社会的風土で、「フェイル・ファスト（早く失敗する）」という考え方を重視し、失敗を次の成功への学びと捉える思想がシリコンバレーには根付いている。

　ベンチャーキャピタル（VC）の充実ぶりも大きな特徴だ。サンドヒル・ロードには世界有数のVCが集積し、革新的なアイデアに対して潤沢な資金が供給される仕組みが整っている。また、人材の流動性が高く、域内の企業間での転職は日常茶飯事で知識やノウハウが地域全体に伝播しやすく、そうした土壌が世界中から優秀な人材を集める訴求力になっている。

　人的つながりもビジネスの成否を分ける重要なファクターであり、成功した経営者が新たな起業家を支援する循環が生まれていて、ネットワーキングのイベントやパーティーも頻繁に開催されている。

イノベーションの発信地であり続ける場所

　シリコンバレーは現在、世界のIT、ひいてはイノベーションを率先垂範する存在として確固たる地位を築いている。世界のベンチャー投資の約30％がこの地域に集中し、全米VC投資額の約半分を占めるとされる。特にディープテック、AI、バイオテクノロジー、量子コンピュータといった先端分野での優位性は比類ない。

　米国国内の経済成長を支えるだけでなく、スタートアップをはじめとする世界中の企業がこの地域をモデルとした発展を目指している。同時に、GAFAなど世界的ビッグテックの本社が集積し、その時価総額の合計は世界の株式市場で大きな存在感を示す。これらの企業は、M&Aや投資を通じて、世界中のスタートアップエコシステムとも密接につながっている。なお、AmazonとMicrosoftはカナダに程近い米西部ワシントン州の最大都市シアトルとその近郊に本拠地がある。

　一方で、近年のシリコンバレーは住居費の高騰や所得格差の拡大、交通インフラの整備の遅れなど、課題も顕在化している。また、ニューヨークなどの米国東海岸やテキサス州オースティン、さらには中国の深圳やイスラエルのテルアビブといったテック都市との競争が一段と激しさを増している。

　とは言え、シリコンバレーが何十年にもわたり培ってきた起業の精神や文化、人材、資金、知的財産の集積は一朝一夕に築けるものではなく、しばらくは他の追随を許さないであろう。今後もテクノロジーイノベーションの中心地としての地位を維持すると考えられている。特に、AIブームを牽引する企業が集中していることから、その影響力は一層強まると予想される。シリコンバレーはスタートアップの中心地、イノベーションの発信地であり続けるであろう。

　そのカルチャーや成功事例を学ぼうとシリコンバレーに進出する日本企業も増えている。日本貿易振興機構（JETRO）の調査によると、サンフランシスコ湾岸周辺都市などのベイエリアに進出している日系企業は、2010年の500社から2020年には1000社を超えた。

図：米国西海岸の主要なITベンダー

企 業 名	業 種	概 要
Apple	ビッグテック	iPhoneなど製造・販売
Google	ビッグテック	検索エンジンなど多種多様なサービス展開
Meta Platforms（旧Facebook）	ビッグテック	FacebookやInstagramを運営
AMD	ロジック半導体	マイクロプロセッサ製造
Intel	ロジック半導体	マイクロプロセッサ製造

企業名	業種	概要
NVIDIA	ロジック半導体	GPU 開発と製造
HP	コンピュータ	コンピュータ・プリンター製造
Cisco Systems	ネットワーク機器	ネットワークハードウェア製造
Juniper Networks	ネットワーク機器	ネットワークハードウェア製造
VMware	OS、ミドルウェア	仮想化ソフトウェア開発
OpenAI	AI	ChatGPT など生成 AI の研究・開発
Intuit	基幹システム	財務・税務ソフトウェア開発
ServiceNow	業務支援システム	IT サービス管理プラットフォーム
Salesforce	業務支援システム	CRM ソリューションを提供
Palantir Technologies	業務支援システム	ビッグデータ分析プラットフォーム
Palo Alto Networks	業務支援システム	ネットワークセキュリティ製品提供
Adobe	業務アプリ	クリエイティブソフトウェア開発
Dropbox	業務アプリ	オンラインファイル保存・共有
Mozilla	業務アプリ	Web ブラウザ「Firefox」開発
Slack	業務アプリ	チーム向けメッセージングプラットフォーム
Zoom Video Communications	業務アプリ	オンライン会議プラットフォーム
Yahoo!	ポータル	検索エンジン・ニュース提供
eBay	e コマース	オンラインオークション・販売
LinkedIn	SNS	ビジネス特化型 SNS
Pinterest	SNS	画像共有・発見プラットフォーム
Twitter (現 X)	SNS	マイクロブログサービス
Yelp	SNS	レストラン等の口コミ情報提供
YouTube	SNS	動画のアップロード・視聴サービス

企業名	業種	概要
Airbnb	シェアリングサービス	民泊・宿泊予約プラットフォーム
Lyft	モビリティサービス	配車サービスを提供
Uber	モビリティサービス	配車サービスを提供
PayPal	フィンテック	オンライン決済サービス
Stripe	フィンテック	オンライン決済プラットフォーム

図：米国東海岸の主要な IT 拠点

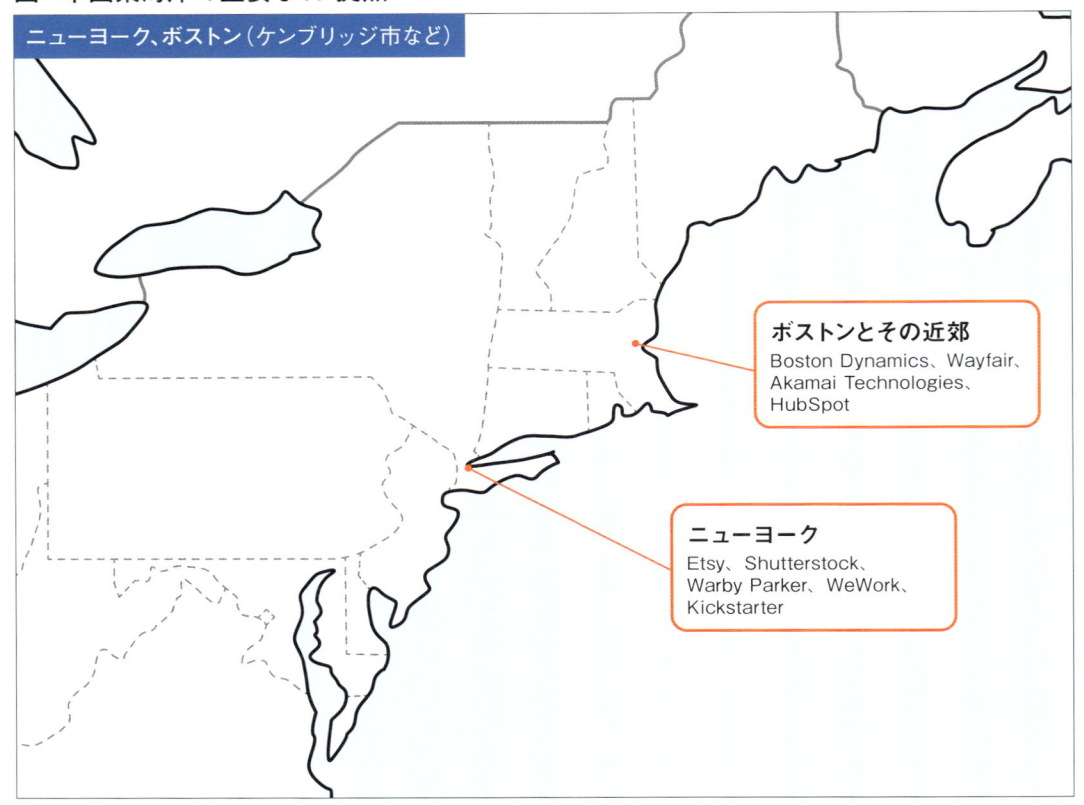

ニューヨーク、ボストン（ケンブリッジ市など）

ボストンとその近郊
Boston Dynamics、Wayfair、
Akamai Technologies、
HubSpot

ニューヨーク
Etsy、Shutterstock、
Warby Parker、WeWork、
Kickstarter

かつては産業拠点であり、現在はスタートアップハブ

　米国では、サンフランシスコ、シリコンバレーのベイエリアのほか、東海岸のニューヨーク、ボストンなどに時価総額10億ドル超の未上場企業「ユニコーン」が集中している。ベイ

エリアと東海岸の両方を合わせて、米国全体の3分の2のユニコーンがあるとの説もある。

　かつて東海岸の産業拠点として有名だったのは、ニュージャージー州のウエストオレンジにある、発明家のThomas Edisonの研究所である。同研究所は当初、ニュージャージー州のエジソン（後に彼にちなんで名付けられた）のメンロー・パーク内に置かれ、そこで彼は白熱電球を発明した。その後、1887年にウエスト・オレンジに移った。

　研究所と名付けられたものの、実際には、すでに発明された物を実用に耐えるように改良し、事業化していくための拠点であったらしい。これまでの発明で資金も十分あったエジソンは、レンガ立ての工場のような研究棟がいくつも並ぶ一大コンプレックスを築いた。同研究所において、1931年に亡くなるまで、様々な発明品を作り上げた。

大学・研究所との連携や州政府の支援で発展したボストン

　ボストンが世界的なスタートアップハブとして躍進した背景には、近郊のケンブリッジ市を中心にハーバード大学やマサチューセッツ工科大学（MIT）、ボストン大学など、世界有数の大学・研究機関が集積していることがある。こうした大学の多くは学内に起業家育成プログラムを設け、アントレプレナーシップ教育を充実させている。例えば、2011年に設立されたハーバード大学のプログラム「Harvard Innovation Labs」はハーバード大学・大学院に在籍する学生や卒業生を対象に、社会課題の解決を目的とした事業の起業を支援するプラットフォームだ。

　ボストンはまた、バイオテック企業が多いことでも知られる。これらスタートアップ企業を支援しているのがケンブリッジ・イノベーション・センター（CIC）である。CICは、1999年にケンブリッジ市に創立され、現在は、横浜市とも連携し、日本のバイオテックベンチャー支援にも注力している。

図：ボストン地域の VC 投資額の推移

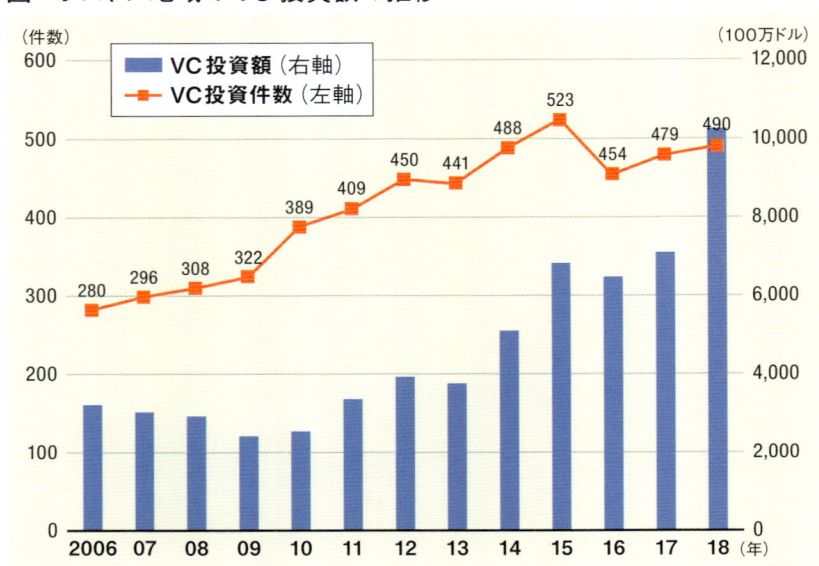

出所：「PwC/CB Insights Money Tree Report, Regional Aggregate Data」の統計を基にジェトロ作成

シリコンアレー（Silicon Alley）とも呼ばれるニューヨーク

　カリフォルニア州のシリコンバレーになぞらえた「シリコンアレー」とは、米国ニューヨーク市のマンハッタン中心一帯の通称である。ニューヨーク市はVimeoやKickstarterといった日本でも知られるITベンチャーの発祥地であり、Facebook（現Meta Platforms）などが拠点を構える。最近では、2021年にGoogleがニューヨークのオフィスビルを約2,300億円で購入し、話題を呼んだ。

　ニューヨークのベンチャー支援は、事業前フェーズ、事業化フェーズ、事業拡大フェーズに分けて理解するとわかりやすい。それぞれ、事業化前フェーズでは大学での研究の商業化強化やライフサイエンスの人材・起業家育成やキャンバス整備、事業化フェーズではスタートアップ振興、事業拡大フェーズでは拡大環境整備を様々なプログラム・団体を通じて行っている。

図：米国東海岸の主要な IT ベンダー

企業名	業種	概要
Etsy	e コマース	ハンドメイド・ヴィンテージ品のオンラインマーケットプレイス
Shutterstock	e コマース	画像や動画など素材提供ストックサービス
Warby Parker	e コマース	眼鏡のオンライン販売および実店舗展開
WeWork	シェアリングサービス	コワーキングスペース提供
Xandr（旧 AppNexus）	アドテック	デジタル広告取引プラットフォーム、2021年 Microsoft が買収
Kickstarter	フィンテック	クラウドファンディングプラットフォーム
Oscar Health	ヘルステック	テクノロジー駆動型の健康保険サービス
Peloton	ヘルステック	フィットネステクノロジー、エクササイズ機器の製造およびオンラインクラスの提供
Zocdoc	ヘルステック	医師検索および予約プラットフォーム
Boston Dynamics	ロボット	AIとロボット工学を融合させた高機能ロボットの開発・製造
Wayfair	e コマース	オンライン家具・インテリア販売プラットフォーム運営
Akamai Technologies	アドテック	コンテンツ配信ネットワーク（CDN）提供、高速で安全なコンテンツ配信
HubSpot	アドテック	インバウンドマーケティングおよびセールスプラットフォーム提供

（左帯）ニューヨーク ／ ボストン

ロンドン、ケンブリッジなど
初期のコンピュータ開発で世界をリード

英国

図：英国の主要な IT 拠点

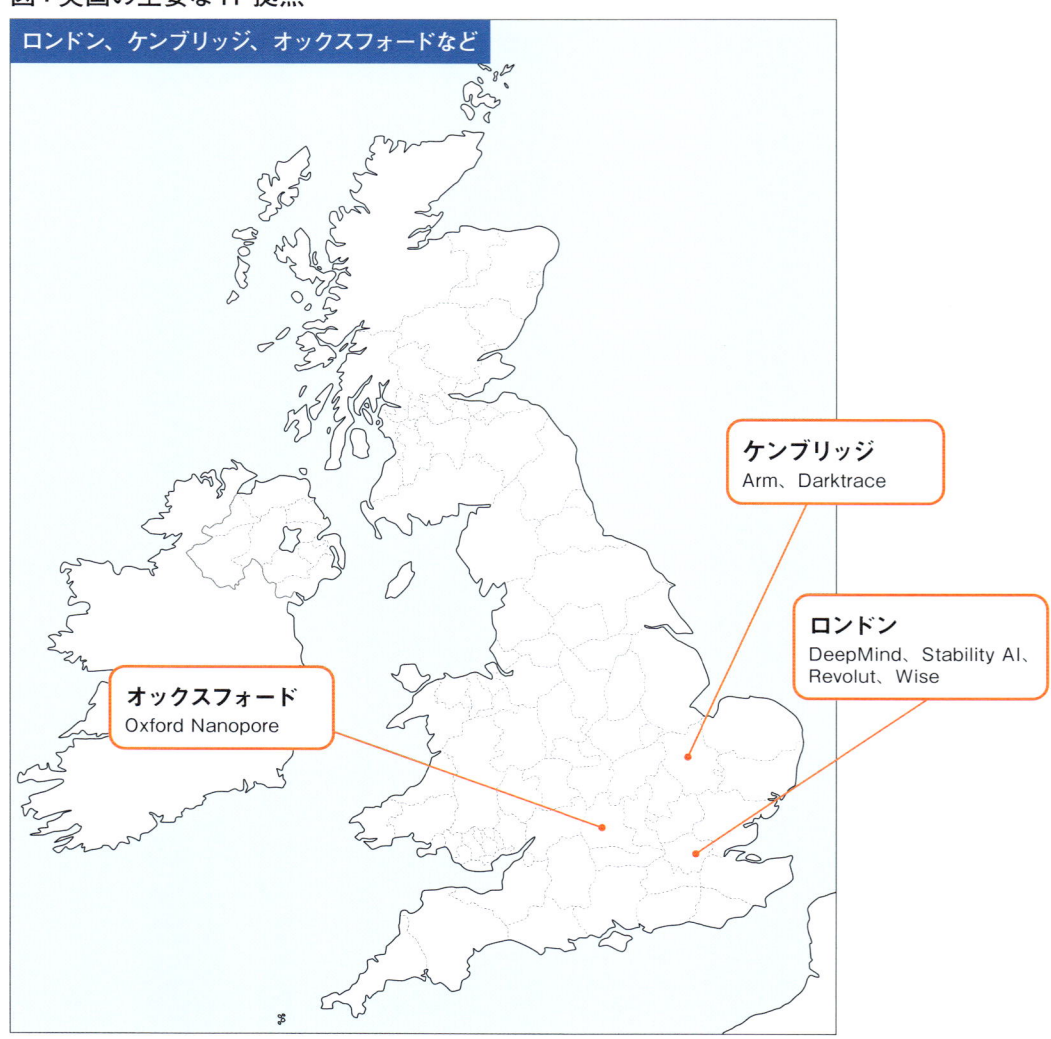

ロンドン、ケンブリッジ、オックスフォードなど

ケンブリッジ
Arm、Darktrace

ロンドン
DeepMind、Stability AI、
Revolut、Wise

オックスフォード
Oxford Nanopore

世界屈指の金融都市として知られるロンドン

　産業革命の発祥地である英国は、革新的な製品やサービス、その仕組みを多く生み出してきた。18世紀後半、「世界の工場」と呼ばれるほどに製造業や金融業が高度に発達し、技術革新を生む土壌が育まれた。19世紀から20世紀にかけ、軽工業や重工業、通信の分野で大きな進展を遂げる。

　また1950〜1960年代に、英国は初期のコンピュータ開発で世界をリードした。第二次世界大戦下、諜報基地 Bletchley Park での対ナチスの暗号解読作業や、暗号解読器として最初期のプログラム可能な専用コンピュータ Colossus（コロッサス）の開発が行われたのだ。この技術的な基盤が、後の IT エコシステムの発展に重要な影響を与え、コンピュータサイエンスにおいても大きく発展した。

　現在、世界屈指の金融都市として知られるロンドン（シティ）では、IT 関連投資で巨額マネーが動く。同じ英語圏で言葉の壁がないこともあり、仏コンサルティング会社 IPANOVIA によれば、米 IT ベンダーの60％ほどが、欧州への足掛かりとして最初の拠点に英国を選んでいる。こうした背景から、1990年以降、ロンドンでは45社、ケンブリッジでは5社、オックスフォードでは4社のユニコーン企業が誕生した。ロンドンの西部に位置するテムズ川流域は英国版シリコンバレーとして「テムズバレー」と呼ばれ、ICT 企業が集積し、環境・エネルギー、バイオ・ライフサイエンス産業が盛んになっている。

IT エコシステムを提供するロンドン、ケンブリッジ

　英国の IT エコシステムは、1990年代以降急速に発展し、インターネットの普及とともに、ロンドンを中心に多くのスタートアップが登場した。国も支援に余念がない。2010年、当時の政府が「ロンドンもシリコンバレーのような世界のハイテクの中心地になれる」として「テックシティ（Silicon Roundabout ＜シリコンラウンドアバウト＞）」構想を掲げ、東ロンドンが技術革新の拠点となった。英政府はその後も、テクノロジー産業を国家経済の中核と位置づけ、「Digital Catapult」や「Innovate UK」など多くの支援プログラムを提供してきた。特に、ロンドンのオールドストリート駅界隈は、スタートアップの中心地として知られ、コワーキングスペースやインキュベーターが集積している。

他方、ロンドンから100kmほど離れたイングランド東部、歴史の古いケンブリッジは中世以降ケンブリッジ大学と共に発展してきた。イングランド東部沿岸地域のフェンズ（The Fens）にちなみ、「シリコン・フェン」とも呼ばれる。ケンブリッジ大学を中心とした世界有数の大学都市であり、AI、バイオテクノロジー、半導体の分野で最先端の研究が行われている。総人口の約14万人のうち2万人ほどが学生とされ、全体の半数近い6万人強がテック産業に携わるなど、ユニークな人口動態を示している。

　また、金融サービス業が盛んなスコットランドの首都・エディンバラには、フィンテック分野のスタートアップが多く、産業革命の際に木綿工業で発達し、歴史的に製造業が強いマンチェスターでは、RPAをはじめとしたDX系の産業が盛んだ。マンチェスターは「メディアシティUK」の存在によってデジタルメディアとクリエイティブテクノロジーの分野で著名でもあり、マンチェスター大学は、特殊な炭素素材である「グラフェン」の発見など科学技術の分野で多くの革新をもたらしている。

フィンテックやサイバーセキュリティなどが強い英国

　英国のITエコシステムは、年代ごとに特徴的な企業が誕生している。1990年以前は、ICL（International Computers Limited）やAcorn Computersといったハードウェアメーカーがコンピュータ黎明期を支えた。

　1990年代に入ると、ARM Holdingsがケンブリッジで創業され、低消費電力の半導体設計で世界的な成功を収める。ARMの技術は現在、スマートフォンやタブレットなどのモバイルデバイスで広く採用されている。またニューヨーク発祥の金融情報サービスBloomberg L.P.は、ロンドン拠点が成長し、フィンテック分野の発展を牽引した。

　2000年代には多くのインターネット企業が登場し、eコマースやオンラインサービスの基盤を築いた。ゲーム開発やデジタル広告など、クリエイティブ産業が成長を遂げた。2001年に設立されたBetfair（現在のFlutter Entertainment）は、オンラインギャンブル市場で成長している。

　2010年代になると、金融都市ロンドンはフィンテックの中心地としての地位を確立し、Revolut、Monzo、TransferWise（現在のWise）などが誕生し、金融サービスのデジタル化をグローバルに展開している。AI分野ではGoogleに買収されたDeepMind、画像

生成で注目が集まったStability AIも英国発祥である。

　このように英国は、世界的な金融センターとして、金融業界との連携により、フィンテック、人工知能（AI）、サイバーセキュリティの分野でグローバルなリーダーシップを発揮している。特に多文化で国際都市であるロンドンは、欧州最大のテクノロジー投資先として知られ、多くのグローバル企業が拠点を構えている。欧州と世界の金融およびビジネスの中心地であり、ロンドンの日中の時間帯は、アジアと米国の主要な取引市場と重なるため、国際ビジネスにおいて優位性を持つ。また、英国の大学は、IT人材の育成と研究開発において世界をリードしており、特にオックスフォード大学やケンブリッジ大学が輩出する技術者や起業家は、世界中で高い評価を受けている。ロンドンでは、London Tech WeekやWeb Summitなど、世界中のIT業界関係者が集まる定期的なイベントも、IT人材を呼び込む契機となっている。ただし、2021年のEUからの離脱（ブレグジット）は、人材の流出や投資の減少といった悪影響が及んだ。

　日本と英国とは、2016年、Arm Holdingsがソフトバンクによって320億ドルで買収されるなど、浅からぬ関係がある。島国で世界的な金融都市を擁するといった共通点も多いなか、英国のユニコーンの多さ、エコシステムの秘訣など、日本が見本とできる点は少なくない。

図：英国の主要なITベンダー

企 業 名	業 種	概 要
Arm	ロジック半導体	ロジック半導体の設計支援。スマートフォン用プロセッサで世界的に有名
DeepMind	AI	AlphaGoの開発で知られる、現在はGoogleの傘下
Stability AI	AI	生成AI「Stable Diffusion」開発元
Darktrace	業務支援システム	AIを活用した脅威検知システムを開発
Betfair	ゲーム	スポーツベッティングやカジノゲームを提供
Farfetch	eコマース	世界中の高級ブランドのアイテムを取り扱うECサイト
Ocado	eコマース	オンラインスーパーマーケット

企業名	業種	概要
Deliveroo	モビリティサービス	オンラインフード配達プラットフォーム
Blockchain.com	フィンテック	暗号資産取引
Monzo	フィンテック	デジタルバンキングサービス
Revolut	フィンテック	デジタルバンキングおよび金融サービス
Wise（旧 TransferWise）	フィンテック	国際送金サービス
Oxford Nanopore	ヘルステック	DNA シーケンシング技術を開発
Ultraleap	XR	触覚技術・モーショントラッキング

PEOPLE'S REPUBLIC OF CHINA

北京、上海、深圳、杭州
独自の進化を遂げる世界第2位の経済大国

中国

図：中国の主要なIT拠点

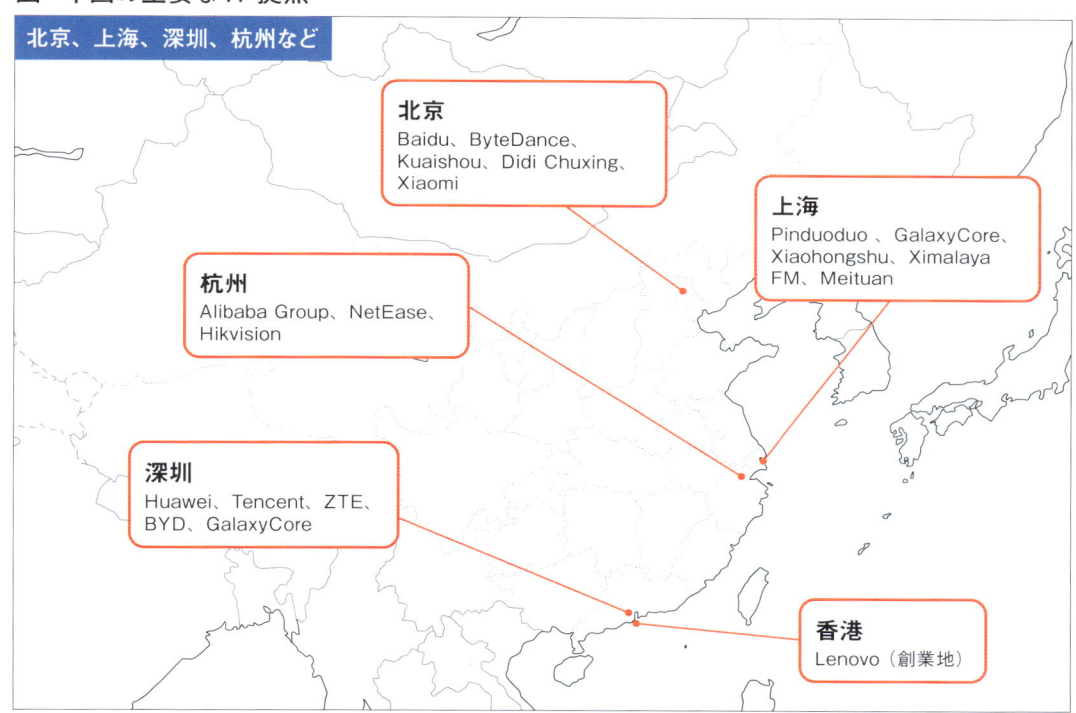

北京、上海、深圳、杭州など

北京
Baidu、ByteDance、Kuaishou、Didi Chuxing、Xiaomi

上海
Pinduoduo 、GalaxyCore、Xiaohongshu、Ximalaya FM、Meituan

杭州
Alibaba Group、NetEase、Hikvision

深圳
Huawei、Tencent、ZTE、BYD、GalaxyCore

香港
Lenovo（創業地）

背景にあるのは改革開放政策と国家的支援

　中国のIT産業は、1978年が転換点だった。改革開放政策によって、外国資本の導入と市場経済化が進み、インフラ整備や教育投資が加速、本格的な発展の道を歩み始めた。政府による積極的な優遇策と国外からの技術導入、そして国内企業の努力が相まって、世界的なIT強国へと成長を遂げた。特に、1980年に深圳が経済特区に指定されたことは、後

の中国テック産業に大きな影響を与えた。20世紀末以降、国家的支援を背景にインターネットビジネスが急成長し、21世紀に入ってからは世界を代表するITエコシステムの一角を占めるようになった。

民族や宗教にまつわる多種多様なバックグラウンドが織り成す14億の人口を抱える中国は、今や世界第2位の経済大国となった。様々な課題やひずみを併せ持ちつつ、欧米とは一線を画して独自の成長軌道を描いている。

「中国のシリコンバレー」 として知られる中関村

中国都市部のテクノロジーハブは、それぞれ特徴的な発展を遂げている。もともと北京は政治の中心地として、上海は経済の中心地として知られる一方、深圳はIT産業の集積地として国家プロジェクトの産業特区のモデルとされてきた。香港に近い地理的優位性も生かし、ハードウェア製造の世界的拠点として発展した。1980年に人口33万だった小さな漁村は今や、2000万人超の国際的な大都市に変貌を遂げた。

世界的国際都市へと変貌を遂げた首都北京は、政治に限らず金融・経済、文化など幅広い分野で発展を見た。学術分野の中心地でもあり、清華大学や北京大学といった名門校がIT人材を多数輩出し、政府主導の研究開発も盛んである。その北京にある中関村は「中国のシリコンバレー」として知られ、清華大学や北京大学という有力大学に近接する一方、政府機関とも緊密に連携する。北京市科学委員会・中関村科技園区管理委員会によると、2023年に中関村で新設されたテック企業は5万1497に上り、1日平均141社が誕生していた計算になる。中関村のエリアは天津市など対象地域の拡大が続く。

他方、杭州はAlibaba Group（阿里巴巴集団、アリババグループ）の本拠地として電子商取引（EC）を中心に成長を遂げている。香港は、世界有数の金融センターとして、クロスボーダー取引やスタートアップの資金調達拠点となっている。特にフィンテック分野での存在感が強い。

「スーパーアプリ」 と呼ばれる統合型サービスが深く浸透

中国のテクノロジーエコシステムの特徴は、まず巨大な国内市場と独自のデジタル経済

圏である。巨大な人口を背景に、WeChat（微信）やAlipay（支付宝）といった独自のプラットフォームが発展した。「スーパーアプリ」と呼ばれる統合型サービスが日常生活に深く浸透している。

　また、実質的な一党独裁体制を維持する政府の強力なトップダウン体制も大きな特徴の1つだ。「中国製造2025」や「インターネットプラス」などの国家戦略により、重点産業への集中投資と育成が行われている。特にAIや半導体、5G、そして6Gなどの先端技術分野での国産化を推進している。1980〜2000年代には、「世界の工場」と呼ばれたように比較的低コストの労働力が豊富にあり、ITベンダーの生産コストを抑制できたことも、IT産業発展の要因に挙がる。またハードウェアに強みを持つ深圳では市内の福田区に位置する重要な電子製品の商業地帯の華強北が「中国電子第一街」と呼ばれ、電子部品市場と製造業の集積により、ハードとソフトを融合し、アイデアを素早く製品化できる体制が整っている。総じて、国家が通信インフラやAI研究に巨額投資を行う一方、民間企業が果敢に新市場を開拓してきたと言える。

　特に、2025年1月末に突如話題となったAIアシスタントのDeepSeekは、App Storeでダウンロード数トップに躍り出た。短期間、低コストで開発され、平板なGPUでChatGPTなどの生成AIに匹敵する性能を打ち出した。従来のAI半導体の優位性が揺らぎかねないとして、NVIDIAの株価が1日で17％急落、時価総額が一気に5,890億ドル減少するほどのインパクトをもたらした。

モバイル決済による無現金社会を実現

　中国のテクノロジー産業は、独自の発展を遂げながら世界有数の規模と影響力を持つに至っている。特に、モバイル決済やシェアリングエコノミー、そして「淘宝（タオバオ）」や「天猫（Tモール）」に代表されるeコマースプラットフォームの分野などでは、しばしば米国を上回るインパクトをもたらしている。AlipayやWeChat Payが普及したモバイル決済による無現金社会が実現されつつある。

　BAT（Baidu（百度、バイドゥ）、Alibaba（阿里巴巴、アリババ）、Tencent（騰訊、テンセント））をはじめとした中国テック企業は、「一帯一路」構想とも連動しながら、東南アジアやアフリカの新興市場へも積極的に攻勢を仕掛けている。特に決済システムやe

コマースプラットフォームの輸出で一定の成果をあげている。さらに、デジタル人民元の構想など、象徴的な国家主導プロジェクトも少なくない。

　中国は世界最大のスマートフォン市場でもあり、Huawei（華為、ファーウェイ）、Xiaomi（小米、シャオミ）などの中国メーカーが大きなシェアを占めている。そうした状況も、モバイル決済をはじめとしたeコマースの発展を下支えしている。

　また、国家主導によるAIとデータの活用によって、自動運転やスマートシティといった分野で独自の強みを発揮している。とりわけ、欧州を中心に個人情報の保護が叫ばれ、個人に直接、間接に関わるデータが扱いにくい現状、国家的統制を強める中国によるデータの利活用は、世界に先駆けて革新技術やサービスを生む可能性を秘める。国家主導でのスマートシティ開発は、監視技術や都市管理システムで諸外国をリードする。

米中間の地政学的対立が招く不透明な情勢

　米中間の地政学的対立が技術や製品の輸出規制につながっており、年々その緊張の度を増している。トランプ米政権が今後、対中政策を一層強硬に進める可能性もあり、不透明な情勢が続く。とは言え、巨大な国内市場と技術力の蓄積、さらには政府の強力な支援を背景に、特にAIや電気自動車、再生可能エネルギーの新興分野で、世界におけるプレゼンスを今後も強めていくと予想される。

　むしろ、対中関係をめぐって難しい舵取りを迫られそうなのは日本や欧州諸国であり、米中の距離感をにらみながらの微妙なバランス感覚が求められるだろう。

図：中国の代表的な IT ベンダー

企　業　名	業　種	概　要
GalaxyCore（格科微電子）	アナログ半導体	CMOS イメージセンサ出荷量世界一
Huawei（華為）	通信機器	ハードウェア製造中心
ZTE（中興通訊）	通信機器	技術導入と国内市場開拓が主軸
Lenovo（聯想）	コンピュータ	改革開放政策による国営企業改革から誕生
Xiaomi（小米）	モバイルデバイス	AI とビッグデータの積極活用

企業名	業種	概要
BYD（比亜迪）	EV	深圳ベースで EV の世界販売数世界一。他に複数事業展開
DJI（大疆創新科技有限公司）	ドローン	商用ドローンの世界的メーカー
DeepSeek（深度求索）	AI	画像認識。生成 AI の新星
Horizon Robotics（地平線機器人）	AI	自動運転。国家戦略との強い連携、ドイツ VW とも協業
MEGVII（旷視科技）	AI	顔認識。半導体の国産化推進
SenseTime（商湯科技）	AI	AI 特化。コンピュータビジョン、深層学習に強み
Unisound（雲知声）	AI	音声認識、Web3.0 関連技術
NetEase（網易）	ゲーム	オンラインゲーム開発のほか、EC やネット広告など業容多角化
Baidu（百度）	検索エンジン	米国モデルの中国版からスタート
Tencent（騰訊）	ポータル	PC 時代のインターネットサービスが中心
Alibaba（阿里巴巴）	e コマース	インターネットブームと中国 WTO 加盟の恩恵
JD.com（京東）	e コマース	民間企業家主導の創業
Meituan（美団）	e コマース	EC と口コミサイト運営の生活関連サービス、グローバル展開
Pinduoduo（拼多多）	e コマース	モバイルペイメントの普及
ByteDance（字節跳動）	SNS	ショート動画「TikTok」運営、モバイル時代を牽引
Kuaishou（快手）	SNS	モバイル向けショートビデオアプリ開発・運営
SINA（新浪）	SNS	中国最大 SNS「Weibo（微博）」やポータルサイト「新浪」運営
DiDi Chuxing（滴滴出行）	モビリティサービス	タクシー配車やライドシェア。日本ではソフトバンクと提携

テルアビブ、ハイファなど
サイバー・医療・軍事分野で存在感を強める

イスラエル

図：イスラエルの主要な IT 拠点

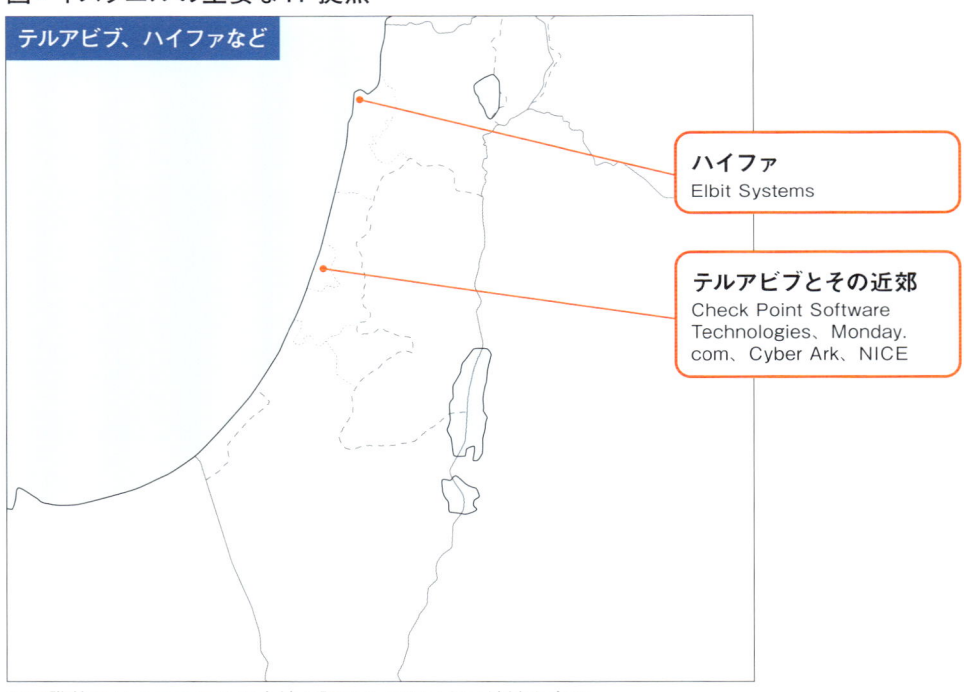

テルアビブ、ハイファなど

ハイファ
Elbit Systems

テルアビブとその近郊
Check Point Software Technologies、Monday.com、Cyber Ark、NICE

※国際的にはイスラエルの土地と認められていない地域を含む

サイバー分野に強み、ユダヤ人脈を駆使

　「スタートアップ国家」として知られるイスラエルは、人口1,000万人弱の国でありながら、多数のITベンダーや画期的な技術を生み出し続けている。米国をはじめとするユダヤ人の世界的なネットワークは、イスラエルのスタートアップが海外市場へ進出したり、大企業と提携したりすることを容易にしている。ただしそれだけではなく、イスラエルが育ん

できた独自のエコシステムが、スタートアップ国家の礎となっている。

　エコシステムを支えるのは、政府の支援、GDPに対する投資割合が世界最高水準と言われるベンチャーキャピタル（VC）の活発な投資活動、そして軍事産業や大学、研究機関の深い関与である。イスラエルのVCの特徴は、シード期やアーリーステージのスタートアップに対して早期段階から積極投資を行う傾向が高いことである。政府も、Israel Innovation Authority（イスラエルイノベーション庁）を中心に、ITエコシステムの支援に積極的だ。技術革新を促進するために数多くの政策とプログラムを導入している。

　ベンチャー育成プログラムの成功例に、「Yozmaプログラム」がある。Yozmaプログラムは VC を育成・奨励する1990年代の取り組みであり、これにより9つの VC ファンドが創設された。創設された VC ファンドは一定の成果をあげた後、投資のリターンによって民営化され、民主導の VC 市場が発展した。同国の代表的な VC に、Pitango Venture Capital や Jerusalem Venture Partners（JVP）がある。また、同プログラムによって実施された外資の VC への税制優遇措置は、外資系投資家がイスラエル市場に参入する契機となり、スタートアップへの資金調達環境が充実した。

　スタートアップの育成にとって、大学との連携も重要である。たとえば、「テクニオン」の愛称で知られるイスラエル工科大学は、サイバーセキュリティや AI といった分野で世界をリードしている。同校の卒業生が起業した IT ベンダーの多くが、米国 NASDAQ に上場しており、すでに100社近い上場実績がある。他にもヘブライ大学やテルアビブ大学といった世界的に有名な学府は、産業界と密に連携し、学内に多くの技術移転オフィスを設置している。これにより、大学での研究が商業化されるプロセスが円滑だ。

　イスラエルがハイテク国家として存在感を放つ背景には、建国の経緯がある。ユダヤ教徒が暮らす国として誕生したものの、宗教対立や紛争が絶えず、軍備増強に腐心してきた。そのため、軍事産業の IT 化、それに付随するサイバーセキュリティの強化など、IT 戦略は国の存亡に関わる一大事と位置付けられてきた。また、第二次世界大戦下における迫害の歴史から、つねに「一寸先は闇」という危機感に裏打ちされた「リスクテイクの精神」、すなわち失敗を恐れず新しいことに挑むマインドが、建国以来、国民に根差している。

サイバーセキュリティの草分け

　防衛の観点では、兵器だけでなく、戦時下で自国兵士が安全に通信するための暗号や無線の技術も発達した。世界に広く普及したITサービスの基礎を、イスラエル発の技術が築いた実例は複数ある。例えば、1993年に商都テルアビブで創業したCheck Point Software Technologiesは、イスラエル初のサイバーセキュリティ企業であり、ネットへの外部からの不正侵入を防ぐファイアウォール技術を世界で初めて実用化したことで知られる。もともとは、外部からのサイバー攻撃への対策として開発されたファイアウォールが、今では企業や家庭に広く普及している。

　また、同年代のネット黎明期、1996年に同国のMirabilisが開発したICQは、LINEやWhatsAppといったインスタントメッセージサービスの先駆けとされる。1998年にAOLに買収された後、資本構造は幾度となく変遷し、2024年6月にサービス終了した。

つねに不安が付きまとう不安定な中東情勢

　イスラエル企業と取引する日本の大手企業は少なくない。NECや富士通などのITベンダーのほか、ソニー、パナソニックなどもIT分野で協業し、トヨタ自動車やホンダが自動運転分野でスタートアップ企業と手を組んでいる。また、日イスラエル両政府公認の下、中東最大の医療機関Sheba Medical CenterとOKIが認知症予防の研究で協働してきた実績がある。2022年に日本への輸出品で最も多かったのは、「半導体等電子部品」や「IC」などの「電気機器」で4億3700万ドルと全体の34.2％を占める。

　緊迫するパレスチナとの対立が先行きに暗い影を落とす中、イスラエルは軍事・防衛的な必要性に迫られながら、今後もサイバーセキュリティの強化を急ぐだろう。また、生成AIの分野においても、自然言語処理に強みを持つAI21Labsが脚光を浴びるなど、世界的にもイスラエルの技術の独自性は注目され続けるだろう。

図：イスラエルの主要な IT ベンダー

企 業 名	業 種	概 要
RAD Data Communications	ネットワーク機器	通信ネットワーク機器のリーディングサプライヤー
OrCam Technologies	モバイルデバイス	視覚障害者向けのウェアラブルデバイスを提供
Check Point Software Technologies	業務支援システム	ファイアウォールなどのネットワークセキュリティ製品を提供
CyberArk	業務支援システム	特権アクセス管理ソリューションを提供
Elbit Systems	業務支援システム	防衛産業のリーディングカンパニー
NICE	業務支援システム	カスタマーエクスペリエンス管理ソフトウェアを提供
Wix.com	業務アプリ	クラウドベースのウェブサイト作成プラットフォームを提供
Waze	モビリティサービス	リアルタイム渋滞情報を共有するナビゲーションアプリ。Google に買収
Mobileye	モビリティサービス	自動運転に必要な技術を提供。Intel に買収
Fiverr	HR テック	フリーランサーとクライアントをつなぐプラットフォーム

ソウル、スウォン、ソンナムなど

経済の屋台骨は Samsung、LG などの財閥系

韓国

図：韓国の主要な IT 拠点

ソウル、スウォン、ソンナムなど

ソウル
LG Electronics、
SK Telecom、KT、
Coupang

ソンナム
NAVER、NCSoft、
Hanwha Techwin、
Krafton、NHN

スウォン
Samsung Electronics

IT 産業を国家経済の中心と位置付け

　韓国では、1960年代以降、政府主導による重化学工業産業の勃興の後、朴正熙大統領時代の1970年代、「経済開発5カ年計画」の下にエレクトロニクス産業が成長した。この

時期、SamsungやLGは電子機器の産業に進出し、現在に続くIT産業の基盤を築いた。

　特に、1990年代のIMF危機後、韓国政府はIT産業を国家経済の中心と位置付け、積極的な投資を行った。これにより、ブロードバンドインターネットの普及が加速し、韓国は世界で最もインターネット接続が進んだ国の1つとなった。国策として、IT産業支援プログラムが多く展開され、特に2009年に統合・設立された情報通信産業振興院（NIPA）は、スタートアップの支援やICT分野の研究開発を促進する役割を果たした。「スマートシティ」や「5G」など、先端技術分野における国家プロジェクトを通じて、韓国政府はITベンダーの成長を後押ししている。

　韓国は日本列島と中国大陸に挟まれている地形上、外からの影響を受けやすい歴史を辿ってきた。この地理的要因が、新しい技術やアイデアを積極的に取り入れ、自国文化と組み合わせて発展させていく独特な土壌を育んだ。

ソウルが最大のITエコシステム供給地

　韓国は、中国や日本、ロシアという巨大市場に近く、地の利を生かしてIT製品やサービスの輸出を推し進めている。また、国土が比較的狭く、人口密度も高いことから、通信インフラが効率的に整備され、モバイル技術の発展やインターネット接続の普及が迅速に進んだ。この結果、韓国は世界でも有数のモバイルファーストの社会となり、NAVERやKakaoのようなモバイル技術を活用したサービスが急成長した。

　最大のITエコシステム供給地は、首都ソウルであり、経済・文化の発信地でもある。Samsung、LG、NAVER、kakaoなど、韓国を代表する大手ITベンダーの本社が集積している。加えて、ソウルにはスタートアップも多く、日々切磋琢磨しつつ、大手との連携も増えている。

　ソウルのほか、港湾都市である釜山（プサン）には、物流インフラが整備され、IoTやAIを活用したスマート物流分野でのITの開発が盛んである。また、観光地としても知られ、訪韓客向けのITサービスが相次いで登場している。また、大田（テジョン）は韓国中部に位置する科学技術の中心都市であり、特に研究開発の分野で強みを持っている。テジョンには、大徳研究団地（Daedeok Innopolis）があり、主要な科学技術研究クラスターを形成している。この地域には、韓国電子通信研究所（ETRI）、韓国科学技術院（KAIST）、

韓国原子力研究院（KAERI）など、公立の研究施設が多数集まっており、最先端の技術開発が行われている。特に、ITと医療の融合を目指し、デジタルヘルス関連領域の研究開発で成果が期待される。

ソウル大学など国内屈指の最高峰の大学と大手企業の連携が進む一方、大学の研究発のベンチャーも少なくない。

Samsungを中心に、ネットサービス、ゲームなどが活況

1980年代には、国の後押しもあってSamsungやLGが、半導体や家電製品の分野で飛躍し、韓国のIT産業の基盤を築いた。1990年代に入ると、ネットワークインフラの整備が進み、NAVERやKakaoなどのネットサービス企業が誕生し、国内で大きなシェアを獲得した。また、モバイル技術の進化とともに、Samsungがスマートフォン市場でグローバルなリーダーとなり、世界市場での存在感を高めた。世界の供給台数では、Appleと首位争いを続ける。

1990年代創業のゲーム企業、NCSOFTやNEXON Korea Corporationも2000年代に急成長を遂げている。2010年に創業したeコマースのCoupangは韓国発のユニコーンの代表格で、筆頭株主はソフトバンクである。「韓国版Amazon」とも称され、2021年3月のニューヨーク証券取引所上場時の時価総額は10兆円に迫り、韓国発スタートアップの成功例とされている。2010年代以降では、フィンテック企業のKakao Payなどが注目されている。

韓国は、スマートフォン、半導体、ディスプレイなどのハードウェア分野だけでなく、ソフトウェア、コンテンツ、プラットフォームなど、幅広い分野で世界的な競争力を有している。特に、K-POPや、『パラサイト　半地下の家族』や『イカゲーム』といった映画コンテンツの世界的ヒットに見られる通り、コンテンツ、エンターテイメント分野でも独自の強みを発揮し、世界市場で大きな存在感を示している。

一方で、韓国のIT産業は、大企業中心の構造や過当競争、規制の壁といった課題も抱えている。これらの課題を克服し、持続的な成長を実現するには、スタートアップ企業の育成をさらに加速させ、イノベーションを促進していくことが求められている。

韓国の「STARTUP ALLIANCE」が開所10周年を迎え、スタートアップに携わる330

人を対象としたアンケート調査では、韓国のスタートアップエコシステムに必要なものとして「エコシステムのグローバル化」との回答が約半数の158人に上り、最多だった。また、LINE・NAVERの日本企業との経営統合に見られる通り、日本との結びつきも強い一方で、政治問題が半導体製造の原材料の調達が難しくする局面も見られた。国際関係もまたリスク要因なのかもしれない。

図：韓国の主要な IT ベンダー

企業名	業種	概要
Samsung Electronics	モバイルデバイス	半導体、スマートフォン、家電製品を提供する韓国の総合家電・電子メーカー
LG Electronics	モバイルデバイス	家電、モバイル通信、ディスプレイ分野で世界的なプレゼンスを持つ総合電機
Hanwha Techwin	監視カメラ	監視カメラやセキュリティシステムの開発・製造
SK Telecom	通信	韓国最大の移動体通信事業者
KT Corporation	通信	固定電話やネットサービス提供の主要通信事業者
Megazone Cloud	クラウドサービス基盤	クラウドサービスの提供やコンサルティングを行う韓国のリーディングカンパニー
Com2uS	ゲーム	モバイルゲームのパイオニア
Krafton	ゲーム	「PUBG: Battlegrounds」で世界的人気
NEXON Korea Corporation	ゲーム	「メイプルストーリー」など開発・運営
NCSOFT	ゲーム	「リネージュ」シリーズで知られる
Netmarble	ゲーム	モバイルゲームの開発・配信を手掛ける企業
NHN Corporation	ゲーム	オンラインゲームや決済サービス、ウェブコミックなど多岐にわたるデジタルサービス
Pearl Abyss	ゲーム	オープンワールド MMORPG「黒い砂漠」で成功
Daum Communications	ポータル	韓国初のポータルサイト「Daum」運営。現在は Kakao に統合

企 業 名	業 種	概 要
NAVER	検索エンジン	韓国最大の検索エンジン「NAVER」運営
Kakao	メッセンジャー	メッセージングアプリ「KakaoTalk」など多彩なサービス展開
Coupang	e コマース	迅速な配送サービス「ロケット配送」で知られる韓国のオンライン小売業者
Viva Republica	フィンテック	個人間送金や投資サービス「Toss」提供

図：オランダの主要な IT 拠点

アムステルダム、アイントホーフェンなど

アムステルダム
Philips、Hotmart、TomTom、
MessageBird、Booking.com、
DataSnipper、BackBase、
BitFury

**アイントホーフェン
（フェルトホーフェン）**
ASML

国際貿易の中心地として栄えてきた歴史的な国際都市

　オランダは、長らく国際貿易の中心地として栄えてきた歴史的な国際都市である。特に首都アムステルダムは17世紀、商業と金融の中心として繁栄して黄金時代を迎え、この時期に培われたグローバルな視点と商業ネットワークは、今日のITエコシステムにも脈々と引き継がれている。英語が公用語で、グローバル展開しやすい環境を背景に、スタートアップの育成を促進している。

　第2次世界大戦後、オランダは迅速に経済を再建して技術変革に向けた基盤を構築し、Philipsなどの世界的な電機メーカーが登場した。これが、後のIT産業の発展を支える土壌となった。政府が積極的な支援策を打ち出した。代表的なプログラムに、「Startup Delta」というスタートアップエコシステム構築に向けたイニシアチブのほか、アムステルダム市の支援組織「Startup Amsterdam」や、初期段階のVCである「Rockstart」による世界的なアクセラレータープログラムがある。

大手 IT ベンダーが EU の拠点としてアムステルダムを選択

　アムステルダムには、ITの大手からスタートアップまで幅広い企業が集まり、国際ビジネスハブとして機能している。GoogleやMeta Platformsなどの大手ITベンダーはEUの拠点としてアムステルダムを選択し、その存在がスタートアップエコシステムを活性化させている。このほか、UberやNetflix、Teslaといった勢いのある新興企業が拠点を構え、地場のITインフラやタレントプールを有効活用している。特に、AI、フィンテック、デジタルヘルス、サイバーセキュリティの分野における動きが活発である。

　IT都市はアムステルダムに限らない。Philipsの創業地アイントホーフェンはテクノロジーとアートが融合した都市として知られ、所在するブラバント州の「Brain Port」はハイテク産業が集積し「発明都市」の異名を持つ。このほか、ユトレヒトとロッテルダムはバイオや医療の分野で強みを発揮し、国際司法裁判所があるハーグでは、サイバーセキュリティ関連の企業が増えている。

フィンテックとエドテックの分野で成功を収めるスタートアップ

　オランダを代表する巨大企業であるPhilipsは1891年に電球メーカーとして創業され、その後総合電機メーカーとなり、現在はヘルステックに主軸を置いている。また1990年代にインターネットインフラが整うと、1991年に旅行予約サイト大手Booking.com、1991年にはデジタル地図サービスなどを手掛けるTomTomが誕生している。一方で、1992年に、半導体製造装置大手企業のASML（社名はAdvanced Semiconductor Materials Lithographyに由来）が創業された。

　2000年代には、アムステルダムを中心に多くのテクノロジースタートアップが誕生し、特にフィンテックとエドテックの分野で成功を収めた。Adyenは2006年に設立され、グローバルな決済サービスを提供する企業として成長している。

　オランダにおけるITの中心地、アムステルダムはロンドン、パリ、ベルリンに次ぐスタートアップの動きが活発な都市である。特に、ロンドン、パリ、ベルリンを結ぶいわゆる「黄金の三角形」の中に位置するアイントホーフェンは、その地理的特性を活かして、ハイテク産業の誘致に余念がなく、政府もそれを後押しする。英語がネイティブ並みに話せる人が多いことも、世界中のスタートアップを引き寄せる呼び水となっており、今後さらなる発展が見込まれる。

　蘭学の浸透に象徴される通り、オランダは江戸時代、鎖国政策下においても唯一交易が継続された西洋の国で、日本との歴史は長く深い。今もNTTやソニー、NEC、東芝、富士通、日立製作所、オムロン、キヤノン、パナソニック、リコー、ヤンマー、横河電機といった大手企業が進出して久しい。

図：オランダの主な IT 関連企業

企 業 名	業 種	概 要
ASML	半導体製造装置	リソグラフィ装置の開発・製造の最大手
Philips	医療機器	医療機器、家電、照明の多国籍企業
Hotmart	e コマース	デジタル製品の販売者と購入者を結ぶプラットフォーム
TomTom	モビリティサービス	GPS ナビゲーションや地図データ提供

企業名	業種	概要
MessageBird	業務支援システム	企業向け通信 API でメッセージングプラットフォーム展開
DataSnipper	業務支援システム	監査業務向けデータ分析ソフトウェア
BackBase	フィンテック	銀行向けデジタルバンキングプラットフォーム
BitFury	フィンテック	ブロックチェーン技術と暗号資産マイニングのソリューション提供
Bunq	フィンテック	チャレンジャーバンク展開
Mambu	フィンテック	金融機関向けクラウドベースの銀行業務プラットフォーム
Mollie	フィンテック	企業向けオンライン決済ソリューション提供
Booking.com	旅行テック	世界中の宿泊施設のオンライン予約プラットフォーム
Mews	旅行テック	クラウドベースのホテル管理システム

FRENCH REPUBLIC

1/8 パリ、トゥールーズなど
一皮むけた農業と芸術の国

フランス

図：フランスの主要なIT拠点

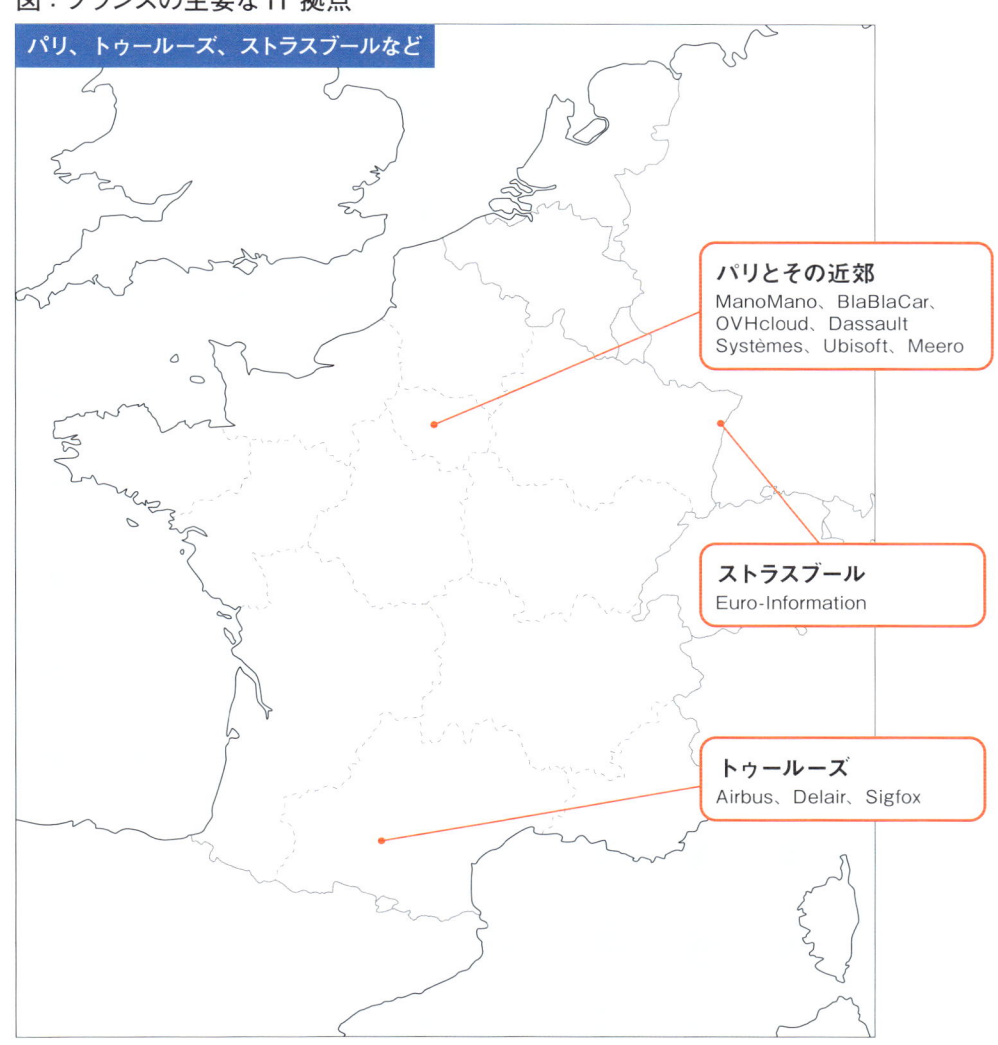

パリ、トゥールーズ、ストラスブールなど

パリとその近郊
ManoMano、BlaBlaCar、
OVHcloud、Dassault
Systèmes、Ubisoft、Meero

ストラスブール
Euro-Information

トゥールーズ
Airbus、Delair、Sigfox

レイトステージの Deep Tech SU への支援に重点

フランスは農業と芸術文化の国というイメージを脱し、特にパリはその中心地として知られ、世界中から起業家や投資家が集まっている。フランスはデカルトやパスカルをはじめ、数多の碩学を輩出し、科学技術の発展に寄与してきた。その伝統がIT産業の基礎として受け継がれている。近代以降は、1980〜1990年代に政府のイニシアチブで技術革新とデジタル分野の競争力強化が推し進められた。同国の通信最大手、1998年創業のFrance Télécom（現Orange）などがその政策的帰結の典型と言える。インターネットの普及に伴い、2000年代以降は、ITスタートアップが数多く勃興した。

起業しやすい環境整備に向けたスタートアップ支援策として、フランス政府は2013年11月からLa French Techを始動させ、その結果、多くのユニコーン企業が生まれた。現在は、よりレイトステージにあるDeep Techのスタートアップへの支援に重点が置いている。欧州発のDeep Techコミュニティとして最大規模のHello Tomorrowがパリで毎年開くDeep TechのGlobal Summitをフランス政府が手厚く支援している。また、Googleなどのビッグテックから地場のスタートアップまで10万人を超すオープンイノベーションの祭典「VIVA TECHNOLOGY」、2017年パリにオープンした世界最大のスタートアップキャンパス「ステーションF」（民間イニシアチブ）なども開催されている。

かつてフランスは、優秀な起業家を輩出するものの、国外へと流出する「Tech Backwater（テック産業の僻地）」とされてきた。例えば、クラウドプラットフォームSnowflake、イベント管理プラットフォームを展開するEventbrite、コロナ禍でよく耳にするようになったワクチン開発のModernaは、フランス人起業家によって米国で創業されている。

フランス政府は、テクノロジー産業を国家戦略の重要な柱と位置付け、スタートアップに対する資金援助や規制の緩和を進め、研究開発税制優遇措置（CIR）や資金調達プログラムを通じて、スタートアップの成長を後押ししている。大学も重要な役割を果たしており、特にパリ高等師範学校、パリ・サクレ、エコール・ポリテクニークなどのトップクラスの教育機関は、優秀な人材を輩出し、スタートアップの創業を支援している。

また、パリは欧州屈指のスタートアップ投資が活発な都市であり、複数のVCファンドが投資に取り組んでいる。特に2010年代から、フランス国内のVC市場が成熟し、ス

タートアップ企業にとって成長資金を調達する環境が整いつつある。Eurazeo、Partech Ventures、Alvenなどの VC がフランスのスタートアップエコシステムの発展を支えている。

　直近では2021年10月にフランス政府が、「France 2030」という5年で540億ユーロに上る巨額の重点投資方針を発表した。グリーンテック分野を中心に先進技術投資と新製品・サービスの創造を目指し、大半はスタートアップやイノベーションへの投資に振り向ける。

欧州では 2 番目の規模を誇るエコシステム

　パリ独自のスタートアップエコシステムは、EUでは最大、欧州ではロンドンに次いで2番目の規模を誇る。そしてそれは、近年政府主導の La French Tech がうまく機能している証左と言える。La French Tech が始まって10年の2023年、フランスのスタートアップは2万5,000社、ユニコーンは30社を超えた。

　パリに加え、フランスで第2の都市リヨンは、バイオテクノロジーやソフトウェア開発の分野で存在感を放つ。また、南部のニースとカンヌの中間に位置する「ソフィア・アンティポリス（Nice-Sophia Antipolis）」は、欧州最大級のテクノロジーパークで、「フランスのシリコンバレー」とも呼ばれる。1970年代に設立され、IT や通信技術に長じ、多国籍企業やスタートアップも多く、20年超入居している日系企業もある。

　さらに、エアバスの本社があることでも知られるトゥールーズは、航空宇宙産業を中心に航空宇宙関連のソフトウェア開発やシミュレーション技術、データ分析の分野で強みを持つ。自動車や IoT といった分野の産業も盛んである。一方、アルプス山脈の麓のグルノーブルは自然豊かな環境を生かし、半導体産業などマイクロエレクトロニクス分野の研究開発が盛んで、同じアルプスの国スイスに本拠を持つ STMicroelectronics のような大手半導体メーカーが拠点を構える。

スタートアップハブの最右翼として集まる注目

　2000年前後には、1999年に創業したクラウドサービスの OVH（現 OVHcloud）や2005年創業のリターゲティング広告を展開する Criteo が台頭、以降も2006年にライドシェアの BlaBlaCar、2013年に医療予約プラットフォーム Doctlib といったスタートアップ

が次々と登場した。

　フランスのITベンダーは、ファッションやラグジュアリーブランド、芸術や食文化など、フランスの伝統的な強みを生かした事業を展開する。英国が離脱したEUにおいて、スタートアップハブの最右翼として今あらためて注目が集まっている。

　かつてはスタートアップ不毛の地とも言われていたフランスが今や起業家の一大量産地となっており、日本としても見習うべき点や見出す商機は少なくない。すでにファーストリテイリングや丸紅といった大手企業が現地のスタートアップと手を組む事例が相次ぐ。一方、日本酒を売り込むスタートアップなど、日本から向こうへ攻め込む動きも目立ち始めている。

図：フランスの主要な IT ベンダー

企業名	業種	概要
OVHcloud	クラウドサービス基盤	欧州最大のクラウドインフラプロバイダー
Dassault Systèmes	業務支援システム	3D 設計ソフトウェアのリーディングカンパニー。航空宇宙、自動車、建築など、幅広い業界に製品を提供
Ubisoft	ゲーム	「アサシン クリード」など、世界的に有名なゲームを開発・販売
Meero	業務支援アプリ	人工知能を活用した写真編集サービスを提供
Algolia	検索エンジン	SaaS 型の検索エンジンを提供。e コマースサイトなどで利用される
Back Market	e コマース	リユーススマートフォンなどを販売するマーケットプレイス
ManoMano	e コマース	DIY・ガーデニング用品のオンラインマーケットプレイス
BlaBlaCar	モビリティサービス	乗合自動車のライドシェアサービスを提供
Deezer	音楽配信サービス	音楽ストリーミングサービスを提供。Spotify の競合
Contentsquare	アドテック	Web サイトのユーザー行動分析ツールを提供
Criteo	アドテック	マーケティングテクノロジー企業。リターゲティング広告などで知られる

企業名	業種	概要
Ledger	フィンテック	暗号資産の保管に特化したハードウェアウォレットを提供
Lydia	フィンテック	モバイル決済サービスを提供
Worldline	フィンテック	ペイメントソリューションを提供。欧州最大の決済サービスプロバイダー
Doctolib	ヘルステック	オンライン診療予約サービスを提供
Musement	旅行テック	世界中の観光アクティビティを予約できるプラットフォーム
Skyscanner	旅行テック	世界中の航空券、ホテル、レンタカーを比較検索できるサービスを提供
Atos	IT コンサルティング	IT コンサルティングやクラウドサービスなどを提供する世界的な IT サービスプロバイダー
Capgemini	IT コンサルティング	IT コンサルティング、システムインテグレーションなどを提供

図：ドイツの主要なIT拠点

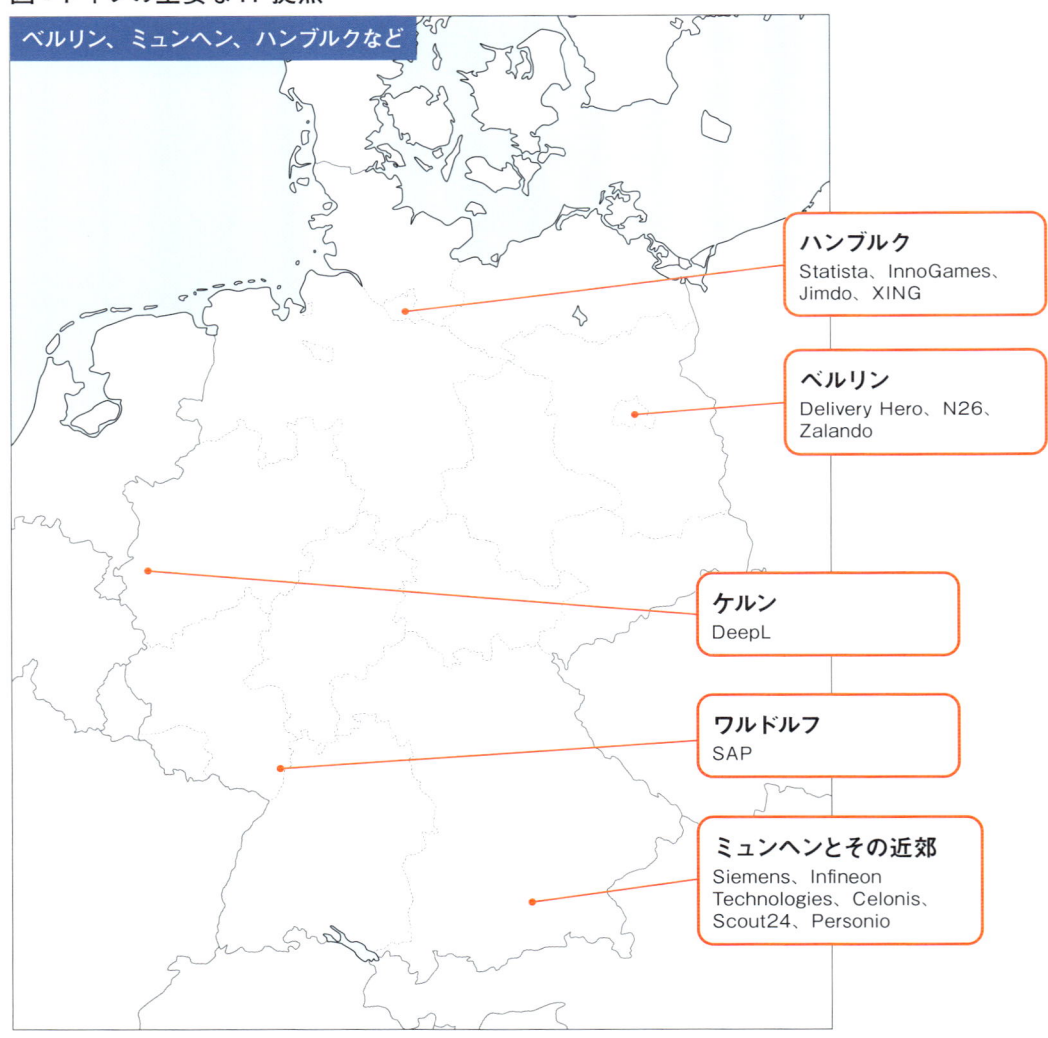

ベルリン、ミュンヘン、ハンブルクなど

ハンブルク
Statista、InnoGames、Jimdo、XING

ベルリン
Delivery Hero、N26、Zalando

ケルン
DeepL

ワルドルフ
SAP

ミュンヘンとその近郊
Siemens、Infineon Technologies、Celonis、Scout24、Personio

欧州屈指の主要な VC 拠点となったベルリン

ドイツは、メルケル元首相の時代に「インダストリー4.0」を提唱するなど、製造業のデジタル化をリードしてきた。伝統的に強固な自動車産業をはじめ、ソフトウェア開発、AI、IoTなど、幅広い分野で革新的な企業が生まれ育っている。

ドイツは、産業革命以降、特に19世紀に自動車や化学といった重厚長大をはじめとした産業が発達し、世界に影響を及ぼしてきた。かつて東西に分断されていたベルリンは、冷戦終結後の統一ドイツの首都として再び注目を集めるようになった。1990年代以降、特にIT分野での成長が著しい。東西ドイツ統一により、ベルリンは一体感のある新たな活力を得るとともに、多様な文化が融合する国際都市へと変貌を遂げた。スタートアップに対する資金援助やインキュベーションプログラムが充実しており、政府主導のインフラ整備も進んでいる。

2000年代初頭から、ベルリンは欧州屈指の主要なVCの拠点となり、Rocket InternetやHoltzbrinck Venturesといった大手VCの投資が相次いだ。Ernst & Youngが毎年発表している「Startup Barometer Germany」によれば、2024年のドイツのスタートアップ向けVCの投資ラウンドは計755回に上り、その約3分の1に当たる256回はベルリン拠点のスタートアップが対象だった。投資額で見ても例年、ベルリンの企業が約半分を占めてきたが、2024年はドイツ全体の投資額70億ユーロ強のうちベルリンの企業は約22億ユーロにとどまった。一方、州都ミュンヘンを擁するバイエルン州の企業が23億ユーロ超となり、初めてベルリンを抜いて首位に立った。

ドイツ政府による投資としては、政府管轄の欧州復興プログラム（ERP）からの拠出金などを活用したスタートアップの資金調達支援もある。民間VCファンドに加わる「ファンド・オブ・ファンズ」型の間接支援と、連邦レベルのドイツ復興金融公庫（KfW）キャピタルを中心に組成されたテック系向けの直接投資型の公的ファンドの組成や管理を行う。2005年に設立されたHigh-Tech Gruenderfonds（HTGF）や2016年設立のCOPARIONが有名である。また、ベルリンには世界的に評価の高い大学や研究機関が数多く存在し、特にベルリン工科大学は、テクノロジー分野の人材育成において重要な役割を果たしている。

フィンテックやモビリティ関連のスタートアップが次々誕生

　2000年代初頭のドイツでは、Rocket Internet に代表される e コマースやソーシャルメディアの関連企業が台頭した。2010年代には、フィンテックやモビリティ関連のスタートアップが次々と誕生し、N26やZalando といった企業が成長した。スタートアップエコシステムのランキングでも、ロンドンやパリに次ぐ位置を占め、特にフィンテックや e コマース分野で存在感を示す。

　ベルリン以外では、BMWやAudiが本社を構えるミュンヘンは自動車産業が盛んで、関連して IoT や AI の技術開発が進んでいる。Mercedes-Benz や Porsche の本社があるシュトゥットガルトも同様だ。一方、ドイツ北部の主要な港湾都市ハンブルクは、XINGやInnoGames などのゲーム産業のほか、デジタルメディアや e コマースが盛んである。

再生可能エネルギーの推進が成長阻害要因

　ドイツのITベンダーは、自動車産業との連携によるIoTやAIの活用、インダストリー4.0など、製造業におけるデジタル化を牽引している。世界的なシェアを誇るSAPなどの大企業がドイツのIT産業の地位を象徴している。一方、ドイツは再生可能エネルギーの普及を進める「エネルギー転換（Energiewende）」を推進しており、特にロシアによるウクライナ侵攻後のガス供給の不安定さが課題となっている。そうした中、ITを活用した様々なソリューションを模索している。

　ドイツと日本にはビジネスに関する興味深い共通点がある。それは「失敗文化」（Fehlerkultur）である。失敗を成功に向けた糧と肯定的に捉える米国と異なり、ビジネスにおいて失敗を個人的な敗北と見なす傾向が高いとされる。この傾向が日本やドイツにおける企業や従業員の成長や発展を阻害する要因となっていることも否めない。

　共に自動車産業が強い両国の結び付きは強く、その良好な関係は2020年代に入ってさらに深まっている。2023年に日独政府間協議が初めて開かれ、続く2024年には第一回日独経済安全保障協議がベルリンで開催、サプライチェーンの強靱化や非市場的政策・措置といった経済安全保障に係る重要課題が話し合われた。

図：ドイツの主要な IT ベンダー

企業名	業種	概要
Infineon Technologies	アナログ半導体	半導体メーカー。自動車用半導体やパワー半導体などを製造
Siemens	産業機器	産業用機器、ソフトウェア、サービスなどを提供。デジタルインダストリーを牽引
Bosch	自動車部品	自動車部品、産業機器、家電製品などを製造。IoT 分野にも注力
Deutsche Telekom	通信	ドイツの通信大手。固定電話、モバイル通信、インターネットサービスを提供
DeepL	AI	高品質な機械翻訳サービスを提供
SAP	基幹システム	世界最大級のエンタープライズソフトウェア企業。ERP システムなど、企業向けのソフトウェアを提供
Celonis	業務支援アプリ	ビジネスプロセスを分析し、改善するためのソフトウェアを提供
Statista	業務支援アプリ	データ分析プラットフォームを提供。世界中の統計データを収集・分析
TeamViewer	業務支援アプリ	リモートアクセスソフトウェアを提供
Scout24	e コマース	不動産や自動車などのオンラインマーケットプレイスを運営
Zalando	e コマース	ファッションアイテムのオンラインストア。ヨーロッパ最大のファッション e コマース企業
Delivery Hero	モビリティサービス	フードデリバリーサービスを提供。グローバルに展開
N26	フィンテック	N26 は、ドイツ発のデジタル銀行で、モバイルアプリを中心に口座開設から送金までできる金融サービスを提供
Personio	HR テック	人事管理システムを提供。クラウドベースの HR プラットフォーム

図：北欧諸国の主要な IT 拠点

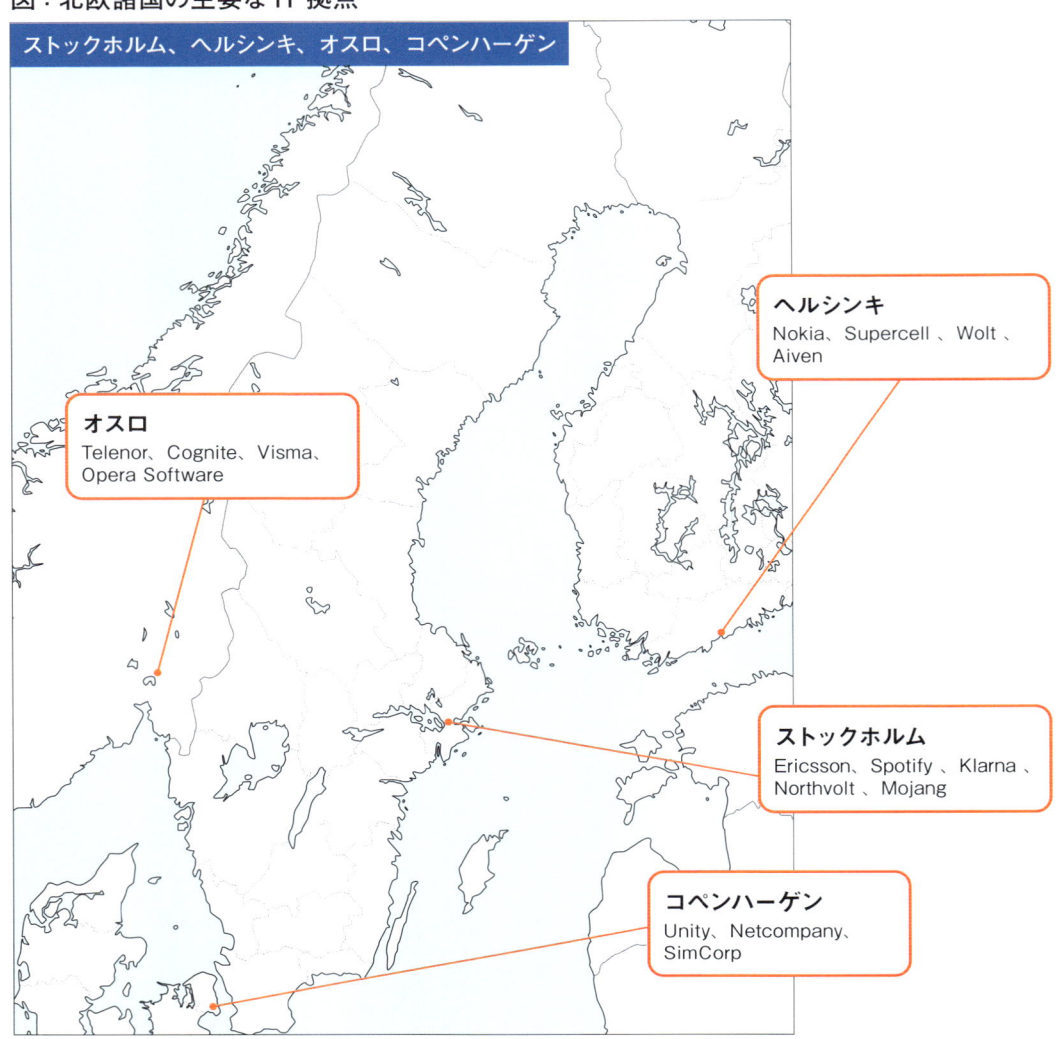

ストックホルム、ヘルシンキ、オスロ、コペンハーゲン

ヘルシンキ
Nokia、Supercell 、Wolt 、
Aiven

オスロ
Telenor、Cognite、Visma、
Opera Software

ストックホルム
Ericsson、Spotify 、Klarna 、
Northvolt 、Mojang

コペンハーゲン
Unity、Netcompany、
SimCorp

通信技術産業へと転換し、デジタル化への対応を加速

　フィンランドやスウェーデンといった北欧諸国は、かつて伝統的な製造業や天然資源に依存した経済構造を持っていた。しかし、20世紀半ばに産業構造の大転換を図る。特にフィンランドは、主力産業だった林業や製紙業から、Nokiaを筆頭とする通信技術産業へと転換し、デジタル化への対応を加速させた。

　北欧諸国は、高い生活水準と社会福祉レベルで知られる。これらの国々のIT産業の発展は、高い国民の教育レベルやゆとりある生活習慣に支えられている面が大きい。特に教育への投資と産業のデジタル化への注力が、IT分野の発展を促進した。

　通信技術やソフトウェア開発が主要な成長分野と位置付けられたのは1980年代以降。例えば、フィンランドでは、1960年代からコンピュータ教育が義務化され、IT人材の育成に力が入れられてきた。スウェーデンも同様に、高い教育水準と研究開発への積極投資により、IT産業の育成に腐心してきた。そうして、フィンランドのNokiaやスウェーデンのEricssonといった通信技術企業が世界市場で大きな成功を収めた。

　さらに、インターネットの普及とともに、1990年代後半から2000年代にかけて、オンラインサービスやゲーム開発といった新興分野での創業が目立った。

高い教育水準と充実した社会保障制度が下支え

　北欧は人口が少なく、各国の国内市場は限定的である。しかし、高い教育水準と充実した社会保障制度を背景に、イノベーションを生み出す土壌が培われてきた。また、寒冷な気候がデータセンター立地の優位性となり、持続可能なエネルギー政策とも相まって、グリーンテクノロジーの発展を促進している。

　大規模な国内市場を持たないため、総じて、ニッチな市場や海外市場をターゲットとした製品やサービスの開発が進んだ。同時に、コンパクトなコミュニティ内で企業、大学、政府が緊密に連携し、コラボレーションの成果を発揮してきた。

　特に、政府主導のデジタル化推進には目を見張るものがある。早期から電子政府サービスを構築し、高速インターネットインフラを整備した。特に、エストニアは北欧全体のデジタル化を牽引し、キャッシュレス決済や仮想通貨の普及率が高い。エストニア政府によ

る「e-Residency」に代表される行政のデジタル化施策は、世界的なモデルケースとなっている。

　無償の高等教育とプログラミング教育の早期導入は、国民のITリテラシー向上と質の高いIT人材の育成を可能にした。スウェーデンのKTH王立工科大学やフィンランドのアールト大学などが、技術革新の中核を担っている。その結果、IT先進国ランキングでは、2016年にトップ5を北欧諸国が独占、その後2020年も引き続き北欧5カ国が上位を占める状況となっている。北欧のスタートアップカンファレンス「テックバーベキュー」などのユニークなイベントを通じて、スタートアップエコシステムを強化していることも特徴的だ。

　各国の特色を概括すれば、スウェーデンはフィンテックとゲーム、フィンランドは通信とモバイルゲーム、デンマークはライフサイエンスとクリーンテック、ノルウェーは海洋技術と再生可能エネルギーといった得意分野を持つ。歴史的にも土地柄としても環境問題に対する意識が高い国民性を背景に、持続可能な社会の実現に向けた技術開発が盛んとなっている。

一人当たり GDP で世界でもトップクラスの経済水準

　北欧のテクノロジー産業は、通信機器業界で名を馳せた Nokia や Ericsson の成功例に見られるように、特定分野で世界をリードする存在となっている。音楽ストリーミングのSpotify やフィンテックの Klarna、ゲーム開発の Supercell や Unity といった先駆者となる新興企業が生まれ、グローバルスタンダードを作り出している。

　一人当たり GDP でみると、北欧諸国は世界でもトップクラスの経済水準を維持している。特にスウェーデンは人口1000万人に満たない国でありながら、ユニコーン企業の輩出数で欧州トップクラスを誇る。

　国内や北欧の域内市場の規模は限られている。そのため、スタートアップは早期から国際展開を迫られることになる。だが、そうした課題を商機と捉える野心的な新興企業が、今後も北欧から生まれてくることは想像に難くない。

　高い教育水準、充実した社会保障、政府のデジタル化支援、環境技術への注力といった好材料を武器に、北欧モデルの強みは今後も継続していくはずだ。特に、SDGsを前提と

したビジネスやクリーンテクノロジーの分野では、世界を先導する立場を強めていくだろう。

　北欧の市場をターゲットとする日本企業は限定的である一方、北欧発のユニコーンの成功事例に学ぼうとしたり、協業を模索したりする動きが出始めている。特に、寒冷な気候的に共通する北海道が積極的で、2023年には札幌市が「STARTUP HOKKAIDO」を掲げて先述のテックバーベキューに出展した。海外起業家の道内誘致や、宇宙・環境といった北海道が強みを持つ産業のPRを通じ、北欧のエコシステムとの連携を図っている。

図：北欧諸国の主要な IT ベンダー

	企業名	業種	概要
スウェーデン	Ericsson	通信機器	通信インフラの世界的大手
	Northvolt	バッテリー	次世代バッテリー開発
	MySQL	OS・ミドルウェア	オープンソースデータベースの先駆者。Oracle 傘下
	Mojang Studio	ゲーム	Minecraft が人気。Microsoft 傘下
	Spotify	音楽配信サービス	音楽ストリーミング最大手の一角
	Klarna	フィンテック	フィンテックで急成長
フィンランド	Nokia	通信機器	通信機器メーカーとして世界を席巻
	Supercell	ゲーム	モバイルゲームで世界的成功
	Wolt	モビリティサービス	フードデリバリーを多国展開
デンマーク	Unity	ゲーム	ゲームエンジンで世界標準に。現在はシリコンバレーが本拠

トロント、ウォータールー、オタワなど
巨大な米市場と隣り合う独自色の強い国

図：カナダの主要なIT拠点

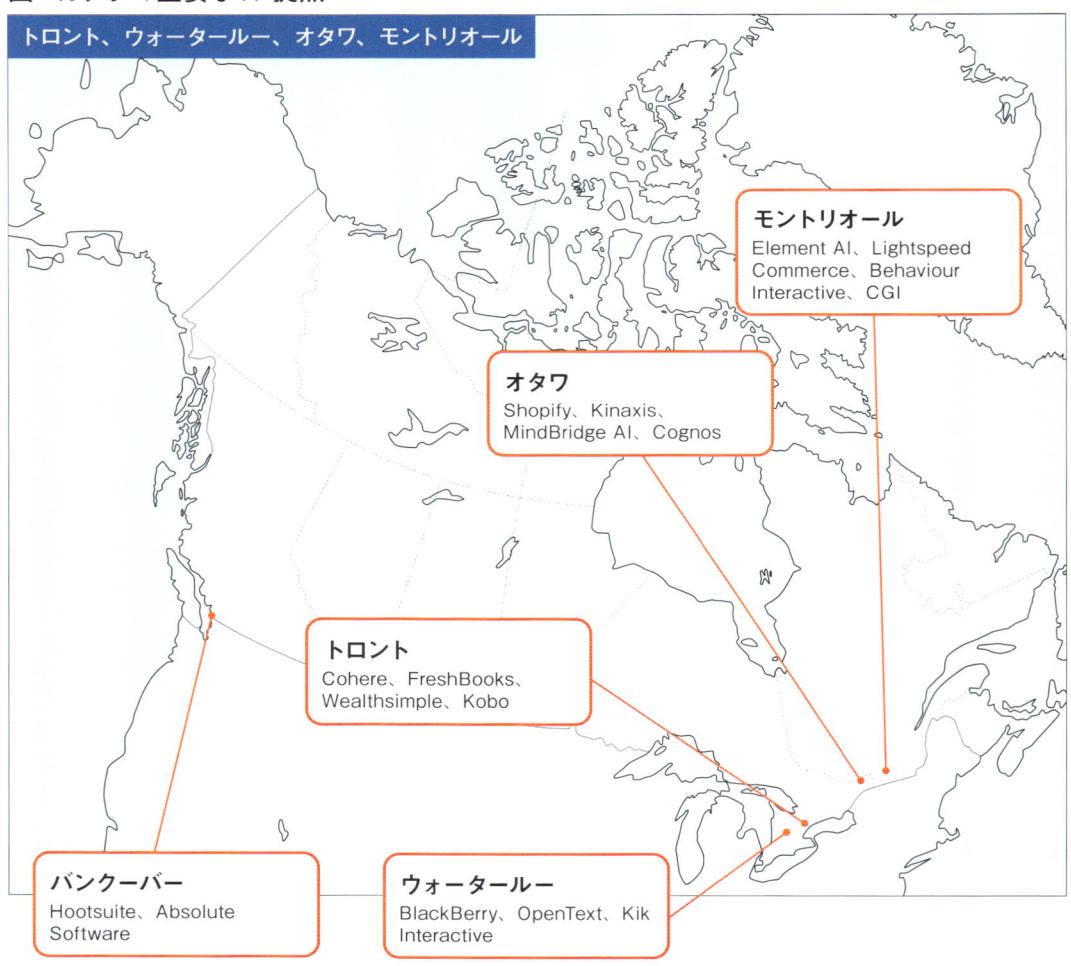

トロント、ウォータールー、オタワ、モントリオール

モントリオール
Element AI、Lightspeed
Commerce、Behaviour
Interactive、CGI

オタワ
Shopify、Kinaxis、
MindBridge AI、Cognos

トロント
Cohere、FreshBooks、
Wealthsimple、Kobo

バンクーバー
Hootsuite、Absolute
Software

ウォータールー
BlackBerry、OpenText、Kik
Interactive

「フレンドリー・シリコンバレー」

　カナダのITベンダー・スタートアップエコシステムは、米国とは異なる北米のイノベーションハブとして近年注目を集めている。特に、トロントとウォータールーは、イノベーションハブとして急速に成長を遂げてきた。

　米国市場へのアクセスのしやすさを維持しつつ、米国に比べて投資コストが抑えられ、かつ人種や文化などの多様性にも富んだオープンな土地柄は、新規参入を呼び込んでいる。各地域のコミュニティが新規参入にオープンであることから「フレンドリー・シリコンバレー」とも称される。IT業界の調査・分析会社スタートアップブリンク（StartupBlink）が発表した2024年版「Startup Ecosystem Rankings」によれば、カナダは、米国、英国、イスラエルに次いで「世界で最も強力なスタートアップエコシステムを確立している国」として、2020〜2024年まで4年連続で4位となっている。

　カナダ最大の経済都市、トロント大都市圏は634万人の人口規模を誇る。一方、近接する研究学園都市、ウォータールーの地域はかつて一世を風靡したブラックベリーの発祥の地として知られる。特に、世界でも有数の金融、ライフサイエンス、自動車メーカーを始めとする製造業などの既存産業に応用できるテクノロジーのメッカとして多国籍企業から注目される。

　トロントやウォータールーでは、大学と産業界の連携が早期から進められており、これがIT産業の発展の基盤となった。1980年代には、Research In Motion（RIM、後のBlackBerry）がウォータールーに設立され、これがカナダのIT産業成功の象徴となった。両都市にはイノベーション創出に注力した経済環境が構築され、「トロント・ウォータールー回廊（Tronto-Waterloo Corridor）」と呼ばれている。回廊にはGoogleやAmazon、Uberなどの大手企業群と、ShopifyやVidyardなど成長中の新興企業群を含む1万5,000社超の企業と、インキュベーターやアクセラレーターの組織が拠点を構える。

　AI分野の「ゴッドファーザー」とも呼ばれ、2024年にノーベル物理学賞に選ばれたトロント大学Geoffrey Hinton教授の存在も大きく、同教授が主任科学顧問を務めるベクター研究所は、トロントにおけるAI研究・人材育成の中心となっている。そしてその教え子たちが様々な企業において、AI技術を活用した医療・医薬品、生命科学、金融、工業、MaaS（Mobility as a Service）、リテールサービスなどの幅広い領域で技術開発やイノベー

ション創出に関わっている。その代表例であり、生成AIを手掛けるCohereは、世界の100を超す言語に対応した大規模言語モデル（LLM）をオープンソースで提供するなど開発を加速させ、存在感を放つ。また、カナダ国立研究機構（NRC）が、産業界が新製品を市場に投入することを支援する研究組織として1916年に設立され、100年以上の歴史がある。NRCは、カナダ全土に24カ所の研究拠点と14の研究センターを有し、4,000人を超える職員を抱えている。

　カナダ政府は、IT産業育成に向け、新興企業への税制優遇や移民政策の柔軟化を通じた、様々な支援策を講じている。「カナダ・イノベーション・エコシステム」戦略を通じて、IT産業の発展を国家の優先事項とした。さらに、トロント大学やウォータールー大学といった世界的に評価の高い教育機関が、IT分野の人材育成に大きく寄与している。特に、高校や大学で広く行われている「コープ教育プログラム（CO-OP Program）」は、学生が企業での実務経験を積むことを奨励しており、優秀な人材の育成と企業の成長につながっている。さらに、Borealis AI、Golden Ventures、OMERS VenturesなどのVCファンドが、数多くのスタートアップに資金を提供し、その成長を支える。

各地で独自のスタートアップエコシステムを形成

　トロントは、特にフィンテック、AI、ヘルステック、クリーンテック分野で強力なエコシステムを有しており、国内外から多くのスタートアップが集まっている。一方、ウォータールーは、IoT、サイバーセキュリティ、モビリティテクノロジーの分野で突出しており、特にAIと量子コンピューティングの研究が盛んである。

　独自のスタートアップエコシステムが形成されているのはトロントとウォータールーだけではない。カナダ西海岸に位置するバンクーバーは、特にデジタルメディアやビジュアルエフェクト（VFX）業界で強固なエコシステムを育んできた。ゲーム開発スタジオが多く、米Electronic Artsなどの大企業も拠点を置く。他方、東部ケベック州モントリオールは、フランス語が公用語でフランスをはじめ英語圏以外の人材を誘引する。

　Element AI（Service Nowが2020年に買収）などのAIスタートアップも数多く誕生している。世界的に有名なAI研究機関であるMilaがあり、この分野での研究とイノベーションが進んでいる。また、ゲーム開発の分野では、Ubisoftなどのゲーム開発大手も拠点を

置いているほか、デジタルメディア分野も盛んで、アニメーションやビジュアルエフェクト制作会社も多く所在する。

　首都のオタワは、政府機関や研究機関が集中し、特に通信、テレコムやネットワーク、サイバーセキュリティ技術の分野で強みを持ち、Nortel（2013年倒産）や通信サービスAlcatel-Lucent（2015年にNokiaが買収）のような企業がオタワでの技術開発をリードしてきた。

トロントは AI 研究の一大拠点

　トロントとウォータールーのITベンダーは、年代ごとに特徴的な発展を遂げている。1980年代には、ウォータールーを拠点とするRIMが、世界的なスマートフォン市場のリーダーとして登場した。2000年代には、トロントを中心に展開するオタワ発のeコマースプラットフォームShopifyが急成長し、カナダのスタートアップ成功例として世界に知られるようになった。2010年代には、AI分野でのイノベーションが進み、Element AIがオフィスを構えるなど、トロントはAI研究の一大拠点となった。

　このように、カナダは米国の隣国として結び付きが強い一方、公用語のフランス語圏として、フランスをはじめとした欧州との交流も多い特異な地位を築いている。多様性を育み、イノベーションを巻き起こすポテンシャルが培われている。ハードテックを中心にシード投資を進めてきたMonozukuri Venturesが2023年にカナダ・トロントで活動を始めるなど、日本でも有望な市場として注目度が高まっている。なかでも2013年からカナダ政府が始めたプログラム「Canadian Technology Accelerator Program」については、日本でも2019年から取り組みが始まっている。プログラム開始以降、800社以上のカナダのスタートアップが日本の支援を受けて、日本企業とのパートナーシップや日本進出が加速している。

図：カナダの主要な IT ベンダー

企業名	業種	概要
ATI Technologies	ロジック半導体	グラフィックスチップを製造。AMD が買収

企 業 名	業 種	概 要
D-Wave Systems	コンピュータ	量子コンピュータの開発
BlackBerry	モバイルデバイス	スマートフォンやセキュリティソフトウェアを提供。かつては世界的なスマートフォンメーカーの一角
FreshBooks	基幹システム	小規模事業者向けのクラウド会計ソフトを提供
Kinaxis	基幹システム	サプライチェーン管理ソフトウェアを提供
Cognos	業務支援アプリ	ビジネスインテリジェンスソフトウェアを提供。IBM が買収
OpenText	業務支援アプリ	エンタープライズコンテンツ管理ソフトウェアを提供
Lightspeed Commerce	業務支援アプリ	小売店向けの POS システムを提供。クラウドベースのソリューションが特徴
Cohere	AI	LLM 開発、企業向けの API サービスを提供。2019 年に Google の元研究者らが創業
MindBridge AI	AI	AI を活用した会計監査ソフトウェアを提供
Kobo	e コマース	電子書籍リーダーおよび電子書籍ストアを運営。楽天グループ
Shopify	e コマース	オンラインストア構築プラットフォームを提供。中小企業を中心に世界中で利用されている
Hootsuite	SNS	ソーシャルメディアを一元管理できるプラットフォームを提供
Kik Interactive	SNS	ティーンエイジャー向けのメッセンジャーアプリを開発
Radian6	アドテック	ソーシャルメディア分析ツールを提供。Salesforce が買収
Wealthsimple	フィンテック	FinTech サービスを提供。ロボアドバイザーなどが人気
Clearco	フィンテック	スタートアップ向けの非希釈型融資を提供

SINGAPORE

1/12 シンガポール
中印英、多文化の入り交じる結節点

図：シンガポールの主要な IT 拠点

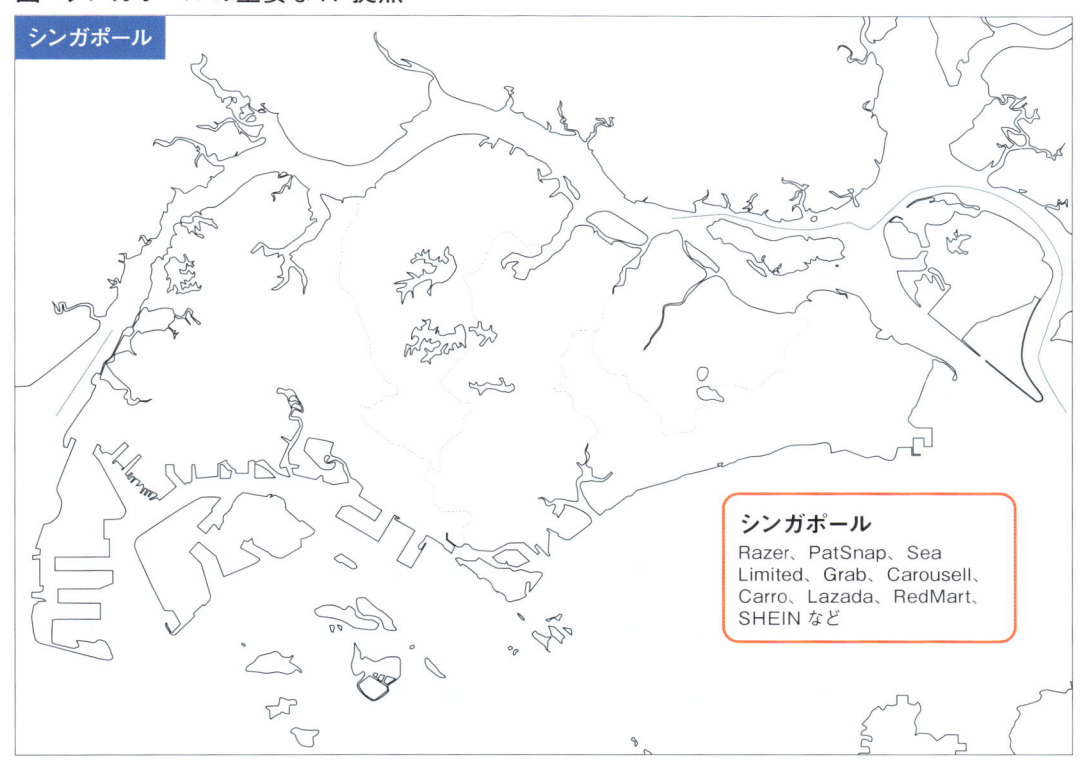

シンガポール

シンガポール

Razer、PatSnap、Sea Limited、Grab、Carousell、Carro、Lazada、RedMart、SHEIN など

多国籍企業やスタートアップにとって魅力的な拠点

　シンガポールは、東南アジアを代表する金融センターでありながら、活気あふれるスタートアップエコシステムを形成し、テックハブとしての地歩を固めている。東南アジアの中心に位置し、アジア全域にアクセスしやすい地の利を生かし、古くから貿易と金融の中要

衝地として栄えてきた。この地理的特性により、多様な文化が融合する国際・港湾都市として、アジア市場へのゲートウェイの役割を果たしており、多国籍企業やスタートアップにとって魅力的な拠点となっている。

公用語が英語、マンダリン（北京語）、マレー語、タミル語と、多言語の多民族国家が象徴するように、多文化環境は、イノベーションを促進する土壌となっている。特に、英語が公用語であることは、IT業界のエコシステム構築に優位に働いているだろう。

シンガポールでは、1980〜1990年代に政府が経済改革と産業構造の多角化を進め、ITエコシステムの基盤が整った。製造業と貿易中心の経済から、ICTや金融サービス、バイオテクノロジーなど、知識集約型の産業へと移行することを目指した。特に、1992年に国家コンピュータ庁（The National Computer Board）が、「国内に情報インフラをあまねく整備し、インテリジェント・アイランド（情報化都市：Intelligent Island）を実現する」と掲げた「IT2000計画」を発表し、ハード面の整備として1996年に「シンガポール・ワン計画」が策定された。1990年代後半から2000年代初頭にかけてITインフラの整備とデジタル経済の推進に注力した。

シンガポールには、法的な安定性、透明性の高いビジネス環境、高い生活水準が評価されており、これがグローバルな人材や企業を引き寄せる要因となっている。

華僑、印僑の存在感が際立つ多民族国家

複数ある公用語に色濃く反映されている通り、多民族国家のシンガポールは、華僑、印僑の存在感が際立つ。シンガポールの華僑は、歴史的に商売や貿易に携わってきたため、経済活動の中心を担ってきた。伝統的に起業家精神が旺盛であると同時に、世界中に広がる華僑ネットワークを活用し、海外とのビジネス連携を強化している。例えば、eスポーツのGarenaやeコマースのShopeeを運営するシンガポールのテクノロジー大手Seaは、華僑企業家によって設立され、アジア全域で急成長を遂げている。華僑が立ち上げた企業は少なくなく、フィンテックやヘルステックなど幅広い分野で活躍している。

一方、印僑は、人口割合としては少数であるが、ビジネスやテクノロジー分野で重要な役割を担っている。特に、IT分野において高度なスキルを持つ人材を多く輩出している。代表的な例として、Grabの共同創業者であるAnthony Tanはマレーシア出身の印僑であ

り、彼のビジョンと印僑企業家たちとの連携が、Grabを東南アジア最大級のライドシェアリング企業に成長させる原動力となった。また、Ravi Menonが率いるシンガポール金融管理局（MAS）は、フィンテック分野での政策を推進しており、これが印僑コミュニティの起業家や技術者にとって有利な環境となり得る。

シンガポールのITエコシステムにおいて、華僑と印僑は、資金調達、人材育成、グローバルな展開など、様々な側面から重要な役割を果たし、シンガポールが地域のスタートアップハブとして成長するための原動力となっている。同国のITベンダーおよびスタートアップエコシステムにおいて、華僑と印僑はそれぞれ独自の強みを持ち、互いに補完し合う関係にある。

多くの日本企業が、整ったインフラと魅力的な税制があり、英語も通じる環境の良さから、シンガポールを東南アジアマーケット進出の拠点としている。伸び盛りの東南アジア市場を取り込もうと、今後もシンガポールに進出する日本企業は増えていきそうだ。

図：シンガポールの主要な IT ベンダー

企業名	業種	概要
Razer	コンピュータ	ゲーミング PC、周辺機器、ソフトウェアなどを開発・販売するゲーミングブランド
PatSnap	業務支援アプリ	特許情報などを分析し、イノベーションを支援するプラットフォームを提供
Sea Limited	ゲーム	Garena（ゲーム）、Shopee（e コマース）、SeaMoney（デジタル金融）などを運営するインターネット企業
Grab	モビリティサービス	東南アジアを中心に、ライドシェア、フードデリバリー、デジタルペイメントなどのサービスを提供するスーパーアプリ
Carousell	e コマース	スマートフォンで簡単に売買できる C2C マーケットプレイス
Carro	e コマース	オンライン中古車販売プラットフォーム
Lazada	e コマース	Alibaba Group 傘下の東南アジア向け e コマースプラットフォーム
RedMart	e コマース	オンラインスーパーマーケット。Lazada が買収

企業名	業種	概要
SHEIN	e コマース	中国で創業のファストファッションブランド。E コマースベースで売上を伸ばす
Endowus	フィンテック	ロボアドバイザーなどのウェルス・マネジメントサービスを提供
Tiger Brokers	フィンテック	オンライン証券取引サービスを提供
PropertyGuru	リテールテック	東南アジア最大級の不動産ポータルサイト

ジャカルタ、バンコク、クアラルンプールなど
経済成長が著しく、IT 産業が急成長を遂げる

図：東南アジアの主要な IT 拠点

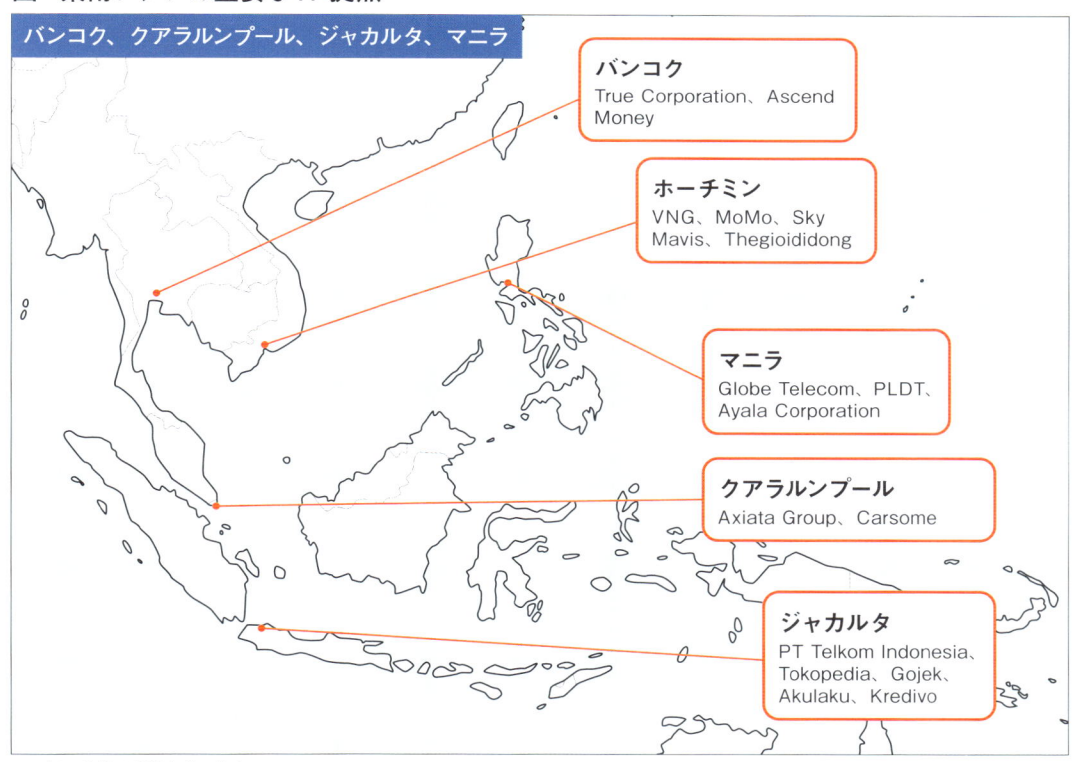

バンコク、クアラルンプール、ジャカルタ、マニラ

バンコク
True Corporation、Ascend Money

ホーチミン
VNG、MoMo、Sky Mavis、Thegioididong

マニラ
Globe Telecom、PLDT、Ayala Corporation

クアラルンプール
Axiata Group、Carsome

ジャカルタ
PT Telkom Indonesia、Tokopedia、Gojek、Akulaku、Kredivo

※一部の企業は郊外などに拠点

各国が独自の IT エコシステムを形成

　東南アジア諸国は近年、経済成長が著しく、IT 産業も急成長を遂げている。インドネシア、タイ、マレーシア、フィリピン、ベトナムなど各国が独自の IT エコシステムを形成してきた。

特に、世界で4番目に人口が多く多様な民族と文化が共存するインドネシアは、人口の増加とスマートフォン普及率の上昇に伴い、eコマース、フィンテック、ライドシェアの市場が伸びている。また、世界最大のイスラム教徒人口を背景に、イスラム教の戒律に従った「ハラル（Halal）」の食事に関連する産業も盛んだ。同国発のスタートアップとしては、2009年創業のeコマースプラットフォーム「Tokopedia」や2010年創業の配車サービスを中核とした「Gojek」が代表的な例である。Gojekは、単なる配車サービスにとどまらず、多機能の「スーパーアプリ」として金融サービスやフードデリバリー、物流など幅広いサービスを提供している。両社とも巨大な国内市場をターゲットにし、eコマースやオンデマンドサービスで急成長を遂げた。

　タイでは、主力産業である観光と物流に関連するスタートアップが多い。また、政府が2015年に打ち出した「Thailand 4.0」政策に沿ってスマートシティやIoTの導入が加速、新たなスタートアップの成長機会を創出している。タイの強みは、eコマース、フィンテック、ヘルステックなどにあり、特に中間層の拡大に伴い、国内消費が旺盛で、eコマース市場が大きく伸びている。また、政府のデジタル経済推進政策も追い風となっている。主要な企業には通信・メディア・コンテンツを手掛けるTrue Corporation、同社からスピンオフしたデジタル決済サービスのAscend Moneyなどがある。

　マレーシアも多民族国家で多様な文化、価値観があるといった国情がシンガポールと共通している。国教がイスラム教であることから2000年代以降イスラム金融の発達が目覚ましく、テクノロジーを融合させたフィンテックが注目されている。シンガポール同様、華僑や印僑の活躍が目立つ。ITエコシステムとして、1996年に始まったIT産業の振興策「MSC Malaysia（マルチメディア・スーパー・コリドー）」プログラムなど、長期的な政府の取り組みが実を結び、多くの企業誘致に成功している。現在は、2018年に打ち出されたマレーシア版インダストリー4.0「Industry4WRD」に沿って、デジタル産業の深耕を図っている。

　ASEAN唯一のキリスト教国のフィリピンは、英語が話せる国民の多さも背景に、欧米とのつながりを生かす。1990年代以降、英語に強い労働力と低コストのサービス提供力を生かし、コールセンターやバックオフィス業務の拠点として成長してきた。特にBPO（ビジネス・プロセス・アウトソーシング）分野が盛んで、世界中のITベンダーから頼りにされている。近年は、eコマース市場も成長しており、若年層を中心にインターネット

利用が普及してきた。特に、フィンテック企業のVoyager Innovationsは、フィリピン最大のモバイルウォレット「PayMaya」を運営しており、国内での金融包摂（Financial Inclusion）が推進されている。また、シンガポール発祥のeコマースプラットフォーム「Lazada」は、フィリピンでも広く利用されている。政府は「Digital Philippines」を掲げ、特に離島の多い国情を踏まえて、離島のデジタルデバイドを埋めるべく、奔走している。インフラの整備や規制の透明性向上が今後の課題とされる。

　ベトナムは、ASEANにおいて成長が遅かったが、近年の成長は目覚ましい。代表的な企業には、VNGが挙げられる。2004年に設立されたこの企業は、オンラインゲーム、ソーシャルネットワーク、eコマースなど多岐にわたるサービスを提供しており、ベトナム初のユニコーン企業として知られている。また、モバイル決済サービスを提供するフィンテック企業にMoMoがある。

　なお、ITベンダーはタイならバンコク、マレーシアならクアラルンプール、フィリピンならマニラといった具合に各国の首都に集中する傾向がある。ただ、ベトナムは政治の中心である首都ハノイに対し、経済の中心は商都のホーチミンといった棲み分けがなされており、ホーチミンにオフィスを構えるITベンダーが多い。

図：東南アジアの主要なITベンダー

企業名	業種	概要
PT Telkom Indonesia	通信	インドネシア最大の通信事業者。デジタルサービスの拡充に力を入れる
Tokopedia	eコマース	インドネシア最大のeコマースプラットフォームの1つ
Gojek	モビリティサービス	インドネシア発祥のスーパーアプリ。ライドシェア、フードデリバリー、決済サービスなどを提供
Akulaku	フィンテック	東南アジアで展開するデジタル金融プラットフォーム。デジタルバンキングやデジタル融資、デジタル投資、保険仲介サービスを提供
Kredivo	フィンテック	デジタル金融サービス企業。銀行口座を持たない人でも、オンラインやオフラインでの買い物や個人ローンの利用が可能

（インドネシア）

企 業 名	業 種	概 要
インドネシア Traveloka	旅行テック	オンライン旅行代理店（OTA）。東南アジアで人気の旅行プラットフォームを運営
eFishery	アグリテック	スマート養殖企業。管理者のスマートフォンと連携した魚やエビなどの養殖堀に設置する自動給餌器のシステムを提供
フィリピン Globe Telecom	通信	フィリピン最大の通信事業者。デジタルサービスに力を入れる
PLDT	通信	フィリピンの大手通信事業者。デジタルサービスの提供に加え、スタートアップにも積極的に投資
Ayala Corporation	SI ソリューション	フィリピン最大の複合企業。IT 分野では、デジタルソリューションを提供する子会社などを有する
タイ True Corporation	通信	タイの通信事業者。デジタルサービスに力を入れる
Ascend Money	フィンテック	タイのスマートフォン決済最大手
マレーシア Axiata Group	通信	マレーシア最大の通信事業者。デジタルサービスに力を入れる
Carsome	e コマース	中古車ネットオークションプラットフォーム運営企業。東南アジアで事業を展開
ベトナム VNG Corporation	ゲーム	ベトナム最大のインターネット企業
Sky Mavis	ゲーム	ブロックチェーン技術を活用したゲームを開発するスタートアップ企業
Thegioididong	e コマース	ベトナム最大のモバイル小売企業
MoMo	フィンテック	ベトナムで人気のモバイル決済サービス

COMMONWEALTH OF AUSTRALIA

シドニー、メルボルンなど

鉱業依存から脱却、Canvaなど世界的新興も誕生

オーストラリア

図：オーストラリアの主要なIT拠点

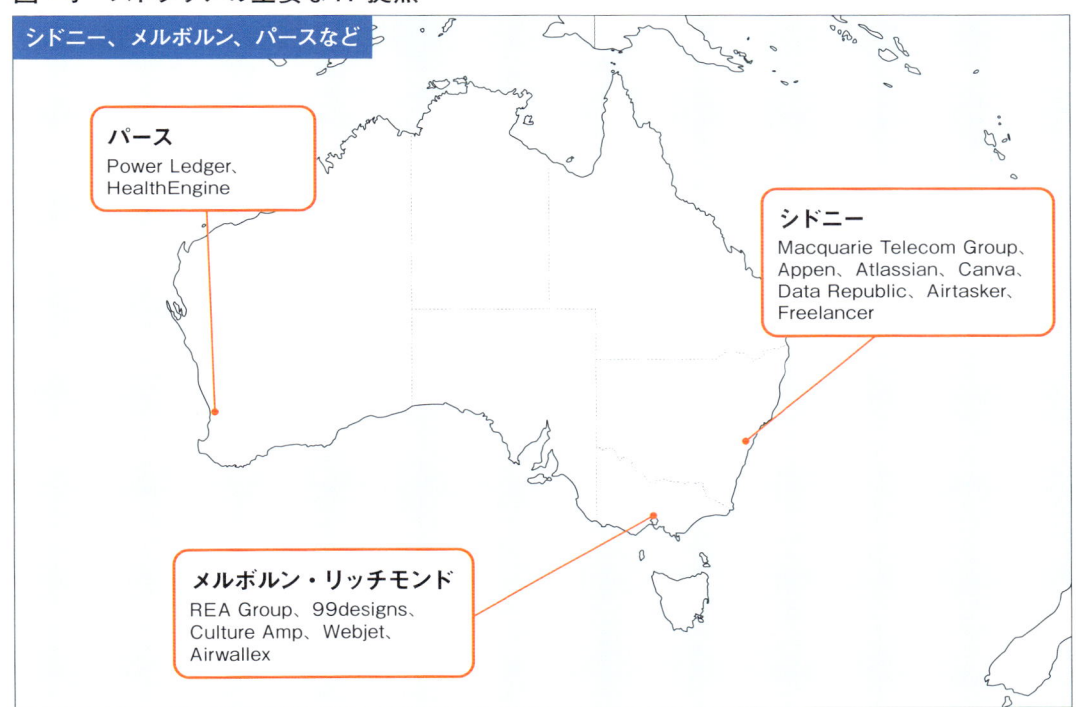

シドニー、メルボルン、パースなど

パース
Power Ledger、
HealthEngine

シドニー
Macquarie Telecom Group、
Appen、Atlassian、Canva、
Data Republic、Airtasker、
Freelancer

メルボルン・リッチモンド
REA Group、99designs、
Culture Amp、Webjet、
Airwallex

eコマースやフィンテックの分野でスタートアップが活躍

　鉱山開発が盛んで資源大国のイメージが強いオーストラリアだが、近年は、資源依存型の経済からの脱却を目指して、イノベーションを推進してきた。政府は2015年に「全国イノベーション・科学アジェンダ（National Innovation and Science Agenda; NISA）」を発表、その一環として「グローバル・イノベーション戦略」を推し進める。

研究開発費の税制優遇措置（R&DTI）や輸出市場開発のための助成金（EMDF）のほか、エンジェル投資家への税制優遇やスタートアップ向けのビザ発行など、創業や成長の支援に積極的に乗り出している。

Wi-FiやGoogle Mapの要素技術がオーストラリアで発明されたことはあまり知られていない。英語圏であることを強みとして、研究者6,000人を擁するCSIRO（連邦科学産業研究機構）や大学を中心に海外企業とも積極的に連携している。

連邦政府や州レベルにおけるスタートアップ育成のアクセラレーションプログラムやファンド組成が拡充されてきた。オーストラリアのIT産業は、1970〜1980年代にコンピュータ技術と通信技術の発展とともに基盤が築かれた。当初は、政府主導のインフラ整備や電気通信産業の振興に主眼が置かれたが、1990年代に入るとインターネットの普及とともにIT産業が勃興、2000年代以降は、eコマースやフィンテックの分野でスタートアップが活躍し、デジタル経済への移行を加速させた。

企業に対する政府の支援やシドニー大学やメルボルン大学、ニューサウスウェールズ大学（UNSW）などの著名大学の積極関与、そしてBlackbird Ventures、Square Peg Capital VCなどの活発な投資がIT化を後押ししている。加えてインドなどからの移民の多さによって生まれる多様性もまた、イノベーションや創発の起きやすい機運の醸成につながり、グローバルな人材が流入する好循環を生み出している。

クリーンテックやアグテックの技術開発と応用が進展

オーストラリアの最大都市シドニーは、金融やメディアの中心地でスタートアップエコシステムが最も発達し、ベンチャーキャピタルやアクセラレーターが多く集まる。フィンテックやヘルステック、AIといった各種分野に強い。他方、西部のメルボルンは多くの大学があり、教育分野で一日の長がある。

この両都市のほか、首都キャンベラは、政府機関や研究機関が集中し、多くの政府系プロジェクトが存在し、サイバーセキュリティやガバメントテック（GovTech）の分野で強みを持つ。また、クイーンズランド州の州都ブリスベンは、ゲーム開発やエドテックで目覚ましい成果を上げる企業が目立つ。

1990年代には、オンライン求人サービスを提供するSeekや、オンライン旅行予約

サービスを提供するWebjetが誕生し、先進的なサービスが話題を呼んだ。2000～2010年代には、「バイ・ナウ・ペイ・レイター（後払い）」モデルを提唱した2014年設立のAfterpayに代表されるフィンテック企業が国内外で活躍する。

ソフトウェア開発とデザインの技術革新も進む。2002年創業のAtlassianは、ソフトウェア開発者向けツールのJiraやConfluenceを提供し、高く評価されている。また、2012年創業のCanvaは、簡単に使えるデザインプラットフォームを提供し、世界中のクリエイターやマーケターから支持されている。

鉱物・エネルギー産業や農業が盛んな土地柄から、その効率化などをにらみ、クリーンテックやアグリテックの技術開発と応用が進んだ。また、英国をはじめつながりが強い欧米各国との相互認証制度もあり、第三国へのビジネス展開もしやすいという特色がある。他方、国内市場は決して大きくないため、起業家たちはDay1（初日）から世界展開を目指してスケールアップを図っていく。国外の潜在顧客を想定して製品・サービスを作り込み、国際的なネットワークや商流の構築にいそしむ。

図：オーストラリアの主要なITベンダー

企 業 名	業 種	概 要
Macquarie Telecom Group	クラウドサービス基盤	クラウドコンピューティングサービス
Appen	AI	AIトレーニングデータサービス
Atlassian	業務支援アプリ	Jira、Confluenceなど、ソフトウェア開発チーム向けのツールを提供
Data Republic	業務支援アプリ	データ共有プラットフォーム展開
SafetyCulture	業務支援アプリ	安全管理に関する記録・管理のプラットフォーム
WiseTech Global	業務支援アプリ	グローバルなサプライチェーンを管理するためのロジスティクスソフトウェア提供
Canva	アプリケーションサービス	誰でも簡単に高品質なデザインを作成できるグラフィックデザインツール
The Iconic	eコマース	オンラインファッション販売を提供
Afterpay	フィンテック	小売店での購入代金を分割で支払える後払い決済サービス

企業名	業種	概要
Airwallex	フィンテック	低コストの越境送金を提供。現在はシンガポールに拠点
Assembly Payments	フィンテック	支払いソリューションを提供
HealthEngine	ヘルステック	医療予約プラットフォームを提供
Lendi	フィンテック	オンライン住宅ローンを提供
Judo Bank	フィンテック	中小企業向け融資を提供
Prospa	フィンテック	中小企業向け融資を提供
Spaceship	フィンテック	投資プラットフォームを提供
UNO Home Loans	フィンテック	オンライン住宅ローンを提供
Zip Co	フィンテック	Afterpay と同様、後払い決済サービスを提供
99designs	HR テック	デザインのマッチングサービス。今は米国本拠
Airtasker	HR テック	タスクのマッチングサービス提供
Culture Amp	HR テック	企業文化と従業員エンゲージメント改善のプラットフォーム提供
Freelancer	HR テック	フリーランスの仕事仲介を提供
Seek	HR テック	オーストラリア最大の求人情報サイト
Webjet	旅行テック	オンラインでホテルなど予約
REA Group	リテールテック	オーストラリア最大の不動産ポータルサイト
Power Ledger	エネルギーテック	エネルギー取引プラットフォームを提供

バンガロール、デリーなど
IT人材の一大供給地

図：インドの主要なIT拠点

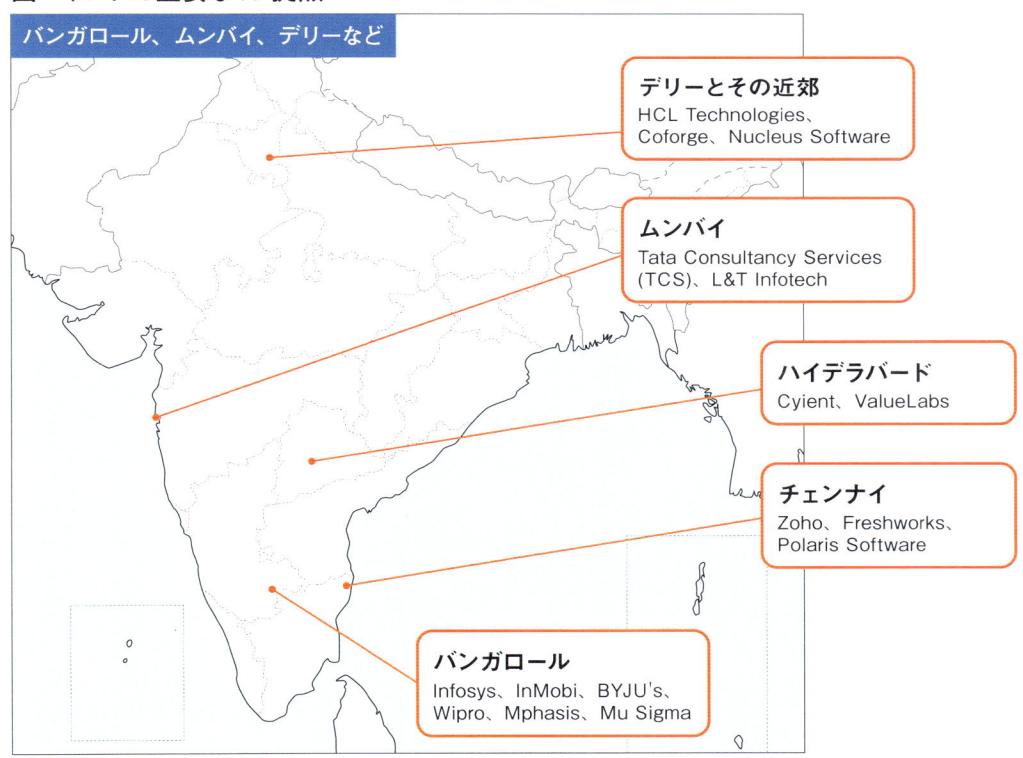

バンガロール、ムンバイ、デリーなど

デリーとその近郊
HCL Technologies、
Coforge、Nucleus Software

ムンバイ
Tata Consultancy Services
(TCS)、L&T Infotech

ハイデラバード
Cyient、ValueLabs

チェンナイ
Zoho、Freshworks、
Polaris Software

バンガロール
Infosys、InMobi、BYJU's、
Wipro、Mphasis、Mu Sigma

「インドのシリコンバレー」として知られるバンガロール

　インドはオフショアの代表格として長らく人材の一大供給地となっており、ITベンダーにとってなくてはならない存在だった。特にカルナータカ州都バンガロールは、世界的なIT産業の中心地として急成長を遂げてきた。

バンガロールは、「インドのシリコンバレー」として知られ、国内外で重要なITベンダーおよびスタートアップのエコシステムを形成している。州政府も、スタートアップ企業に対する資金援助や税制優遇措置を提供し、テックタレントやITベンダーが多く集まる。特にディープテック分野での専門知識や人材が豊富で、AI、機械学習、ソフトウェア・アズ・ア・サービス（SaaS）などに関連するスタートアップには好適である。

1947年に独立するまでの英領インド時代には、英国によって教育機関が整備され、人材育成の土壌が形作られた。その後、1970年代にはインドのIT産業の萌芽が見られる。当時、インド政府はバンガロールを科学技術と研究の中心地として発展させることを目指し、インド科学研究所（IISc）やインド宇宙研究機関（ISRO）といった研究機関を相次いで設立した。1980年代には、半導体大手の米Texas Instrumentsがバンガロールにオフィスを開設し、これが外国企業によるIT投資の先駆けとなった。1990年代に入ると、インド経済が自由化され、情報技術分野での急成長が始まり、バンガロールはインドのIT産業の中心地として台頭した。

現在のバンガロールには国内のスタートアップの3割超が集中するとされ、ベンチャーキャピタルの資金が呼び込まれ、インキュベーターやアクセラレーターも多い。加えて、インド工科大学（IIT）やインド経営大学院（IIM）など、国内屈指の教育機関が集中し、IT分野の研究と人材育成において重要な役割を果たしている。

首都デリーやハイデラバードに息づくエコシステム

バンガロール以外にも、IT産業が盛んな主要都市がいくつも存在する。政治・経済の中心地、首都デリーは英語話者を前提としたBPOが盛んで、多くの多国籍企業が拠点を置く。デリー・NCR（National Capital Region）は、インドの首都デリーと周辺のグルガオン、ノイダ、ファリダバードを含む広域エリアであり、インドの主要なITハブ、ビジネスハブである。特にグルガオン（現グルグラム）とノイダは、ITベンダーやスタートアップの集積地として発展が目覚ましい。国内最大の商業都市ムンバイは金融の中心地で、フィンテックやeコマース、メディア関連のITベンダーが多く集まる。「ボリウッド」と呼ばれるインド映画産業のメッカでもあり、エンターテイメント分野の技術革新も続く。

一方、インド南部のテランガーナ州の州都ハイデラバードは、「サイバーバード」とも

呼ばれるIT産業の一大拠点である。1990年代からITパーク「ハイテクシティ（HITEC City）」が開発され、多くの多国籍ITベンダーやスタートアップが拠点を構えている。特に、MicrosoftやGoogle、Metaといったテックジャイアントが大規模なキャンパスを持ち、ソフトウェア開発やリサーチを行っている。バイオテクノロジーや製薬の分野で顕著な成果をあげ、ITとヘルスケアの融合が進む。大学など教育機関との連携も特徴の1つで、2015年に州政府が始めたスタートアップ支援事業として6,500㎡のイノベーション施設「T-Hub」がインド情報技術大学ハイデラバード校（IIIT-H）敷地内に開設された。2022年2月には新拠点はフェーズ2として「T-Hub 2.0」が新たな敷地に約5万4,000㎡で開設され、世界最大級のスタートアップ支援施設として、約2,000社の利用が見込まれる。このほか、ムンバイと同じ州でデカン高原にある教育と自動車産業が盛んな、南東部のベンガル湾に面したインド第4の都市、チェンナイにはSaaSのスタートアップが多い。

　グローバルサウスの筆頭として、インドは伸びしろが大きい。

e コマースやフィンテックでスタートアップが誕生

　インドのIT産業史の先駆けは、タタ財閥が1968年に創業し、今もインド財界に君臨するTata Consultancy Services（TCS）とされる。その後1980年前後にInfosys、Wipro、Tech Mahindra、HCL TechnologiesなどがIT事業に参入し、際立った業績を残す。

　2000年代になると、eコマースやフィンテック、モバイルアプリ開発といった新分野で多くのスタートアップが誕生し、急成長を遂げた。2000年代には、eコマースやオンラインサービスを提供するFlipkart（2007年）、配車事業を提供するOla Cabs（2011年）、配食サービスのSwiggy（2014年）が創業され、大きく成長する。

　大量のエンジニアを輩出する教育機関の存在と、英語能力の高さが、グローバルなITベンダーにとってインドを魅力的なビジネス環境としている。人件費が比較的安いため、コスト競争力があり、多くの外資系企業が開発拠点として進出してきた。

　インドの有名大学でITを学んだ優秀な若者の多くが、Infosysなどインドの名門ITベンダーのほか、海外の巨大ITベンダーで働いている。シリコンバレーを中心に、高い技術力と英語力を備えたインド人エンジニアの需要は底堅い。インド国外で経験を積み、また学位を得た後に、インドに戻って起業する動きも活発で、バンガロールなどに起業家精神

に富んだインド人が集まり、シリコンバレー化が進んでいる。CB Insightsによれば、インドのユニコーン企業数は2023年10月時点で70社を超える。スタートアップ全体ではすでに10万社超のインド系企業が誕生しており、人口増加と若年層の割合の多さを武器に、スタートアップエコシステムのさらなる進化が見込まれる。日本もインドの成長に期待を込める。商機を逃すまいとソニーやソフトバンク、三菱UFJフィナンシャル・グループ、三井物産など名だたる企業が積極的に投資している。

図：インドの主要なITベンダー

企 業 名	業 種	概 要
Druva	業務支援アプリ	クラウドベースのデータ保護ソリューションを提供
Freshworks	業務支援アプリ	CRM、ITSMなど、SaaSベースのビジネスソフトウェアを提供
Polaris Software	業務支援アプリ	金融機関向けのソフトウェアを提供
BYJU's	エドテック	多国籍オンライン教育プラットフォーム
TCS iON	エドテック	教育機関向けのITソリューションを提供
InMobi	アドテック	モバイル広告プラットフォームを提供
Coforge	SIソリューション	ITサービス、製品エンジニアリング、デジタルソリューションなどを提供
Cyient	SIソリューション	エンジニアリングサービス、デジタルサービス、IoTソリューションなどを提供
Hexaware Technologies	SIソリューション	ITサービス、BPOサービス、クラウドサービスなどを提供
HCL Technologies	SIソリューション	ITサービス、ソフトウェア、アウトソーシングサービスなどを提供
Persistent Systems	SIソリューション	ソフトウェア製品開発、デジタル変革サービスなどを提供
Tata Consultancy Services (TCS)	SIソリューション	インド最大のITサービス企業グローバルなITソリューションを提供
UST Global	SIソリューション	デジタルテクノロジーを活用したITサービスを提供

企 業 名	業 種	概 要
Zoho	SI ソリューション	ソフトウェアのグローバル IT、半導体工場も手掛ける
Infosys	IT コンサルティング	IT コンサルティング、システムインテグレーション、アウトソーシングサービスなどを提供
L&T Infotech	IT コンサルティング	IT サービス、コンサルティング、エンジニアリングサービスなどを提供
Mindtree	IT コンサルティング	デジタルサービス、クラウドサービス、AI など、新しい技術に特化した IT サービスを提供
Mphasis	IT コンサルティング	アプリケーションサービス、クラウドサービス、デジタル変革サービスなどを提供
Mu Sigma	IT コンサルティング	データ分析コンサルティングを提供
Tech Mahindra	IT コンサルティング	IT サービス、コンサルティング、BPO サービスなどを提供
ValueLabs	IT コンサルティング	IT サービス、コンサルティング、エンジニアリングサービスなどを提供
Wipro	IT コンサルティング	IT コンサルティング、システムインテグレーション、アウトソーシングサービスなどを提供

図：ラテンアメリカの主要なIT拠点

サンパウロ、ブエノスアイレス、メキシコシティなど

ボゴダ
Rappi、Platzi

サンパウロ
Nubank 、Loggi、Movile、
Creditas、GuiaBolso、
iugu、Neon、PagSeguro、
ClickBus、QuintoAndar

メキシコシティ
Kavak、Linio、Clip、
Conekta、Stori

サンディアゴ
Cornershop、Webdox、
Crystal Lagoons

ブエノスアイレス
Mercado Libre、
Tiendanube、Ualá

経済自由化とともに構造改革が進み、ICT 投資が増加

　VCや投資家に関するデータベースCrunchbaseによれば、2021年のスタートアップの資金調達において、ブラジルをはじめとしたラテンアメリカは近年、世界でも1、2を争う急成長市場と目されている。この地域への投資は推定195億ドルと、スタートアップへの投資が加速しており、すでに記録的な水準だった前年の3倍以上となっている。実際、2021年の5,000万ドル以上のイグジット（企業の創業者や経営者、出資者が保有する株式を売却し、投資した資金を回収すること）件数は2020年に比べ300%増加した。業界別ではフィンテック、輸送・物流、eコマースが成長を大きく後押ししている。

　ブラジルは、南米最大の経済規模を誇る国だが、他の南米諸国に比べて工業化が遅れており、IT産業の発展も比較的遅かった。そのため政府は輸入代替政策を採用し、国内産業の育成を目指した。1970年代から1980年代にかけて、サンパウロが製造業と金融業の中心地として発展し、これが後のIT産業の基盤となった。1990年代に経済危機を迎えると、経済自由化とともに構造改革が進み、ICT分野での投資が増加し、IT産業の育成に力を入れるようになった。そして2000年代に入ると、インターネットの普及と相まってデジタル経済の成長に向けた政策が強化される。

サンパウロはスタートアップ企業の中心地として急成長

　ブラジル最大の経済都市であるサンパウロはスタートアップ企業の集積地として急速に発展を遂げた。ブラジル南東部に位置するサンパウロでは、都市圏人口が約2200万人を超え、経済活動が非常に活発で、ラテンアメリカ全体へのアクセスが容易なため、国際的な交通ハブとしての役割も果たしている。

　サンパウロは、ブラジルにおけるIT産業の中心地であり、ラテンアメリカ全体でも重要なテクノロジーハブにまで成長した。この都市は、豊かな歴史的背景、戦略的に重要な土地柄、政府の支援、教育機関の関与、そして活発なVCの活動によって形成されたエコシステムが存在する。Kaszek Ventures、Monashees、Redpoint eventuresなどの主要なVCが、サンパウロを拠点に投資している。また、ブラジルで最も権威のある大学の1つであるサンパウロ大学（USP）のほか、ジェトゥリオ・ヴァルガス財団（FGV）など、

優れた教育機関が集中する。

　ブラジル以外にも、ラテンアメリカにはIT化が進む国が存在し、アルゼンチン、メキシコ、チリ、コロンビアが注目されている。これらの国々は、それぞれ独自のITエコシステムを形成しており、世界的に知られる企業やスタートアップが成長している。

　アルゼンチンは、ラテンアメリカでIT分野が最も発展している国の1つであり、ブエノスアイレスを中心に多くの成功したテクノロジー企業を生み出している。代表的な企業には、Mercado Libre、Globantがある。Mercado Libreは1999年に設立されたラテンアメリカ最大のeコマースおよびオンラインオークションプラットフォームである。アルゼンチン発のユニコーン企業であり、ブラジル、メキシコ、コロンビアなどラテンアメリカ全域で事業を展開している。一方、Globantは2003年に設立されたソフトウェア開発およびITサービス企業であり、デジタルトランスフォーメーションを専門とし、Fortune 500企業を顧客に持つ。

　メキシコは、地理的近接性から北米の影響を強く受ける。メキシコシティを中心に、自動車産業が盛んで、それに伴うIT産業も発展している。多角的な事業を展開するコングロマリットのGrupo Salinasは、IT分野において、テレコムや金融サービスを提供している。また、Softtekはグローバルなソフトウェア開発サービスを提供する。

　そしてチリでは、安定した経済環境と政府の支援により、IT分野での革新が進む。チリのCornershopは2015年に設立されたオンデマンドの食料品配達プラットフォームのスタートアップである。2019年にUberによって買収され、現在、ラテンアメリカ全域と米国でサービスを展開している。

eコマースやフィンテック、ライドシェアなどが成長

　ラテンアメリカは、1990年代以降、多くの成功したIT企業を生み出してきた。1990年代には、TOTVS（1983年設立、ERPソフトウェアの開発企業）が成長を遂げ、ブラジル国内外での展開を強化した。2000年代には、アルゼンチンのMercado Livre（1999年設立、ラテンアメリカ最大のeコマースプラットフォーム）が急成長し、ラテンアメリカ全域でのプレゼンスを拡大した。

　2010年代には、PagSeguro（2006年設立、オンライン決済サービス）やNubank（2013

年設立、デジタルバンク）などが台頭し、ブラジルのフィンテック分野をリードした。99（2012年設立、ライドシェアリングサービス）が中国のDiDiに買収されるなど、グローバル展開も進む。また、Gympass（2012年設立、企業向けフィットネスプラットフォーム）やQuintoAndar（2013年設立、不動産テック）など、様々な分野でのスタートアップが成長を遂げている。

　サンパウロは、ラテンアメリカ最大のテクノロジーハブとして、グローバル市場での重要なポジショニングを確立している。多国籍企業のラテンアメリカ拠点としても重視され、これが地域全体の技術革新とビジネス成長を促進する好循環を生んでいる。

　ブラジルはBRICSの一角を占める国として、中国やインドといった他のBRICS諸国との間で様々な形でIT連携を進めている。これらの連携は、技術の共有、ビジネス協業、研究開発協力、スタートアップエコシステムの強化など、多岐にわたる分野で行われている。特に、中国の通信機器大手HuaweiやZTEは、ブラジルの通信インフラ市場で大きなシェアを有し、5G技術の導入において重要な役割を果たしている。Alibaba GroupやTencentなどの中国企業は、ブラジルのeコマース市場やフィンテック市場に進出している。

　日本もまた、ジェトロがビジネス展開を推進するプログラム「スケールアップ・イン・ブラジル」をブラジル輸出投資促進庁（Apex-Brasil）と共催するなど、連携を深めている。

図：ラテンアメリカの主要な IT ベンダー

企 業 名	業 種	概 要
Loggi	モビリティサービス	都市部におけるラストマイル配送に特化した物流サービスを提供
Movile	モビリティサービス	iFood（フードデリバリー）など、複数のモバイルサービスを提供
Nubank	フィンテック	デジタル銀行として知られ、ブラジルで最も価値の高いスタートアップ
Creditas	フィンテック	デジタルローンを提供
GuiaBolso	フィンテック	個人向け金融管理アプリを提供
iugu	フィンテック	オンライン決済サービスを提供
Neon	フィンテック	デジタル銀行として知られ、若年層に人気

（左側縦帯）ブラジル

企業名	業種	概要
ブラジル		
PagSeguro	フィンテック	小売店向けの決済ソリューションを提供
ClickBus	旅行テック	オンラインバスチケット予約プラットフォーム
QuintoAndar	リテールテック	オンライン不動産賃貸プラットフォーム
メキシコ		
Kavak	e コマース	オンライン中古車販売プラットフォーム
Linio	e コマース	メルカリグループ傘下の e コマースプラットフォーム
Clip	フィンテック	小売店向けの決済ソリューションを提供
Conekta	フィンテック	オンライン決済サービスを提供。
Stori	フィンテック	デジタルクレジットカードを提供。
アルゼンチン		
Mercado Libre	e コマース	ラテンアメリカ最大の E コマースプラットフォーム
Tiendanube	e コマース	中小企業向けの e コマースプラットフォームを提供
Ualá	フィンテック	デジタル銀行として知られ、アルゼンチンで人気のフィンテックアプリ
コロンビア		
Rappi	モビリティサービス	フードデリバリー、e コマース、金融サービスなどを提供するスーパーアプリ
Platzi	エドテック	プログラミングや AI、データサイエンスのオンライン学習
チリ		
Cornershop	モビリティサービス	グロサリー商品のデリバリーサービスを提供。Uber が買収

台北、新竹など
TSMC や Foxconn などを中心に経済成長

図：台湾の主要な IT 拠点

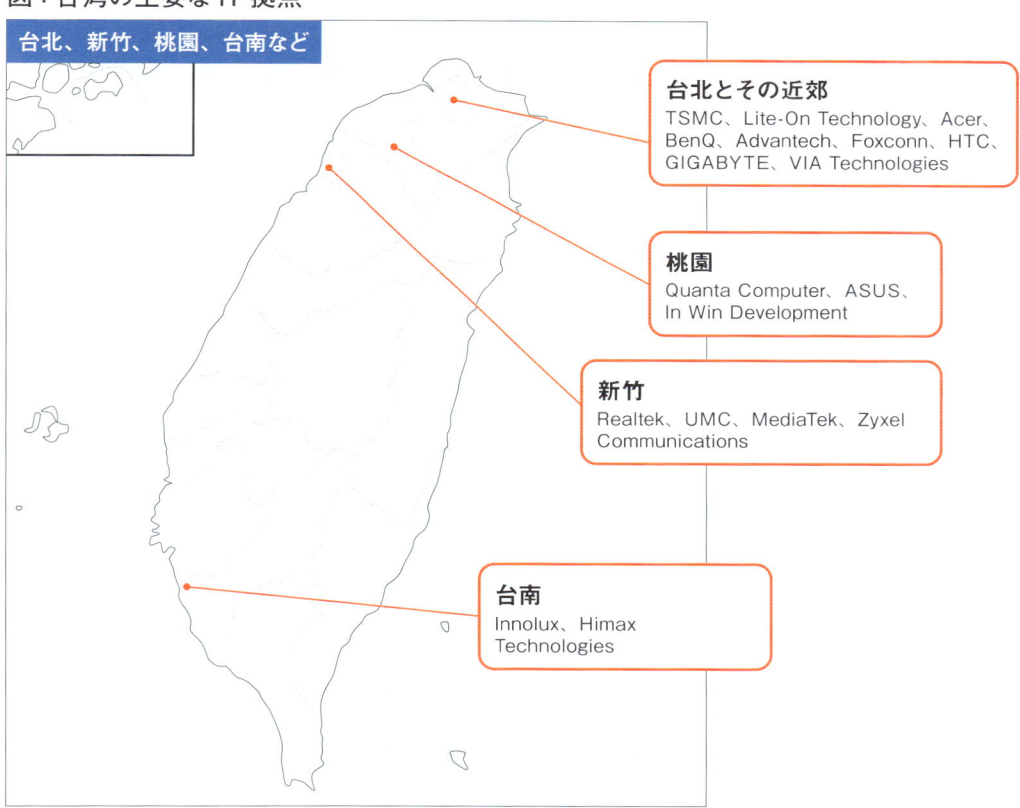

台北、新竹、桃園、台南など

台北とその近郊
TSMC、Lite-On Technology、Acer、BenQ、Advantech、Foxconn、HTC、GIGABYTE、VIA Technologies

桃園
Quanta Computer、ASUS、In Win Development

新竹
Realtek、UMC、MediaTek、Zyxel Communications

台南
Innolux、Himax Technologies

政府や教育機関が新興企業を支援

　台湾のIT産業の発展は、1970年代に始まる。この時期、台湾政府は「輸出加工区」を設け、海外投資を促進することで、電子機器製造業を中心に経済成長を加速させた。

1980〜1990年代には、半導体や電子機器の製造で世界的な競争力を持つようになり、世界市場での地位を確立した。米国や日本からの投資が誘致され、技術移転や人材育成が進んだ。

　台積電（台湾積体電路製造股份有限公司、TSMC）が1987年に設立され、半導体製造分野で世界的なリーダーシップを確立した。1990年代には、鴻海精密工業（1974年設立、Foxconn）が電子機器の製造分野で世界最大の企業となり、Appleをはじめとするグローバル企業の製造パートナーとして知られるようになった。

　2000年代には、HTC（1997年設立）がスマートフォンの開発で世界的に注目を集めた。HTCは、Androidスマートフォン市場で初期のリーダー企業となり、世界的な成功を収める。また、Acer（1976年設立）やASUS（1989年設立）といった企業も、コンピュータや電子機器の分野で国際的に競争力を有するようになった。

　2010年代に入ると、台湾のスタートアップエコシステムは進化し、Gogoro（2011年設立、電動スクーターおよびエネルギーサービス）やAppier（2012年設立、AIソリューション）といった新興企業が登場した。これらの企業は、台湾のみならず、国際市場でも活躍する。

　こうした新興企業が登場した背景には、台湾政府の積極的な支援や優れた教育機関の関与がある。例えば、スタートアップ企業の育成を支援する政策「アジア・シリコンバレー計画」（2016〜2023年）は、IoTとスマート技術の発展を促進し、台湾をアジアのイノベーションハブにすることを目指した。インキュベーションセンターなどを通じて、起業家精神の育成を奨励している。

　台湾大学、国立清華大学（NTHU）などの主要教育機関は、IT分野での研究と人材育成に貢献する。ベンチャーキャピタルの動きも活発であり、AppWorks、Cherubic Ventures、CDIB CapitalなどのVCファンドが台湾のスタートアップに投資している。

台北のほか、産業 IT 産業集積地区が複数存在

　日本の九州よりやや小さい3.6万㎢の台湾には、台北のほか、産業IT産業集積地区が複数存在する。台湾の北西部に位置する新竹は「台湾のシリコンバレー」とも呼ばれ、新竹科学工業園区（Hsinchu Science Park）」は半導体やエレクトロニクス産業の中心地

となっている。TSMCや聯華電子（UMC）といった世界有数の半導体企業が本社を構え、新竹は半導体製造のグローバルハブとしての地位を確立している。新竹にある国立清華大学や国立交通大学（NCTU）も、IT分野での研究と人材育成において重要な役割を果たす。

　一方、台中は、台湾中部に位置し、製造業とテクノロジー産業の集積地である。台中工業団地や台中港があり、多くのテクノロジー企業が集積し、機械製造と精密機器の分野で強みを持ち、IT産業とも密接に関連する。近年では、台中はスマートマニュファクチャリングやIoT技術の開発拠点として注目される。

　台北に次ぐ台湾第2の南部の都市、高雄は、かつて重工業と製造業が中心だったが、近年はテクノロジーとクリエイティブ産業への転換が進んでいる。「高雄軟体科技園区（Kaohsiung Software Park）」をはじめ、スマートシティプロジェクトや5G技術の導入が進められており、ITとデジタル技術のハブとして成長している。また、高雄には国立高雄科技大学があり、地域の産業と密接に連携する。

　台湾のITベンダーは、半導体製造、スマートフォン部品、IoTデバイスなど、ハードウェア分野で高い競争力を有する。また、近年では、ソフトウェア開発やAI分野での存在感も増す。特に、TSMCは世界の半導体製造受託サービス（ファウンドリ）の最大手として、スマートフォンやIoTデバイスの心臓部を担っている。

図：台湾の主要なITベンダー

企業名	業種	概要
Realtek	ロジック半導体	ネットワークIC、オーディオICなどを設計・開発
TSMC	ロジック半導体	世界最大の半導体製造受託サービス（ファウンドリ）企業
UMC	ロジック半導体	世界有数の半導体製造受託サービス（ファウンドリ）企業
MediaTek	ロジック半導体	スマートフォン向けSoC（System on a Chip）などを設計・開発
Lite-On Technology	ストレージ	光ディスクドライブ、LED照明などを製造
Acer	コンピュータ	ノートパソコン、スマートフォン、ディスプレイなどを製造・販売

企 業 名	業 種	概 要
ASUS	コンピュータ	ノートパソコン、スマートフォン、マザーボードなどを製造・販売
Compal Electronics	コンピュータ	ノートパソコン、サーバなどの製造受託サービスを提供
Quanta Computer	コンピュータ	ノートパソコン、サーバなどの製造受託サービスを提供
Foxconn	モバイルデバイス	世界最大の電子機器受託製造サービス（EMS）企業
HTC	モバイルデバイス	スマートフォンを製造・販売
Pegatron	モバイルデバイス	iPhone の組み立てなど、電子機器の製造受託サービスを提供
Wistron	モバイルデバイス	スマートフォン、ノートパソコンなどの製造受託サービスを提供
AUO	周辺機器	液晶パネルの製造・販売を行う
BenQ	周辺機器	デジタルカメラ、プロジェクターなどを製造・販売
Innolux	周辺機器	液晶パネルの製造・販売を行う
Synopsys	業務支援アプリ	電子設計自動化（EDA）ツールを提供
Ulead Systems	業務支援アプリ	画像編集ソフトウェアなどを開発。Corel が買収
Advantech	SI ソリューション	組込みシステム、IoT プラットフォームなどを提供

AFRICA

1/18 ラゴス、ケープタウン、ヨハネスブルグ、ナイロビなど

躍動する最後のフロンティア

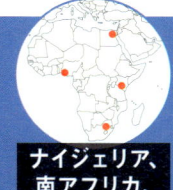

ナイジェリア、南アフリカ、ケニア

図：アフリカの主要な IT 拠点

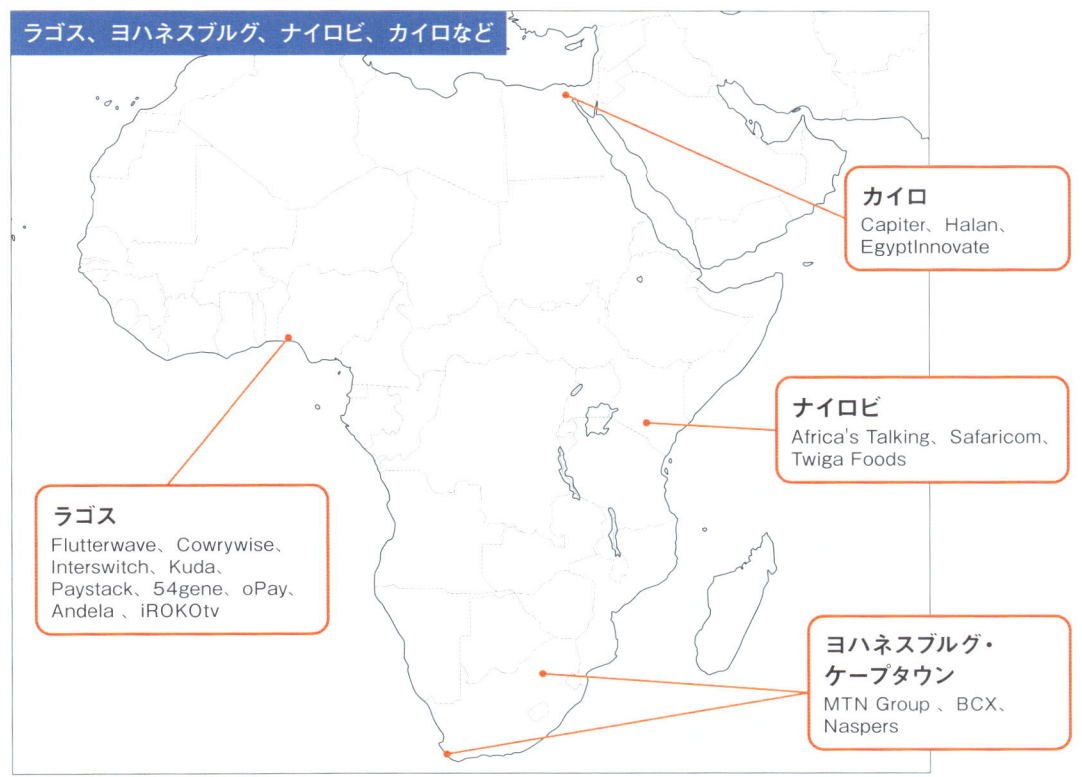

ラゴス、ヨハネスブルグ、ナイロビ、カイロなど

カイロ
Capiter、Halan、EgyptInnovate

ナイロビ
Africa's Talking、Safaricom、Twiga Foods

ラゴス
Flutterwave、Cowrywise、Interswitch、Kuda、Paystack、54gene、oPay、Andela 、iROKOtv

ヨハネスブルグ・ケープタウン
MTN Group 、BCX、Naspers

IT 産業が急成長

　アフリカ大陸は、長らく経済発展が遅れている地域と捉えられてきたが、近年では IT

産業が急成長しており、新たなビジネスチャンスを生み出している。特に、ナイジェリア、ケニア、南アフリカは、アフリカ大陸のIT先進国として注目を集めている。それぞれの国には、独自の歴史的背景や地理的特性があり、これらがITエコシステムの形成に大きく寄与している。急成長の背景には、固定電話も送配電のインフラも整っていない地域に、一気にスマートフォンが普及していく「リープ・フロッグ（蛙飛び）現象」がある。日本や欧米諸国が何十年もかけて固定電話、携帯電話、スマートフォンが普及していった過程をすっ飛ばして、一足飛びに最新のスマートフォンが浸透した。このように、社会やビジネスの環境が急速に進化する現象が、アフリカのここかしこで起こっている。

　そもそもアフリカにおける産業の発展は、歴史的背景と地理的な特性に大きな影響を受けている。長い植民地支配により、インフラ整備が遅れ、教育水準も低い地域が多かった。しかし、独立後、一部の国では教育への投資が強化され、IT人材の育成が進んだ。

　また、固定電話網の整備が遅れていたアフリカでは、モバイル通信が急速に普及し、ITインフラの基盤となった。一方で、アフリカの人口は急激に増加しており、特に若年層の割合が高い。そのため、アフリカのITエコシステムは、モバイルファーストという特徴を持つ。すなわち、固定回線よりもモバイル通信が普及しているため、モバイルファーストのサービスが主流となっている。また銀行口座を持たない人々が多いため、電子マネーも一般化した。

ネットワークやモバイル通信の分野で成長

　ナイジェリアはアフリカ最大の人口を有し、若い労働力が豊富である。歴史的に見れば、石油産業に依存しているが、2000年代以降、ICTの成長が著しい。地理的には、ラゴスが経済の中心であり、西アフリカ全体へのアクセスが容易であることが、IT産業の発展を促している。ラゴスには「イェバ・バレー」と呼ばれるテックハブがあり、これはナイジェリア版のシリコンバレーとされている。

　南アフリカでは歴史的には、アパルトヘイト終了後、経済の自由化が進み、英語が公用語であることも後押ししてIT産業が発展した。地理的には、ケープタウンやヨハネスブルグといった都市が、ITベンダーの中心地となっている。それを支えているのが豊富なITエンジニアの存在である。また、データセンターやクラウドの市場がアフリカで最も

大きく、最新のネットワークが構築されているため、欧州からのオフショア先としてだけでなく、フィンテックやeコマース市場を中心にスタートアップが躍進している。

近年躍進が目立つケニアは、東アフリカのシリコンバレーとして「シリコン・サバンナ」と呼ばれ、その中心地がナイロビである。スタートアップ投資額が増えている背景には、インターネット普及率の高さとインキュベーション施設の存在がある。ケニアを代表するインキュベーション施設「i Hub」は設立以来、ケニアで170ものスタートアップを輩出しているという。Google、Microsoft、FacebookといったITメジャーもこの「i Hub」にパートナーとして参画し、イベントや講演を通じてサポートしている。

ネットワークやモバイル通信の分野で成長

アフリカのITベンダーは、近年成長が著しい。歴史が長く、グローバルに展開しているのは、南アフリカのNaspers（インターネット企業）やMTN Group（通信会社）などである。例えば、1915年に設立されたNaspersは、メディア企業としてスタートしたが、現在ではテクノロジー分野に進出し、グローバルな投資会社としても知られている。1990年代から2000年代初頭にかけて、多くのITベンダーが誕生した。また、Vodacom（1994年設立）やMTN（1994年設立）など、通信業界の巨人も南アフリカに拠点を持つ。さらに、2010年代には、Takealot（2011年設立）やYoco（2013年設立）などのスタートアップが登場し、国内外での地位を確立している。

一方で、ケニアでは、スマートフォンが急速に普及した環境を背景に、1997年創業の通信会社であるSafaricomがモバイルマネーの「M-PESA」の提供を開始し、国内外で急速に利用が広がった。M-PESAであれば、銀行口座を持たない個人でもスマートフォンだけで送金・決済でき、しかも現金盗難を心配する必要もない。銀行側も支店やATMなどのインフラを用意しなくてよい。現在、ケニアの成人の9割以上がM-PESAを利用しているという。モバイル分野では他にも、革新的なサービスを提供する企業が誕生している。ナイジェリアでは、決済サービスのFlutterwave、エンジニア育成のAndelaといった企業が支持を集めている。このほか、エジプトやガーナも伸びしろがある。

最後のフロンティアと呼ばれるアフリカ大陸の市場を開拓しようと息巻く日本企業も少なくない。とはいえ、地理的、歴史的につながりが強い欧州各国が先行して進出している

感は否めず、さらには中国が官民を挙げて猛攻勢を掛けている。割って入るのは容易ではない。家電やスマホは、韓国SamsungやLG、中国Huaweiといったメーカーが支持されている。近年は、中国家電ブランド「MOOVED」のようにアフリカに特化した製品も出始めている。ソニーやパナソニックは健闘しているが、やはり中韓の存在感が大きい。

　日本に勝ち目があるとすれば、日本の独自技術、あるいは高度な技術によって、特定の市場を狙い撃ちすることだろう。例えば、化学メーカーのカネカは合成繊維による付け毛「カネカロン」をアフリカで展開し、アフリカ女性の間で人気を博している。類似品も出回るが、難燃性の独自技術による人工毛髪の分野では他社の追随を許さず、成功例として知られる。このほか、味の素が2016年、アフリカ約40ヵ国で事業を展開する加工食品大手Promasidor Holdings Limitedの株式の3割強を取得し、アフリカ開拓やフードテックの可能性を探っている。

図：アフリカの主要な IT ベンダー

	企 業 名	業 種	概 要
ナイジェリア	Jumia	e コマース	アフリカ最大の e コマースプラットフォームの 1 つ
	iROKOtv	動画配信サービス	アフリカの映画やテレビ番組を配信するプラットフォーム
	Flutterwave	フィンテック	アフリカ最大の決済プラットフォームの 1 つ
	Cowrywise	フィンテック	マイクロ投資プラットフォームを提供
	Kuda	フィンテック	デジタル銀行として知られ、若年層に人気
	Interswitch	フィンテック	電子決済インフラを提供
	oPay	フィンテック	ナイジェリアで支持されるモバイルマネーアプリ
	Paystack	フィンテック	オンライン決済サービスを提供。米 Stripe が買収
	Andela	HR テック	ソフトウェアエンジニアの育成と採用を行うプラットフォーム
	Africa's Talking	業務支援サービス	アフリカ向けの通信 API を提供

企業名	業種	概要
ケニア		
Branch	フィンテック	モバイル銀行やデジタルローンを提供
Safaricom	フィンテック	アフリカ最大のモバイルマネーサービスの1つ「M-PESA」提供
Tala	フィンテック	アルゴリズムを用いたマイクロローンを提供
54gene	ヘルステック	アフリカのゲノムデータを活用した研究・開発
MTN Group	通信	1994年創業、アフリカと中東で展開するモバイル事業者
南アフリカ		
Naspers	通信	グローバルなインターネット通信サービスを展開、求人広告やフィンテック、エドテック
Twiga Foods	アグリテック	小規模農家と都市部の小売店をつなぐプラットフォーム
BCX	SIソリューション	データ解析やソリューション提供によりDX推進
エジプト		
Capiter	フィンテック	B2B金融サービスを提供
Halan	フィンテック	モバイルマネーサービスを中心にスーパーアプリを展開
EgyptInnovate	HRテック	エジプトのスタートアップエコシステムを支援
セネガル、ガーナ		
Sunu Assurances	インシュアテック	デジタル保険を提供

2 章

グローバルITの インキュベーション システム

グローバルITのインキュベーションシステム、エコシステムはシリコンバレーをはじめ、世界中に胚胎している。各国・地域の特性や政治的、経済的事情を踏まえながら、それぞれが独自の発展を遂げてきた。全体を俯瞰すると、共通する部分もあれば、極めて独自的で他地域での再現が難しいような仕組みもある。本章では、世界各地で芽吹いたITエコシステムの類型化を試みる。それぞれの特徴から7つのタイプに分類し、典型的な国・地域を紹介する。すなわち、シリコンバレーに代表される「大学起点の総合型」、中国やUAEに見られる「政府主導型」、フランスをはじめ欧州に多い「官民協調型」など、異なる独自の取り組みがIT産業の成長を促している。また、安全保障や技術戦略が牽引する「セキュリティ・イノベーション型」、インドの「Uターン起業型」というように、民族の歴史や地政学的背景が色濃く反映されて形作られたエコシステムもある。多様な実態を比較衡量しながら、それぞれの成功要因と課題を分析し、各国がどのようにIT産業を育成しているのかを読み解き、多様なIT発展モデルのあり方を考察する。

THE UNITED STATE OF AMERICA, UNITED KINGDOM OF GEAT BRITAIN AND NORTHERN IRELAND

2/1 シリコンバレータイプ
大学起点の総合型

図：シリコンバレータイプの国々

米国、英国など

失敗を許容する文化「Fail Fast, Fail Forward」

　ITが勃興する聖地「シリコンバレー」は唯一無二の存在として、現在も世界的なスタートアップエコシステムの頂点に君臨している。変化し続けるIT業界のトレンドリーダーであり、ルールメーカーであり、模範となっている。これまでの成功や功績は偶然の産物ではなく、長年にわたる文化、学術機関、資金、人材の相互作用による賜物である。

　「中国のシリコンバレー」や「オランダのシリコンバレー」など、世界中でシリコンバレーになぞらえられる都市はあるが、それはITが盛んな都市ということであり、シリコンバレーの形成過程や文化的背景とは総じて異なる。シリコンバレーは独自の複数の特徴が混ざり

合って独自の発展を遂げ、それゆえその模倣は容易ではない。シリコンバレーをシリコンバレーたらしめている諸要素は、有機的に結び付き合うことにより、次々と新たな革新的技術やアイデアを生み出している。ただし、諸要素には革新につながるヒントが詰まっており、それらを部分的にでも真似ようとする試みは決して無益ではない。

　シリコンバレーの最大の特徴は、「失敗を恐れない文化」である。失敗はキャリアの傷ではなく、学びの機会として評価される。失敗から素早く立ち直り、次の挑戦に生かす姿勢が広く受け入れられている。多くのスタートアップが、新しい製品やサービスを開発する過程で何度も失敗し、試行錯誤を繰り返す。これが革新のスピードを加速させている。「Fail Fast, Fail Forward」という精神は、起業家だけでなく、投資家や従業員、さらには地域全体に浸透している。

シリコンバレーの構成要素

　シリコンバレーの成功を支えるもう1つの柱は、学術機関と産業の密接な連携である。特にその興りともゆかりの深いスタンフォード大学とカリフォルニア大学バークレー校（UCバークレー）は、数多くの技術革新やスタートアップを生み、著名なIT企業の経営者を輩出してきた。学内での起業活動を奨励する環境を用意し、実際に教授や学生が積極的に企業を設立し、研究成果を迅速に商業化するメカニズムが整備されている。

　さらに、Sequoia CapitalやAndreessen Horowitzといった著名なVCが革新的なアイデアを持つスタートアップに積極的に資金を提供している。世界有数のベンチャーキャピタル（VC）が集中していること、Y CombinatorやPlug and Playなどのアクセラレーターやインキュベーターによるスタートアップの初期段階からのサポート体制、ネットワーキングの機会創出、そして一度成功した起業家による再起業や新たなスタートアップへの投資といった動きがシリコンバレー、ひいてはIT業界全体を牽引している。PayPalの出身者によるスタートアップや投資のネットワークを指す「PayPalマフィア」が次世代スタートアップへの再投資の典型例である。

　こうしたシリコンバレーと比較的近い事業環境にある地域には、米東海岸のボストン、英国のオックスフォードである。これらの都市にはマサチューセッツ工科大学（MIT）やハーバード大学、オックスフォード大学が立地し、シリコンバレーと同様、大学とビジネスの

連携が盛んであり、スタートアップエコシステムが形成されている。

　シリコンバレーのスタートアップエコシステムは、多様な要因が複雑に絡み合った結果生じたと言える。失敗を許容する文化を素地としつつ、学術機関と産業の連携、豊富な資金や再投資の機会、人材の多様性と流動性が、イノベーションを生み出す土壌を形成している。他地域がこのモデルを部分的にでも模倣しようとする動きは有益だが、成功のカギはそれぞれの地域特性に応じたエコシステムの構築を図ることである。

CHINA, RUSSIA, UNITED ARAB EMIRATES

2/2
政府主導タイプ
国家起点の戦略型

2/2
政府主導タイプ

CHINA, RUSSIA, UNITED ARAB EMIRATES

図：政府主導タイプの国々

中国、ロシア、UAE など

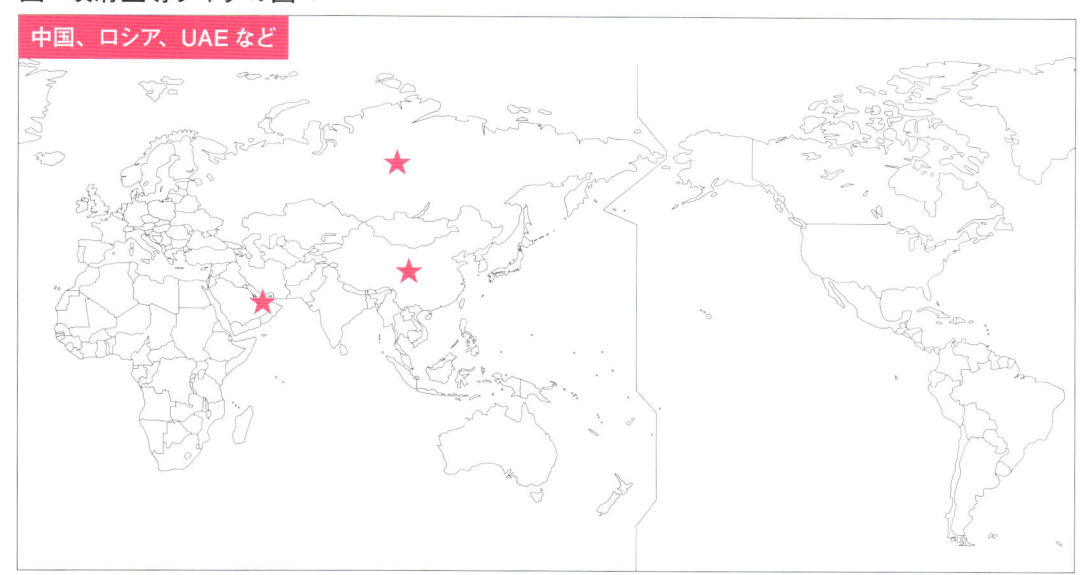

国が手厚く環境整備

　政府主導型のスタートアップエコシステムは、国家の戦略的な目標に基づき、スタートアップの成長を促進するために政府が主導的役割を果たすモデルである。このタイプのエコシステムは、中国やロシア、アラブ首長国連邦（UAE）などで見られ、各国の特性に応じた形成過程を経ている。

　政府主導型エコシステムの最大の特徴は、国家戦略との整合性が重視される点である。人工知能（AI）をはじめ、再生可能エネルギーや宇宙事業軍事技術、EVや量子コンピューティングなど、政府が特に注力する分野でスタートアップの活躍が奨励され、産業革新も

起こりやすい。政府が特定の戦略分野で積極的、集中的に投資と支援を行い、スタートアップの成長を促す。シリコンバレーのような民間主導型のエコシステムとは異なり、政府による強い影響力、主導権が特徴と言える。

　例えば、中国は政府主導型の成長戦略を示し、実際にそれに沿って成長を目指してきた。「中国製造2025」「中国標準2035」「次世代人工知能発展計画」といった国家戦略を通じて、AIやロボティクスの分野で急速な発展を遂げている。Alibaba GroupやTencentなどの巨大テクノロジー企業はそうした政府支援の恩恵に浴してきた。また、スタートアップの成長を支えるための大規模な研究施設やインフラが、政府主導で整備される点も特徴に挙げられる。企業活動がしやすい経済特区の設定、アクセラレーターやインキュベーターの運営、研究開発施設の提供などが含まれる。

　潤沢な石油収入を基に経済の多様化を目指すＵＡＥやサウジアラビア政府は、自由経済区を設け、外国企業の誘致を積極的に行っている。UAEの例として、ドバイの「Dubai Future Accelerators」やアブダビの「Hub71」など、政府主導で設立されたハブがスタートアップを支援している。中国の深圳や上海もスタートアップ向けの特区が設けられ、税制優遇や規制緩和の措置が取られている。

　政府からスタートアップへの直接的な資金提供も珍しくなく、国家予算や政府系ファンドが重要な役割を果たす。政府系ファンドとしては、中国の「中投公司」やロシアの「Skolkovo Foundation」が代表例である。ただし、政府の過度な介入は、官僚主義や腐敗を招く恐れがあり、イノベーションを阻害する要因となりかねない。政府の支援が特定の企業や分野に集中することにより、市場の競争メカニズムが損なわれたり、国際競争の不公平さを生んだりするリスクも潜む。特に、米中対立に見られるように、過度な貿易摩擦などの問題を引き起こしかねない。

FRANCE, GERMANY, KOREA, JAPAN

官民協調タイプ
官と民の良いとこ取り

図：官民協調タイプの国々

フランス、ドイツ、韓国、日本など

政府の介入は最低限に

　「政府支援・官民協調型」のスタートアップエコシステムは、政府が民間企業や大学と連携しながら、イノベーションの促進を目指すモデルである。フランスやドイツを中心とする欧州諸国、韓国などがこのタイプに該当する。これらの国々では、政府が税制優遇や規制緩和、公的資金を通じてスタートアップの成長を後押ししつつ、呼応してその支援を受ける民間企業や大学がイノベーションを牽引する形を取る。

　官民が協調してスタートアップを育成するエコシステムであり、シリコンバレーのような民間主導型のエコシステムとは異なり、かと言って政府がトップダウンで強力に推し進

める政府主導型とも違う。シリコンバレータイプと前項の政府主導タイプの良いとこ取り、中間的なタイプと言え、欧州諸国に典型的に見られる。このエコシステムの特徴は、政府が資金提供や規制の見直しといった政策誘導によって一定程度のイニシアチブを発揮しつつも、スタートアップ新興の生起は市場の競争原理や企業の自主性に委ねる点にある。

　例えば、フランスでは政府系の投資機関Bpifranceを通じて、公的資金がスタートアップに提供され、2022年だけでも16億ユーロがハイテク新興企業やベンチャーファンドに投入されている。官民協調の推進も顕著で、政府がテック企業を支援する「La French Tech」の取り組みや世界最大級のスタートアップキャンパス「Station F」など、充実している。一方、ドイツ政府は2021年に「未来基金 (Zukunftsfonds)」を設立し、2030年までに100億ユーロの公的資金を拠出する計画を発表した。ドイツはまた、政府の「High-Tech Strategy」の一環として、研究開発プロジェクトへの助成金を充実させている。

　官民協調は欧州全般に共通しており、EUの枠組みを活用した国際連携の強化策が目立つ。特に、域内外のスタートアップに研究資金を提供する欧州委員会主導の「Horizon Europe」プログラムが有名だ。このプログラムは、特に先端技術分野での研究開発を支援し、国境を越えたスタートアップの成長と協力を促進し、グローバルな競争力を高めている。一方、韓国では、財閥に代表されるコングロマリットと政府が連携し、スタートアップの育成に取り組んでいる。

　なお、日本も、この「政府支援型・官民協調型」エコシステムに一部該当すると言っていいだろう。2027年を目指した政府の「スタートアップ創出5カ年計画」をはじめ、大学と連携した研究開発が行われている。

　政府支援型エコシステムには、利点が多い一方でリスクも存在する。政府主導型ほどではないにしても、やはり官僚主義の蔓延や官民癒着による不正のリスクが懸念されている。

ISRAEL, REPUBLIC OF CHINA, ESTONIA
セキュリティ・イノベーションタイプ
自己防衛で IT 発達

図：セキュリティ・イノベーションタイプの国々

イスラエル、台湾、エストニアなど

イスラエルは軍事技術の転用

　「セキュリティ・イノベーション」タイプのスタートアップエコシステムは、国家の防衛や安全保障の必要性から、特定の技術分野で急速な発展を遂げたモデルと位置付けられる。イスラエル、台湾、エストニアが代表例で、それぞれの地政学的背景が独自のイノベーション促進の原動力となっている。このタイプのエコシステムは、特にサイバーセキュリティ、軍事技術、半導体産業など安全保障上の重要分野で優位性を持つ。

　イスラエルは、第二次世界大戦における虐殺の歴史に対する恐怖心や危機感と長年にわたる中東地域での実際的な戦闘リスクを背景に、軍事分野を重点領域としている。国防、

軍事訓練で得られた高度な実践スキルを持つ人材によるスタートアップ設立を通じ、サイバーセキュリティや無人機開発の分野で世界的なリーダーシップを発揮している。

　イスラエルにおいて軍事技術の民間転用（スピンオフ）が活発な背景には、軍事情報部門「8200部隊」の退役軍人が多くのテクノロジー企業を設立しており、軍で培った技術やノウハウが民間セクターにおいて広く利用されていることがある。8200部隊はイスラエル国防軍（IDF）諜報局きっての精鋭であり、信号情報収集（SIGINT）や暗号の解読に長け、1970年代の第4次中東戦争後、IT産業研究開発の再編の主軸となった。8200部隊出身者の設立企業には、Check Point や Palo Alto Networks（パロアルトネットワークス）、CyberArk（サイバーアーク）、Wix などがある。

　政府も国防産業育成の一環として重視し、スタートアップを強力に支援する。そうした経緯から、サイバー分野をはじめ、セキュリティに関する技術開発が盛んで洗練されている。「サイバーセキュリティ国家」として知られ、商都テルアビブのスタートアップハブ「CyberSpark」はその中心地となっている。また、イノベーション庁を設立し、R&Dへの投資や起業家支援プログラムを豊富に用意していることもその表れだ。

台湾の半導体産業振興、エストニアのデジタル行政

　一方、台湾政府は、中国との緊張関係を背景に、全土規模での防衛技術や半導体産業の育成に長年注力してきた。戦略的な研究開発投資や産学官連携強化や知的財産権保護を推し進め、軍事用の電子機器技術を発展させた結果、民間の半導体産業が急成長した。「台積電」で知られる TSMC（Taiwan Semiconductor Manufacturing、台湾積体電路製造）はその代表例であり、グローバルな IT サプライチェーンにおける中核的な役割を果たしている。半導体産業を中心とした独自のスタートアップの発展モデルを確立したと言える。

　エストニアは2007年に大規模なサイバー攻撃を受けた経験から、デジタル政府の構築とサイバーセキュリティ技術の発展を加速させた。「e-Estonia プログラム」は、国全体をデジタル化しながら高いセキュリティを維持する好例である。国全体が「デジタル国家」として機能し、デジタルガバメントの世界的な模範とされている。スタートアップが迅速に事業を展開できる環境も整っていて、国民ID システムや電子投票システムなど、電子政府サービスの先進的実装を推し進め、デジタル基盤を他国にも輸出している。

　これらの国々・地域のエコシステムでは、安全保障上の事情、地政学的な不安定性を背景に、軍事技術の民間転用やサイバーセキュリティ分野において独自の強みを持つ形で発展している。外的脅威からもたらされる切迫感が技術開発を後押しし、それが民間のスタートアップ活動にも波及している。国家存続の危機感が見え隠れする中、地理的・政治的制約を克服するため、グローバルなネットワークを積極的に構築している。イスラエルのスタートアップは早い段階から海外市場を視野に入れている。台湾もグローバルな半導体サプライチェーンの中核としての地位を確立し、中でもTSMCは、世界の先進的な半導体製造の70％以上を担い、AIやIoT分野での技術革新を支えている。

　ただし、技術開発が軍事的、政治的な目的に偏ることは国際理解を得られにくいといった難点もあり、軍事技術への依存や地政学的リスクといった課題を克服しながら、持続可能なエコシステムを構築することが今後の課題である。

Uターン起業タイプ
海外で経験を積んで故郷に錦のIT

図：Uターン起業タイプの国々

インド、パキスタン、バングラデシュ、ベトナム、フィリピンなど

快進撃続けるインド

　「Uターン起業」タイプのスタートアップエコシステムのモデルは、かつてグローバルIT企業のオフショア開発拠点や人材供給源として発展した国々で見られる。外資系企業などで先進的な就業経験を積んだ人材が本国に戻って、つまり「Uターン」して起業するパターンを特徴としている。特にインドにおいてその動きが顕著で、その近隣のパキスタンやバングラデシュ、そして東南アジアではベトナムやフィリピンなどに見られる発展モデルだ。本国市場向けのローカライズされたサービスやプロダクトを開発する傾向が強い。

　こうしたUターン型の起業家は、先進国での就業経験を通じて得た知識、スキル、ネッ

トワークを活用し、グローバルな視点と地域のニーズを組み合わせた独自のソリューションを生み出し、自国の市場に適したサービスや製品を開発している。そうした事例に関して、インドでは枚挙にいとまがない。

インドがこのモデルで最も成功した主な特徴や成功要因には、シリコンバレーでの経験者の潤沢さに加え、グローバルIT企業のインド拠点経験者やIIT（インド工科大学）など国内教育機関からの新興人材といったエンジニア層の厚さ、多様性が挙げられる。さらに、バンガロールやハイデラバードといった技術ハブ都市の形成とそこでの活発な技術コミュニティの存在、そもそもインド自体が巨大なマーケットであるという市場規模などによって、エコシステムが形成された。現在、FinTech、eコマース、ヘルステックなどの産業が成長しており、InfosysやTCSといった世界的な有名企業だけでなく、Paytm、Olaといったユニコーン企業も数多く誕生している。

増えるUターン起業家

インドの近隣国のうち、人口の多いパキスタンやバングラデシュも同様のムーブメントが胚胎し、成長の兆しを見せている。特徴としては、イスラム教徒向けのサービスなど、自国のニーズをくみ取ったスタートアップが活躍している点だ。

IT人材の供給地として伸びているベトナムもまた、Uターン起業家が一定数存在する。インドに比べれば少数だが、山積する国内の社会課題を背景に若い技術者や海外留学・就業経験者の層は厚みを増しており、急速な経済成長とともにデジタル化の進展やモバイルサービスの普及が加速している。フィンテックのMoMoは、ベトナム特有のモバイルファースト文化に対応したプロダクトを提供し、成功を収めた。また、英語圏のフィリピンは、BPO産業を基盤とした発展段階にある。英語力を生かしたサービスのノウハウやグローバル企業との取引関係が豊富で、その実績に基づくBPO産業の独自の発展が期待される。

インドは非該当の項目も多いが、こうした国々の課題には、ベンチャーキャピタルの未成熟や投資家層の薄さ、資金回収の難しさを起因とする不十分な資金調達環境、デジタルインフラや法制度の未整備、起業支援プログラムやメンター制度の未確立などがある。

なお、この「Uターン起業」モデルは単なる「先進国のサービスの模倣」ではなく、現地市場に適応した独自のイノベーションを生み出す点で注目されている。そこからさらに

先進国へサービスが逆輸入されて広まる「リバースイノベーション」も注目を集める。特に、グローバルサウス諸国が今後、世界市場を牽引すると言われるなか、こうした国々が高度な技術力と現地市場への深い理解を組み合わせることで新興国発のグローバルサービスを生み出し、成長モデルとして率先垂範していく可能性を秘めている。

図：「U ターン起業」タイプのスタートアップエコシステムの特徴

特徴	詳細
グローバル経験者の帰国	海外の IT 企業で経験を積んだ人材が、自国に U ターンし、起業することが多い
本国市場への特化	自国市場のニーズに合ったローカライズされた製品やサービスを開発、提供
技術力と市場理解の融合	海外で培った技術力と、自国市場に対する深い理解を組み合わせ、イノベーションを創出

SINGAPORE, MALAYSIA, INDONESIA, ISRAEL

2/6 ディアスポラ・ネットワークタイプ

世界中の華僑・印僑が連携

図：ディアスポラ・ネットワークタイプの国々

シンガポール、マレーシア、インドネシア、イスラエルなど

ルーツの深く絡み合う民族意識

　「華僑」「印僑」に象徴されるスタートアップエコシステムは「ディアスポラ・ネットワークタイプ」として類型化される。このモデルは、特にシンガポール、マレーシア、インドネシアにおいて顕著に見られ、グローバルな民族ネットワークを活用した独自の発展パターンを示している。華僑や印僑に代表される特定の民族グループが世界各地に広がるネットワークを駆使して、スタートアップエコシステムを構築するモデルである。その観点では、イスラエルもユダヤ人ディアスポラが世界中に広がっており、そのネットワークを活用して、スタートアップエコシステムを構築している。

これらの民族グループは、国際的なビジネス感覚、資金調達力、人材ネットワークを有し、スタートアップの成長を加速させる原動力となっている。特に華僑ネットワークの影響は世界中で強く、中国政府の政策とも相まって特徴的なエコシステムを形成している。

世界中に潜在需要

華僑や印僑は、世界各地に離散する同じルーツの人々との人脈、情報網を駆使し、スタートアップの資金調達や市場拡大において他のエコシステムにない強みを持つ。国民の約7割が中華系で「華人国家」とも呼ばれるシンガポールでは、華僑がスタートアップエコシステムで重要な役割を果たしている。中国にルーツを持つ移民のうち、華人が居住国の国籍を取得しているのに対し、華僑は国籍未取得という違いがある。

華僑ネットワークは、東南アジア全域に広がり、資金調達や市場開拓の際に強力な支援を提供する。一方、印僑ネットワークはマレーシアで特に強い影響力を持つ。マレーシアは、インドや米国のITセクターと結び付きが強く、華僑や印僑をはじめとした多民族国家としての特性を生かしながら、主に技術系スタートアップの成長を支えている。シンガポールにない特徴として、イスラム金融との連携やマレー系企業との協力を通じ、独自のエコシステムの構築を図っている。マレーシア政府は「Malaysia Digital Economy Blueprint」を策定し、デジタル経済の発展を目指し、印僑コミュニティが携わる技術系スタートアップの支援にも余念がない。

また、インドネシアにも700万人超と多くの華人・華僑が存在する。人口世界3位の大国とあって、華人・華僑の割合は人口全体の3％ほどとされるが、17〜19世紀に中国南部福建省から渡来した人々の子孫とされる華僑のネットワークは内外に張り巡らされ、割合的なマイノリティにそぐわぬ、強固な紐帯による独特の存在感を放っている。

このタイプの強みとして、世界中に広がる強力なビジネスコネクションがあり、スタートアップは国際的な資金調達や人材確保、市場展開を比較的容易に行えることがある。シンガポールのスタートアップエコシステムは、この特徴を最大限に生かし、東南アジア市場へのゲートウェイとしての役割を果たしている。

短期間で経済成長を実現する可能性を秘めているこのモデルは、中小企業の排除や腐敗といったリスクも孕んでいる。コミュニティ外との連携不足や新しい人材の参入障壁といっ

たシステムの閉鎖性、多様化の限定性といった課題が挙げられる。裏返せば、多様な人材の登用や新しいパートナーシップの構築といった開放性を高めることにより、そうした課題を克服できるだろう。政府は、一部の民族や出自に偏らずに、多様性と透明性の高い環境を整備する必要がある。伝統的なネットワークの強みと現代的なビジネス環境を組み合わせれば、さらなる持続的な発展が望めそうだ。

図：財閥・コングロマリット主導タイプの国々

韓国、タイ、インドネシアなど

財閥の影響力が中心的な役割を果たす

　「財閥・コングロマリット主導タイプ」のスタートアップエコシステムとは、主にアジアの国々で活況を呈し、特に韓国、タイ、インドネシアでは、伝統的な財閥やコングロマリットの存在がスタートアップ環境に大きな影響を与えている。一方で財閥の過度な影響力は、中小企業の成長を抑制し、エコシステム全体の健全性を損なうリスクも指摘されている。

　財閥・コングロマリット閥がスタートアップエコシステムにおいて中心的な役割を果たすモデルとして、最も顕著な財閥主導型の一例として、韓国が挙げられる。Samsung、

LG、Hyundai、SKといった巨大財閥グループがスタートアップエコシステムの中核を担っている。Samsungのイノベーション組織「C-Lab」のように、財閥は自社のイノベーション戦略の一環として、積極的にスタートアップへの投資やインキュベーション活動を展開している。

　財閥はスタートアップに対し、技術移転や事業提携、さらにはM&Aを視野に入れた包括的なアプローチを取る。これにより、スタートアップは早い段階から大企業の経営資源やネットワークにアクセスできる利点がある。2023年の統計によると、韓国に20ある大財閥企業の総売上高はGDP全体の72.7%に相当する。強大な経済力、時に政治力を武器に、財閥はスタートアップのエコシステムに大きな影響を及ぼしている。

　例えば、SKグループは傘下に約200社を擁し、エネルギーから通信、バイオテクノロジーまで幅広い業容を手掛ける。その事業展開の過程で、スタートアップへの投資を活発に行っている。Samsungなどの財閥も同様で、特にAIやIoT、バイオ・医療分野でのイノベーションを支援している。C-Labなどの社内アクセラレーションプログラムは、起業家精神に富んだ社員によるスタートアップ設立を奨励している。

浅からぬアジアの財閥の歴史

　財閥コングロマリット主導型スタートアップエコシステムは韓国のほか、東南アジアにも広がる。タイでは、CP（チャロン・ポカパン）グループがフードテックやeコマース分野のスタートアップに投資を行っている。1921年に潮州系中国人がバンコクに開業した種子販売店を祖業とするCPグループは、財閥特有の企業間ネットワークを活用してスタートアップが市場に参入しやすい環境を用意している。CPのほか、タイ最大の小売流通の財閥系コングロマリット「Central Group」は東南アジアで広く影響力を行使する。タイのこうした財閥企業は直接的な支配よりも、戦略的パートナーシップや投資を通じた関与を好む傾向がある。

　また、インドネシアでは、不動産開発や金融業を手広く展開するDjarum財閥が同名のタバコの製造販売で成功を収め、代替わりを経た現CEO、Robert Budi Hartonoはフードデリバリーなどのスーパーアプリ「Gojek」のヒットで頭角を現した。そのGojekとTokopediaが統合して誕生したGoToグループは、スタートアップのM&Aを通じて事業

を拡大、地域全体でのプレゼンスを高めている。

　インドネシアには他にも、スハルト元大統領など政治的パイプが強いSalimグループや、銀行業で名を成した中国福建省にルーツを持つLippoグループなどの財閥が跋扈する。なお、インドにもTataやReliance、Birlaといった伝統的財閥が存在する。ただし、インドの財閥の影響力は、韓国のそれほど直接的ではなく、間接的にスタートアップの成長を支えるといった側面が強い。

　財閥・コングロマリット型の優れた点には、財閥が持つそれぞれの巨大な消費者基盤を通じ、スタートアップのサービスや製品に送客できることがある。特に、リテールやeコマース分野では、財閥の持つ物理的インフラとスタートアップのデジタル技術の組み合わせが、新しい価値や発想につながっている。資金繰りが課題のスタートアップにとっても、早期段階からの大規模な事業展開と確実性の高い出口戦略（M&Aなど）が描けるといった利点がある。一方で、イノベーションの方向性が財閥の意向に左右されたり、成長機会が限定されたりするリスクは課題として残る。

　財閥はどちらかと言えば、国内市場で効力を発揮しやすいが、今後一層のグローバル化の進展が見込まれる世界市場においては、純粋な財閥主導モデルから、より開放的なエコシステムへの移行も予想される。

移民主導タイプ

多様性がもたらす革新

図：移民主導タイプの国々

カナダ、オーストラリア、スウェーデン、ドイツなど

前提として移民に寛容

　移民主導型のスタートアップエコシステムは、本章冒頭のシリコンバレー型でも触れた通り、イノベーションの融合、創発を促すのに非常に有用な「人材の多様性と流動性」というファクターを持ち合わせる。カナダに代表されるこのタイプは、高度な移民政策と教育システムの連携により、独自の発展を遂げている。これらの国々の特徴は、移民大国ならではの苦悩や課題も超克しながら、多様な文化的背景を持つ人材が集まることで生まれる、イノベーティブな環境である。

　移民が起点となって牽引、誘発されるタイプのスタートアップ誕生・育成エコシステム

は、移民を積極的に受け入れる政策や多文化主義を基盤とする。移民の活躍によってエコシステムが活性化されるモデルを前提として有効に機能する。このタイプはカナダやオーストラリア、スウェーデンなどで特に顕著であり、移民がもたらす多様性や国際的なネットワークが、イノベーションの源泉となっている。

　人口の4分の1を移民が構成するカナダでは、政府の積極的な移民政策と充実した教育環境が、スタートアップエコシステムの基盤となっている。特にトロントやバンクーバー、モントリオールといった主要都市では、世界中から集まった優秀な人材がIT産業を中心に活躍している。カナダの最も特徴的な取り組みに、世界市場で競争できるスキルを持つ起業家を対象とした「スタートアップビザ」がある。このほか、世界的に話者の多い英語とフランス語が公用語という呼び水も相まって、カナダは世界中から起業家やエンジニアを引き寄せている。巨大な米国市場との距離的、心理的近さもまた、カナダが人気の一因だろう。

　人口の多くが移民とされるオーストラリアも、教育セクターと移民政策を有機的に結び付けることで持続可能なスタートアップエコシステムの構築を目指している。永住ビザとして用意されている「技術移民プログラム」はその筆頭に「IT・デジタル技術分野」が掲げられ、スタートアップやテック企業が求めるスキルセットの移民を支援して、イノベーションの促進に与している。特にシドニーやメルボルンをはじめとする大都市においては、フィンテックやクリーンテック分野で移民起業家のスタートアップが存在感を放つ。またスウェーデンも、古くから移民・難民の受け入れに積極的な国の1つである。多文化共生を重視し、多様性の進展に伴うスタートアップエコシステムが培われてきた。

移民国家ならではの課題が山積

　こうした移民主導型のエコシステムモデルは、異なる文化的背景からの問題解決アプローチやグローバルな視点での市場ニーズの理解といった多様な視点による考え方を涵養する。移民の母国や出身地とのビジネス連携の容易さ、国際展開における文化的障壁の低さ、多言語対応の自然な実現といった強みを有する。実際、多くのカナダやオーストラリアの移民起業家は、米国やアジアの市場とのつながりを生かして事業をスケールアップさせている。

　一方で、このタイプにはビザ制度や資格認定の複雑さといった課題も存在する。そうし

た手続き面のハードルはもとより、移民が増えることによる雇用や地域コミュニティへの統合といった社会的、文化的、あるいは宗教的な摩擦や衝突が表面化し、ひずみが一段と深まっていることこそ、深刻な問題である。スウェーデンは社会問題化しつつある移民をめぐる現状を踏まえて、1人当たり500万円相当の帰還手当を措置して自主的な帰還を促している。

　翻って日本でも、外国人研修生などを含む実質的な移民の増加をめぐり、議論が喧しくなりつつあるが、人口全体に占める移民の割合はせいぜい数パーセントである。少子高齢化社会の到来に鑑みれば、日本においてもこの割合の上昇が予想される中、移民大国の先達に当たるこうした国々の政策、その成否は重要な示唆になるだろう。

3章

グローバルITの
プレイヤー

IT といったときに真っ先に思い起こされるのはおそらく、PCやインターネットなど日々の暮らしの中でよく利用する類のものだろう。たしかにPCやインターネットはビジネスや生活にもはや欠かせない存在となった。しかし、それらを支えるハードウェアやインフラ、ソフトウェアやサービスがなければ、ITの利便性を十分に享受することはできない。スマートフォンやタブレットといった日々目にする、手に触れるデバイスにおいても、それらに内蔵されている部品やデバイス上で動作するソフトウェアがなければ、その機能を十分に発揮できない。本章では、そうしたグローバルITを支えるテクノロジーを、ハードウェア、インフラ、ソフトウェア、サービスに大別して、各分野の技術がどのようにIT産業全体の発展を支えているのかを探る。めまぐるしく変化する動向と、そこでの主要なプレイヤーを整理しながら、それぞれの技術がどのように相互に影響を及ぼし合い、未来のデジタル社会を形作っていくのかを考察する。

3/1 ロジック半導体のプレイヤー
CPU、GPU、AI チップ、FPGA

微細化と高集積化が進むロジック半導体

　ロジック半導体は、複雑な計算やデータ処理、アルゴリズムの実行、制御をはじめとした論理的な機能を担う、トランジスタなどの素子を多数集積した半導体である。電子機器の「頭脳」とも呼ばれ、CPU（Central Processing Unit; 中央処理装置）やGPU（Graphics Processing Unit; グラフィックス処理装置）、AIチップ、FPGA（Field Programmable Gate Array）などが含まれる。

　ロジック半導体の世界では現在、最先端の5nm、3nmプロセス技術に見られるように、微細化と高集積化が進んでいる。トランジスタ密度が高く、多機能を1つのチップに統合するSoC（System on Chip）の技術が確立、普及したことで、微細で高集積のチップがスマートフォンやIoT機器を中心に幅広いデバイスに搭載されている。FPGAなど一部のロジック半導体では、構造を後からプログラムできるため、設計の柔軟性が大きな特徴となっている。

　特に、AI全盛の昨今は、NVIDIAの独壇場とも言える GPUの需要が急拡大している。GPUはもともと画像・映像処理の用途で開発されていたが、その並列処理能力の高さからAI向けに広く使われるようになった。

　このほか、特定用途向けに設計されたASIC（Application Specific Integrated Circuit）は高性能・低消費電力タイプで、大量生産に適している。

　主要な企業として、データセンターでのAI半導体の需要爆増で飛ぶ鳥を落とす勢いのNVIDIAは GPU市場を牽引する。米国勢が強く、古豪のIntelはCPU市場のリーダーで、IDM（垂直統合）モデルを軸に自社設計・製造を長く続ける。 Appleはモバイル向けに最適化した自社設計チップの開発に余念がない。また、Qualcommはスマートフォン向けSoCで名を馳せる。

　手広く事業を展開するSamsung Electronicsもロジック半導体分野で存在感を放つ。

オランダのAMD（Advanced Micro Devices）は高性能CPU、GPUを提供する。一方、TSMC（Taiwan Semiconductor Manufacturing Company、台湾積体電路製造）は最先端プロセス技術を持つ世界最大のファウンドリ（半導体受託製造）として知られる。

微細化技術が相当に進み、その限界に直面しつつあることや、地政学的リスクによるサプライチェーンの不安定化といった課題はあるものの、時代時代に応じて進化してきたロジック半導体の歴史を顧みれば、新構造のトランジスタ、チップなど技術革新は今後も続くと期待されている。

図:半導体ファウンドリの世界シェア（2024年7月現在）

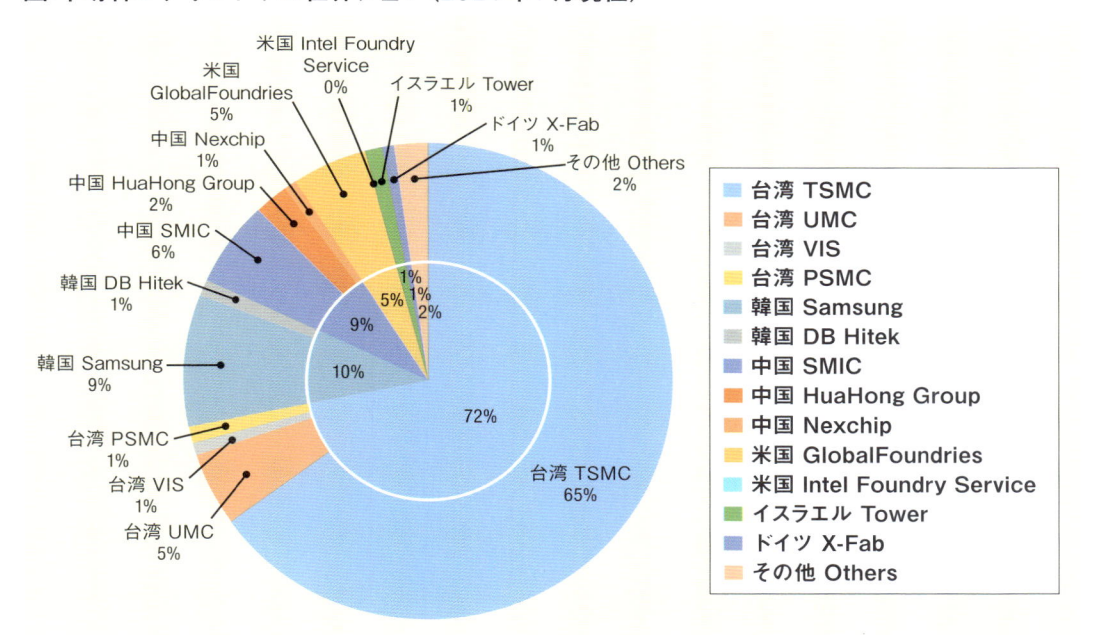

出典：TrendForce「Global Foundries' Revenue」を基に作成。白丸の中は国別のシェア

3/2 半導体メモリのプレイヤー
DRAM、SRAM、NAND フラッシュ、NOR フラッシュ、3D XPoint

微細化と高密度化が進む半導体メモリ

　半導体メモリは、データを一時的または半永続的に保存するための半導体デバイスで、電子機器の記憶装置として利用される。電気的な信号でデータを記憶し、必要に応じて読み書きを行い、コンピュータ、スマートフォン、IoTデバイスなど、様々な機器に組み込まれる。微細加工技術により、小さなチップに大量のデータを記憶できる高密度化が数十年かけて進められてきた。

　半導体メモリは一時保存するか永続保存するかによって、揮発性のDRAM（Dynamic Random Access Memory）やSRAM（Static Random Access Memory）と、不揮発性のNANDフラッシュなどに大別され、それぞれの特性に合わせた用途に使われる。中でもSSD（Solid State Drive、ソリッドステートドライブ）はフラッシュメモリを使用した半導体ストレージで、高速データアクセス、低消費電力、優れた静音性や耐衝撃性といった特徴を持つ。NANDをはじめとしたSSDの市場はSamsung ElectronicsやIntelのNAND事業を引き継いだSK Hynixといった韓国勢、米国のWestern DigitalやKingston Technology、日本のキオクシア（旧東芝メモリ）といった大手ベンダーが激しく競争し、革新的な新製品の研究開発に多額の投資を行っている。

図：半導体メモリの比較

種 類	特 徴	用 途	揮発性／不揮発性
DRAM	高速アクセス、容量大。データを保持するために周期的なリフレッシュが必要	コンピュータの主記憶装置(メインメモリ)、ワークステーション、サーバ	揮発性
SRAM	リフレッシュが不要で超高速アクセス。高コストで小容量	CPU キャッシュメモリ	揮発性

種類	特徴	用途	揮発性／不揮発性
NAND フラッシュ	大容量、低コスト、読み書き速度中程度。書き込み回数に制限	SSD、USB メモリ、SD カード、スマホストレージ	不揮発性
NOR フラッシュ	高速読み出し、小容量、高コスト	ファームウェアストレージ	不揮発性
3D XPoint	DRAM と NAND の中間、高速	高性能ストレージ	不揮発性

図：DRAM と NAND の市場規模

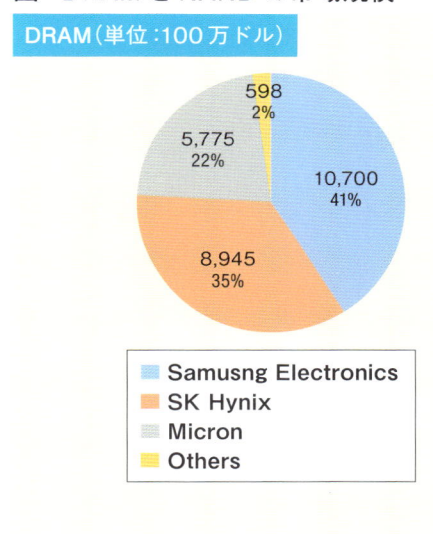

DRAM（単位：100万ドル）

- Samusng Electronics
- SK Hynix
- Micron
- Others

10,700 41%
8,945 35%
5,775 22%
598 2%

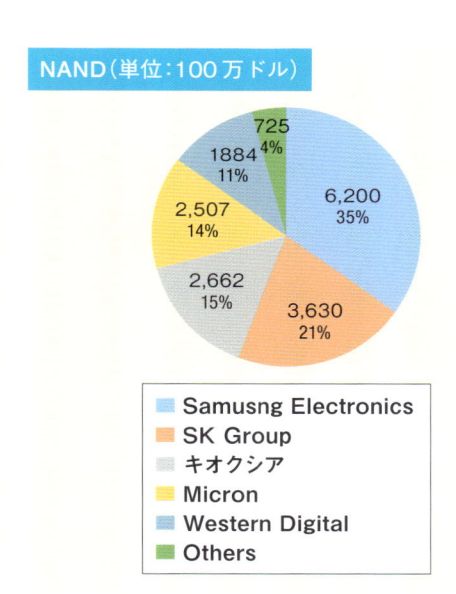

NAND（単位：100万ドル）

- Samusng Electronics
- SK Group
- キオクシア
- Micron
- Western Digital
- Others

6,200 35%
3,630 21%
2,662 15%
2,507 14%
1884 11%
725 4%

出典：TrendForce のデータを基に作成、いずれも2024年7～9月期

図：SSD の市場規模（単位：10億ドル）

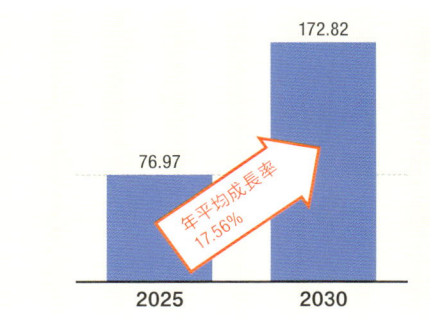

172.82
76.97
年平均成長率 17.56%
2025
2030

出典：Mordor Intelligence

連続的な信号を処理・増幅・変換・制御する半導体デバイス

　アナログ半導体は、電圧や電流などの連続的な信号を処理、増幅、変換、または制御するための半導体デバイスである。身の回りにある様々な電子機器において、外界から得られる音、光、温度といったアナログ信号をデジタル信号に変換したり、デジタル信号をアナログ信号に変換したりする役割を担う。デジタル信号を処理するデジタル半導体と対比される。

　アナログ半導体は、センサを介してアナログ信号をそのまま扱うような連続的な信号処理、アナログ⇔デジタル（A/D⇔D/A、アナログデジタル変換器/デジタルアナログ変換器）変換による音声信号のデジタル化のような信号変換を担う。高精度制御や低消費電力といった特性により、スマートフォンや車載デバイス、医療機器や産業用制御機器、IoTデバイスやバッテリー駆動機器などに組み込まれる。

　アナログ半導体の主要部品の1つである、積層コンデンサは、アナログ回路において、ノイズ除去、カップリング、バイパスなど、様々な役割を果たす。特に、高周波回路においては、その小型で高周波という特性から、オペアンプ（Operational Amplifier）やADC（アナログデジタル変換器）、DAC（デジタルアナログ変換器）として使われ、ノイズに強い性質を持つ。

　アナログ半導体の主要企業には、電源管理IC分野で広範なパワーマネジメントソリューションを手掛ける古参のTexas Instruments（TI）や 精密な電源管理製品を得意とするAnalog Devices（ADI）、ADIによって買収された携帯機器向け省電力ICのMaxim Integrated、ON Semiconductorなどの米国勢が目立つ。そのほか、ドイツのInfineon Technologies、日本のロームなどがある。これらの企業のうち、TIやADIはオペアンプの分野でも競争力が高く、スイスのSTMicroelectronicsは汎用オペアンプ製品、日本のルネサスエレクトロニクスは自動車・産業の用途に強みを持つ。

　センサ用ICでは、ドイツのBosch SensortecやSTMicroelectronics、Infineon Technologies、オーストリアのAMS Osramといった欧州勢が目立ち、日本のTDK、アルプスアルパインなども一定のシェアを確保している。RF（高周波）ICの分野では、モバイルデバイス向けRFチップを手掛けるQualcomm、Wi-FiおよびBluetooth対応製品のBroadcom、車載通信向けRFソリューションのNXP Semiconductors、台湾のMediaTek、日本の村田製作所などが有名だ。

　日本勢は他にも、電子部品の基盤となるセラミックパッケージを手掛ける京セラ、世界のCCD（Charge Coupled Device、電荷結合素子）市場を席巻するイメージセンサ分野の大手ソニーセミコンダクタソリューションズ、電機大手グループのパナソニックインダストリーや日立ハイテク、GaNデバイスの需要が高まるパワー半導体分野では東芝デバイス＆ストレージや三菱電機がそれぞれ存在感を増している。

　アナログ半導体は高度な設計技術を要し、デジタル化が進む現代においても、信号処理をはじめ依然として重要な役割を担い、今後もその需要は底堅いとみられる。

図：アナログ半導体とデジタル半導体の違い

種　類	特　徴	主な用途
アナログ半導体	連続的な信号を処理	音声増幅、センサインターフェース、電源回路
デジタル半導体	離散的な信号を処理	CPU、メモリ、ロジック回路

図：アナログ半導体関連の主要な事業者

事業者	主要製品	特　徴
Texas Instruments	オペアンプ、ADC、DAC	幅広い製品ラインナップ、高精度、低消費電力
Analog Devices	高精度ADC、DAC、信号処理IC	医療機器、産業機器向けの高性能製品
ON Semiconductor	パワー半導体、ディスクリート半導体、アナログIC	自動車、産業機器向け
STMicroelectronics	マイクロコントローラー、アナログIC、ディスクリート半導体	自動車、IoT向け
NXP Semiconductors	マイクロコントローラー、パワー半導体、セキュリティIC	自動車、IoT向け

図：日本が強いアナログ半導体の分野

事 業 者 名	強 み の 分 野
村田製作所	・積層セラミックコンデンサ（MLCC）：世界トップシェア ・RF（高周波）コンポーネント：通信デバイス向け
京セラ	・セラミックパッケージ：電子部品の基盤となるパッケージ ・光学通信モジュール
ローム（ROHM）	・電源管理 IC：高効率で小型化に優れた製品 ・オペアンプやアナログスイッチ
ソニーセミコンダクタソリューションズ	・イメージセンサ：カメラやセキュリティ用途におけるリーダー ・車載向け高精度センサ
日立ハイテク	・アナログ IC 試験装置：半導体の品質管理や開発向け ・アナログ IC 設計ツール
東芝デバイス＆ストレージ	・パワー半導体：モータードライバ IC や電源管理 IC ・LED 用ドライバ IC
パナソニックインダストリー	・電子部品（インダクタ、コンデンサ）：産業機器や車載用途に強み ・温度センサ
アルプスアルパイン	・モーションセンサ：車載用センサ ・MEMS 技術によるアナログデバイス
TDK	・磁気センサー：ホールセンサや MR センサ ・インダクタ（コイル）：電源回路向けの重要部品
旭化成エレクトロニクス（AKM）	・A/D・D/A コンバータ：高精度変換技術で音響や産業機器に強み ・センサ IC（磁気、加速度）
ルネサスエレクトロニクス	・オートモーティブアナログ IC：車載用アナログ半導体 ・マイコンと統合されたアナログソリューション

3 / 4 ｜ ストレージのプレイヤー
HDD、テープストレージ

デジタルデータを記録、保持し、消去、上書きできるハードウェア

　ストレージ（Storage）とは、デジタルデータを記録、保持し、必要に応じて消去や上書きができるハードウェアの総称である。コンピュータの「記憶装置」であるストレージには、先述のSSDのほか、HDD（Hard Disk Drive、ハードディスクドライブ）、テープストレージなどが利用される。

　HDDは磁気ディスクを使用した機械式ストレージで、大容量データの保存に適しており、データ量当たりの価格は比較的安い。テクノ・システム・リサーチによれば、2023年のHDD世界出荷台数シェアは、1位が米Seagate Technology（42.9％）、2位が米Western Digital（WD、37.3%）、3位は東芝（19.8%）だった。

　HDDの生産はタイ、マレーシア、フィリピンといった東南アジアが中心である。電子部品のサプライチェーンが主にアジアで確立されているためだ。かつてはタイに集中していたが、2011年にタイが大洪水に見舞われた際には、世界のHDD供給に大きな影響が出たために、その後メーカーが生産拠点の分散化を進めた。また、従来中国も一大生産拠点だったが、中国製品のデカップリングの観点から、拠点閉鎖の動きが強まっている。

図：HDD の構造

アーム
プラッタ（磁気ドライブ）
スピンドル
アクチュエーター

他方、磁気テープでデータを保存するテープストレージは、大容量データの長期保存に適しているため、主にアーカイブやバックアップの用途で使われる。1本のテープで数テラバイトからペタバイト規模のデータを保存でき、環境条件が整っていれば、10〜30年以上の保存が可能である。データ量当たりの保存コストがHDDやSSDと比べて安価で済み、オフラインストレージとして利用すればランサムウェアやサイバー攻撃の影響を受けにくくできるため、セキュリティの観点からも望ましいとされる。ただし、シーケンシャルアクセス（記憶装置に保存されているデータを先頭から順番にアクセスして読み書きする方式）でアクセス速度が遅いため、頻繁なデータ操作が求められる場合には不向きといった難点もある。

　テープストレージを手掛ける主要企業としては、LTO（Linear Tape-Open）規格標準化の主要メンバーで磁気テープ技術のリーダー的存在のIBMや、Hewlett Packard Enterprise（HPE）のほか、富士フイルムやソニーといった日本勢も存在する。ただし、この分野でも一時隆盛を誇った日本勢の影は薄い。

図：SSD と HDD の比較

特徴	SSD	HDD
仕組み	半導体メモリ	磁気ディスク
アクセス速度	高速	比較的低速
静音性	静か	駆動音がある
消費電力	低い	高い
耐衝撃性	高い	低い
価格	高い	安い
容量	比較的小容量	大容量
主な用途	システムドライブ、システム起動、アプリの高速化、頻繁にアクセスするデータ	データのバックアップ、大容量のデータ

図：HDDの市場規模（単位：10億ドル）

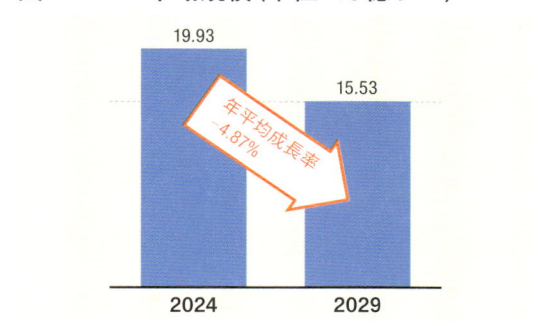

年平均成長率 -4.87%

19.93 (2024)
15.53 (2029)

出典；Mondor Intelligence

データの入力・出力・記憶・制御・演算機能を統合した情報処理装置

　コンピュータは、データの入力、出力、記憶、制御、演算といったコンピュータの5大機能を統合した情報処理装置であり、ITシステム中核を成すハードウェアである。利用目的や性能に応じてパーソナルコンピュータ（PC）のほか、いくつかの種類に分けられる。PCは、個人向けの最も汎用性の高い製品で、デスクトップ型やノート型がある。比較的安価で広く普及し、その用途は、文書作成や表計算、プレゼンテーション、インターネット閲覧や電子メール送受信、ゲーム、マルチメディア、小規模なプログラミングやデータ処理など多岐にわたる。

　PCサーバ（PC server）とは、一般的なパソコン製品と共通の技術や仕様、部品などを用いて設計、製造されたサーバコンピュータ。一般に簡易な構造で低価格なものが多いが、データベースサーバやファイルサーバ、Webサーバやアプリケーションサーバなどの用途向けに一部機能を拡張したものもある。多くはIntelのx86系のCPUが使用されているが、AIサーバではGPUが使われている。

　ワークステーション（WS、Workstation）は、エンジニアやデザイナーといった専門家向けのコンピュータで、CAD設計、映像編集、科学技術計算などの高度な処理、高性能なグラフィックス処理や専門的な計算処理が可能である。

　メインフレーム（Mainframe）は、大規模なデータ処理やトランザクション処理を目的に24時間365日の稼働を想定し、高い耐久性と信頼性を具備した設計となっている。大量のデータの高速処理が可能であり、銀行や保険業界でのトランザクション処理や航空機の予約システムに使われ、多数ユーザーが同時接続できる。

　スーパーコンピュータ（Supercomputer）は、世界最高レベルの処理能力を持ち、科学技術計算やシミュレーションを専門とするコンピュータである。多数の高性能プロセッサが同時に動く並列処理で、特定の計算処理に最適化した設計となっている。膨大なデー

タをリアルタイムで高速処理することができ、天気予報や気候変動シミュレーション、医薬品開発、宇宙探査、素粒子シミュレーションといった分野で能力を発揮する。

なお、ミニコンピュータ（Minicomputer）、通称「ミニコン」は中規模の処理能力を持つコンピュータで、メインフレームとワークステーション・PCの間に位置する。かつて中規模のシステムや、特定の機能に特化したシステムで利用されていたが、現在はほとんど使用されていない。

図：種類別のコンピュータの特徴

種類	特徴	性能	価格	主な用途	主要な事業者
パソコン	個人利用や通常のビジネスでの使用を主目的とした、小型の汎用コンピュータ	低～中	低～中	文書作成、インターネット、メール送受信など	Leonovo、HP、Dell、Apple、ASUS、Acer
PCサーバ	様々なサーバの用途に向けた、汎用コンピュータ	低～中	低～中	DBサーバ、Webサーバ、アプリケーションサーバなど	Dell、HP、Lenovo、NVIDIA
ワークステーション	高性能な処理能力を有する、専門用途向けに設計されたコンピュータ	中～高	中～高	CAD/CAM・3DCG制作、科学技術計算、動画編集	HP、Dell、Lenovo、ASUS、富士通
メインフレーム	大規模な処理を担う、高信頼性の大型コンピュータ	高	高	銀行や保険の基幹系システム、航空予約システム、大規模データベース	IBM、富士通、日立製作所、NEC、Unisys、Atos
スーパーコンピュータ	科学技術計算やシミュレーションを専門とし、世界最高水準の演算性能を持つコンピュータ	世界最高クラス	非常に高価	天気予報、気候シミュレーション、核融合シミュレーション、宇宙物理学やAIモデルのトレーニング	富士通、IBM、HPE/Cray、Lenovo、NEC、NVIDIA、Atos

PLAYERS OF MOBILE DEVICE

モバイルデバイスのプレイヤー

スマートフォン、タブレット、スマートウォッチ

小型軽量で持ち運び可能な電子機器の総称

　モバイルデバイス（Mobile Device）とは、小型軽量で持ち運び可能な電子機器の総称である。充電式バッテリーなどの独立した電源を持ち、Wi-FiやBluetooth、4G/5Gなどの搭載された無線通信技術を通じてネットワークに接続し、タッチパネルや物理ボタン、マイクやスピーカー、カメラなどの入出力装置を備えている。コンピュータ内蔵型の代表的なモバイルデバイスには、スマートフォンやタブレット端末のほか、スマートウオッチやスマートグラスなどのウェアラブルデバイス、オーディオプレーヤー、携帯ゲーム機などがある。

　1946年に開発された世界初のコンピュータ「ENIAC」などの大型電算機の登場以降、コンピュータのロジック半導体は「ムーアの法則」に沿って微細化が進み、それに伴ってモバイルデバイスの小型化も進んだ。1990年後半以降、携帯電話の技術革新は目覚ましく、電話機能以外にカメラやブラウザといった機能が次々と足されていった。

　特に2007年に米Appleから生まれたiPhoneは、人間の生活スタイルや仕事の仕方を大きく変えた。iPhoneはアプリの追加・バージョンアップにより、新しい機能を装備することも可能だ。さらに、Googleがスマートフォン向けのAndroid OSをリリースしたことで、Androidスマホも登場し、スマートフォンの開発競争が激化した。直近の2024年のスマートフォンの世界市場では、米国のApple、韓国のSamsung、中国のXiaomiやOPPOやHuaweiの手掛ける端末が全体の9割を占める。かつて日本勢が幅を利かせた携帯端末市場は「ガラパゴス化」し、撤退の憂き目に遭った。

　iPhoneが大当たりしたAppleは攻勢を強め、2010年にiPad、2015年に腕時計型のApple Watchを発売し、モバイルデバイスの新市場を開拓していった。またMicrosoftもSurfaceシリーズを発売し、タブレット製品に力を入れた。現在では、眼鏡型のスマートグラスやHMD（Head Mounted Display、ヘッドマウントディスプレイ）、指にはめ

162

て心拍数などを測定して健康管理につなげるスマートリングなども提供されるようになっている。スマートグラスやHMDは、内蔵されたマイクやカメラを介して、通話可能な機種が多く、アプリとの連動型が主流となっている。HMDとしては、MetaやAppleのほか、中国のPicoなどが人気である。ARグラスもHMDも、デバイスの軽量化と低価格化が課題とされている。

AppleやGoogleのモバイルデバイスは、端末の設計を米国などで、製造を中国、台湾、インドなどが担う分業制が定着して久しい。そのため、ある程度低コストでの提供が可能になっている。一方、Huawei、Lenovo、Xiaomiなどの中国メーカーは、国内で設計から製造のすべてを行っている。この垂直統合モデルが米国メーカーよりも安価な端末を提供し、途上国を中心に支持を広げてグローバルでシェアを獲得した。

ただし、中国メーカーから中国政府へのデータ漏洩についての不信が高まっていることから、米国を中心として先進国で「脱中国」の動きが強まっている。こうしたPCや半導体でのデカップリング・脱中国の流れは、今後一層加速していくと見込まれる。

図：世界のスマートフォン市場予測

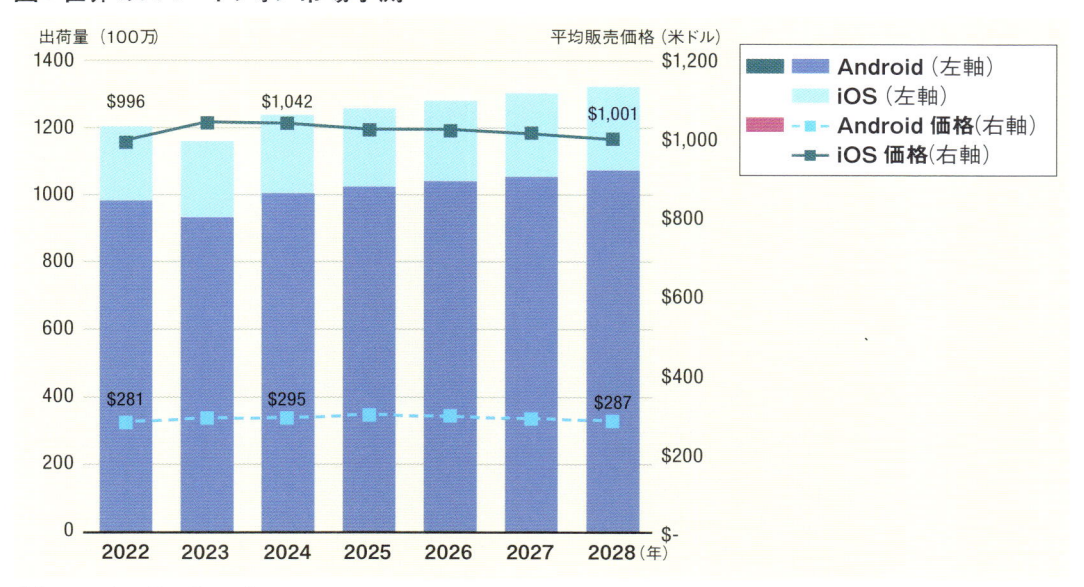

出典：2024年11月26日 IDC 「Worldwide Smartphone Market Forecast to Grow 6.2% in 2024, Fueled by Robust Growth for Android in Emerging Markets and China, According to IDC」

図：世界のスマートフォン市場シェア予測

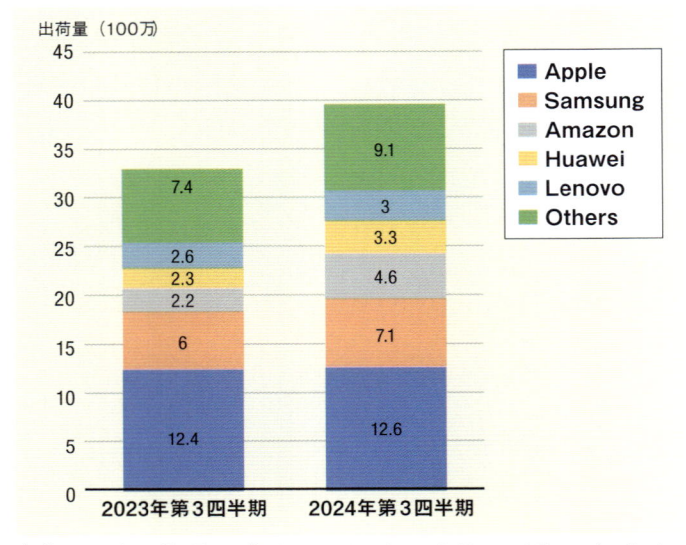

出典：2024年11月1日IDC「IDC Worldwide Quarterly Personal Computing Device Tracker, November 1, 2024」を基に作成

3/7 コンピュータ周辺機器のプレイヤー
入力装置、出力装置、記憶装置、通信機器、拡張カード

入出力や記憶、演算や制御などを補助するハードウェア全般の総称

　コンピュータ周辺機器（Peripheral Devices）とは、コンピュータ本体に接続され、データの入出力や記憶、演算や制御などを補助するハードウェア全般の総称である。ITシステム全体の利便性や操作性を向上させ、用途に応じて選択する。周辺機器は、入力装置、出力装置、外部記憶装置、拡張カード・拡張機器などに分類できる。

　入力装置はコンピュータにデータを送るためのデバイスで、キーボードやマウス、スキャナーやウェブカメラ、マイクロフォンなどが該当する。出力装置はコンピュータからのデータをユーザーに提供するデバイスで、モニターやプリンター、スピーカーやプロジェクターなどがある。なお、スキャナー、プリンター、コピーの機能が一体となった複合機のように、入出力両用機器もある。

　データを長期的に保存するために使用される記憶装置には、メモリカードやUSBメモリ、磁気テープや光ディスクなどがあり、接続端子（接続コネクタ）を介してコンピュータ本体にアクセスする。そして、コンピュータの性能を拡充する拡張カード・拡張機器には、高性能な映像処理に使うグラフィックカードや高品質な音声処理のためのサウンドカード、ポート数を増やすドッキングステーションなどが該当する。

　プリンターやプロジェクターなど比較的大型の周辺機器の分野では、日本のエプソンやキヤノンが市場で存在感を放ち、それ以外の細かな周辺機器はスイスLogitech Internationalの子会社ロジクールや台湾のBenQのほか、エレコム（大阪府）やバッファロー（愛知県）、サンワサプライ（岡山県）、アイ・オー・データ機器（石川県）などの日本勢も健闘している。ただ、生産拠点は中国や台湾など海外にあるケースが目立つ。

　周辺機器の最近のトレンドとしては、BluetoothやWi-Fi技術の活用による「ワイヤレス化」、複数の機能を1つの機器に統合した「多機能化」、携帯性や軽量性を重視した「ポータブル化」、IoTデバイスと連携した「スマート化」が進んでいる。

図：コンピュータ周辺機器関連の主要な事業者

事業者名	主な製品	主な生産拠点・地域
ロジクール	マウス、キーボード、ヘッドセットなど	中国、台湾、メキシコなど
エレコム	ケーブル、アダプター、周辺機器など	中国、日本
バッファロー	NAS、ルータ、ネットワーク機器など	中国、日本
HP	プリンター、スキャナー、モニターなど	中国、米国、メキシコなど
エプソン	プリンター、スキャナー、プロジェクターなど	日本、中国、インドネシアなど
キヤノン	プリンター、スキャナー、デジタルカメラなど	日本、中国、マレーシアなど
BenQ	モニター、プロジェクターなど	台湾、中国
アイ・オー・データ機器	外付け HDD、USB メモリ、ネットワーク機器など	日本、中国
サンワサプライ	ケーブル、アダプター、周辺機器など	中国、日本
Microsoft	Xbox コントローラなど	中国、米国、メキシコなど

ネットワーク機器のプレイヤー
ルータ、スイッチ、ブリッジ、ファイアウォール

データの送受信を管理・制御するためのハードウェア

　ネットワーク機器とは、コンピュータネットワーク上でデータの送受信を管理・制御するためのハードウェアである。データ通信の効率化、安全性や信頼性の向上を実現する役割を果たす。主要なネットワーク機器には、ルータ、スイッチ、ブリッジ、ゲートウェイ、ファイアウォールなどがある。

　ルータ（Router）は異なるネットワーク間でのデータ送受信を中継する機器であり、インターネットとローカルネットワーク（LAN）をつなぐネットワーク間接続や、データパケットの送信先に応じて最適なルートを決定する経路選択を担う。スイッチ（Switch）は、LAN内でデバイス同士を接続し、データの衝突を防ぎながら効率的に正しいデバイスに転送する機器で、ハブの機能を高度化し、VLAN（仮想LAN）作成によるネットワークの分割も可能である。

　ブリッジ（Bridge）は、ネットワークセグメント（部分）を接続し、データフレームを必要なセグメントに転送する機器であり、小規模ネットワークを統合する「セグメント接続」や、データ送信を限定して不要なトラフィックを削減する「データ転送制御」を行うゲートウェイ（Gateway）は、IPv4とIPv6のように異種の通信プロトコルの変換をしたり、異なるネットワーク構造を持つシステム間を接続したりといったデータ変換を司る。ファイアウォール（Firewall）は、許可された通信のみを通過させ、不正アクセスを遮断するといったネットワークトラフィックの監視・制御を担う。

　ネットワーク機器に関連する主な企業としては、最大手のCisco SystemsをはじめJuniper NetworksやPalo Alto Networks、Fortinetといった米国勢のほか、中国のHuaweiやフィンランドのNokia、イスラエルのCheck Pointなどがある。Huaweiなどの中国勢は低価格帯の製品を売りにしているが、昨今の米中対立を背景としたデカップリングにより、中国製品排除の動きは加速している。特にネットワーク機器といったセキュ

リティに関する分野では中国製に対する不信感が高まっている。トランプ新政権が動き出した2025年以降、市場から中国製品が締め出される動きが強まっていくとみられる。

図：ネットワーク機器関連の主要な事業者

事業者名	特徴
Cisco Systems	ネットワーク機器のトップシェアを誇り、幅広い製品ラインナップを展開
Juniper Networks	高性能なルーティング製品に強みを持ち、大規模ネットワークに適している
Palo Alto Networks	次世代ファイアウォールを中核としたセキュリティソリューションを提供
Fortinet	統合脅威管理（UTM）製品を提供し、ネットワーク全体のセキュリティを強化
Huawei	コストパフォーマンスが高く、世界中で広く利用されている
Nokia	SDN（Software-Defined Networking）や NFV（Network Functions Virtualization）といった次世代ネットワーク技術に力を入れている
Check Point	ファイアウォールや VPN のサービスを提供、多層防御によるセキュリティ対策に強み

PLAYERS OF SEMICONDUCTOR MANUFACTURING EQUIPMENT

半導体製造装置のプレイヤー

フォトリソグラフィ、エッチング、CVD、ダイシング、ボンディング、モールドなど

半導体チップの製造に使用される機器やシステム

　半導体製造装置は、半導体チップの製造に使用される機器やシステムである。シリコンウエハ上に集積回路（IC、Integrated Circuit）を形成する半導体製造装置は、ナノメートル単位の極めて精密な加工を行うため、高度な技術力が求められる。近年は半導体のさらなる高性能化と微細化に伴い、装置1台当たりの価格が高騰している。

　製造プロセスは、ウエハの加工からチップ完成までの「前工程」と、組み立てや検査を行う「後工程」に大きく分けられる。前工程は、フォトリソグラフィ、エッチング、CVD（Chemical Vapor Deposition、化学気相堆積）などに代表されるシリコンウエハ上に回路パターンを形成する工程。これに対し、後工程は、ダイシング、ボンディング、モールドなど、ウエハを個々のチップに分割し、パッケージングする工程となる。

　半導体製造の産業において、日本企業は長年存在感を発揮し続けている。原材料においては、シリコンウエハで約60%、フォトレジストで約70%、特殊ガスで約50%と、日本企業は圧倒的なシェアを誇る。この実績は、高度な品質基準を満たす生産能力が評価されていることに加えて、原材料の特性改良や新材料開発の優位性、安定供給能力の賜物である。原材料分野における代表的な企業としては、シリコンウエハで世界トップシェアの信越化学工業、高純度シリコンウエハを強みとするSUMCOのほか、JSRや東京応化工業、大陽日酸、三菱ケミカルなどがある。

　半導体製造装置の分野では、成膜装置やエッチング装置で世界的リーダーの東京エレクトロン（TEL）、洗浄装置で高いシェアを誇るSCREENホールディングス、半導体リソグラフィ装置を製造するニコン、キヤノン、半導体検査装置の大手のアドバンテスト、ウェハ切断・研削装置特化型のディスコ（DISCO）など、日本勢は半導体製造のほぼすべての工程を担っている。一方、EUV（Extreme Ultraviolet、極端紫外線）露光装置で世界最大手のオランダの ASMLや、成膜をはじめ幅広い製造装置を手掛ける米Applied

Materials（AMAT）のほか、Lam Research（エッチング装置）、KLA（検査・測定装置）など海外勢も鎬迫り合いを演じる。

技術革新と国際競争が続くことが予想される中、日本企業は高い技術力と品質管理能力を生かし、特に材料分野での強みを維持しながら、グローバル市場での競争力を高めていくことが期待されている。

図：半導体製造装置関連の主要な事業者

工程	事業者名	主な製品・分野
EUV 露光装置	ASML	「世界一精密な装置」と言われる EUV 露光装置の製造を唯一手掛ける
リソグラフィ	ニコン	半導体露光装置（ステッパー、スキャナー）
	キヤノン	中型・小型露光装置、液晶ディスプレイ用装置
成膜（CVD/PVD）	東京エレクトロン（TEL）	CVD 装置、PVD 装置
	Applied Materials（AMAT）	成膜装置の分野で世界トップシェアを争う
洗浄装置	SCREEN ホールディングス	半導体ウエハ洗浄装置で世界シェアの高い地位を占める
	東京精密	ウエハ表面の精密洗浄装置
エッチング	東京エレクトロン（TEL）	高精度エッチング装置
	SCREEN ホールディングス	一部のエッチングプロセスで競争力を持つ
	Lam Research	エッチングや成膜技術に強みを持つ米企業。TSMC など主要ファウンドリに製品提供
ウエハ切断・研磨	ディスコ	ウエハ切断装置（ダイシングソー）、研磨装置（CMP）
検査・計測	アドバンテスト	半導体テスター（検査装置）の世界的リーダー
	KLA	ウエハ検査や欠陥分析装置で世界トップシェアの米企業
	東京精密	ウエハやチップの寸法測定・検査装置

図：半導体原材料における日本企業のシェア

主要製品	日本企業のシェア
シリコンウエハ	約60%
フォトレジスト	約70%
特殊ガス	約50%
化学材料	約40%
パッケージ材料	約30%

データセンター、クラウド基盤のプレイヤー
コロケーション、ハイパースケーラー

サーバを 24 時間 365 日安定運用するためのインフラ

　昨今のAIブームを背景に、データセンター（Data Center、DC）の新増設のニュースに触れる機会が増えてきた。ユーザー企業のサーバを24時間365日安定運用するために設計された堅牢な施設であるデータセンターは、生成AIの利活用が広まっている昨今、需給は常に逼迫している。NVIDIAのGPU搭載のサーバを棚いっぱいに満載したデータセンターが高稼働を続ける。特に、米国や中国、インドといったAIをはじめとするデータ処理の需要地で新増設が加速している。拠点となるのは、世界各地域の拠点・ハブとなるような国、たとえば東アジアは日本、東南アジアならシンガポール、南米ならブラジルといった具合だ。

　昨今のデータセンターのヘビーユーザーは、「ハイパースケーラー」と呼ばれるクラウド事業者、すなわちGoogleやMicrosoft、Amazonといった米系ビッグテック各社である。ハイパースケーラーのほか、共同利用型のデータセンターを間貸しする「コロケーションサービスプロバイダー」事業者で、最大手のEquinixを筆頭に、Digital Reality、CyrusOne、Iron Mountain Data Centersなど米国企業が目立つ。

　また、データ需要家である通信会社も各国・地域で自身や顧客用に新設を急ぐ。中国ならChina Telecom、China Mobile、日本はNTTコミュニケーションズ、他にシンガポールのSingapore Telecommunications（Singtel）、スペインのTelefónicaなど、各地域の通信大手が中核のデーターセンター運営を担う。

　データ処理というセキュリティ上、極めて機微な情報を扱う施設であり、各国政府は地政学上の緊張の観点から、中国を回避する動きが顕著になっている。一方、人気SNSのTikTokは親会社の中国ByteDance（字節跳動）とは一線を画す形で、主に欧州顧客向けのデータセンターをノルウェーに建設している。ただ、米国においてはTikTokの禁止措置が発効されるなど、米中対立の深刻さが増している。

172

　日本国内では、「データセンター銀座」と言われる千葉県印西市が代表的な地域でAmazonやGoogleの巨大施設が林立する。また日本では、NTTデータや富士通、さくらインターネットといったIT企業のほか、大和ハウス工業、三菱地所とDigital Realityとの合弁のMC Digital Reality、セコム傘下のアット東京など、異業種が入り乱れている。また、政府もデジタル田園都市構想の一環として、地方でのデータセンター運用を後押しする。北海道石狩市など、地方創生も絡めてデータセンターを地方に誘致しようとする動きも特徴的である。

　また、クラウドサービス普及に伴い、多数の仮想的なコンピュータの運用に必要な「仮想化基盤（virtualization infrastructure）」などクラウドを支える基盤サービスの拡充も急務となっている。この分野では、「VMware vSphere」、「Citrix Hypervisor」をそれぞれ手掛けるVMware、Citrixといった専業に定評がある。

　なお、巨大データセンターの高稼働に伴い、電力消費も急増しており、発電設備の確保が目下の課題となっている。象徴的な例として、米国Amazonは急増するAIデータ処理に必要な電力を賄うため、ペンシルベニア州のサスケハナ原子力発電所からAWSのデータセンターへの電力供給を拡大する修正計画を申請した。しかし、2024年11月にはそれが却下されるなど、一筋縄ではいかない状況を呈している。Googleは10月、次世代原子力発電のKairos Powerが開発・設置する小型モジュール原子炉（SMR）からの電力購入計画を発表した。

図：データセンターとクラウド基盤関連の主要な事業者

事業者名	概要
Equinix	世界最大級のデータセンター事業者であり、グローバルに広範なネットワークを持ち、多様な企業にサービスを提供している
Digital Realty	グローバルにデータセンターを展開し、クラウドサービスやコロケーションサービスを提供している
AWS	世界最大のクラウドサービスプロバイダーであり、広範なデータセンターインフラを持つ
Microsoft Azure	Microsoftのクラウドサービスで、世界中にデータセンターを展開している

事業者名	概要
Google Cloud	Google のクラウドサービスで、高性能なデータセンターインフラを提供している
IBM Cloud	IBM のクラウドサービスで、エンタープライズ向けのデータセンターソリューションを提供している
NTT コミュニケーションズ	日本を拠点とし、グローバルにデータセンターサービスを展開している
Singtel	アジアを中心にデータセンターサービスを提供する
Telefónica	欧州とラテンアメリカを中心にデータセンターサービスを展開している
China Telecom	中国国内およびアジア地域で大規模なデータセンターを運営している
KDDI	国内外でデータセンターサービスを提供し、高い信頼性とセキュリティを誇る
ソフトバンク	国内外でデータセンターを運営し、クラウドサービスとの連携も強化している
IDC フロンティア	ソフトバンクグループの一員として、国内各地でデータセンターを展開する
さくらインターネット	国内でデータセンターを運営し、中小企業向けのサービスにも注力している

国際通信ネットワークのプレイヤー

海底通信ケーブル、通信衛星

国際通信ネットワークを支える重要インフラ

ITシステムが扱うデータの増加に伴って、国際通信ネットワークにも高速化、大容量化が求められている。それを支えるのが、世界中に張り巡らされた国際海底ケーブルや、SpaceXの「Starlink」が注目を集めた通信衛星である。その高性能化と保守・管理の徹底により、国境を越えたほぼリアルタイム、超低遅延の通信が可能となり、金融取引や電子商取引といった経済活動、データセンターやクラウドサービスの円滑な稼働が実現している。

国際海底ケーブルは、世界中のインターネット通信やデータ転送の99％を担う、いわば基盤インフラである。ケーブルは現在、総延長が約130万㎞、400本超あり、そのうち約30本が日本とつながる。髪の毛ほどの細さの光ファイバーを何十本も束ねた海底ケーブルは、鋼などの金属や特殊な素材で被覆される。深海での水圧に耐え、サメにかじられたくらいでは切断されない。

海底ケーブルの敷設や管理を手掛ける事業者は、米SubComとフランスのASN（Alcatel Submarine Networks）、そしてNECの3社で、世界シェアの9割を占める。NECは2023年に、敷設実績が累計40万km、地球10周分を突破し、長距離光通信を行うのに必要な海底中継器の出荷台数は7,000台に達したという。加えて、近年はデータ量増加を牽引しているGAFAMが主体的に海底ケーブル敷設に積極的に関わり、Googleの「Quiano」やMetaの「2Africa」といったプロジェクトが進められている。GAFAMはさらに、通信ケーブル敷設が道半ばのアフリカや島嶼部に新たな接続を計画している。

また海底ケーブルの製造を担うのが、世界最大のケーブルメーカーであるイタリアのPrysmian Group、エネルギー分野にも長じたフランスのNexans、ガラスメーカーの米Corningのほか、フジクラや住友電気工業などの日本勢である。

現在、国際通信ネットワークの99％以上が海底ケーブル経由だが、かつては衛星通信

の利用比率が高かった。LEO（地球低軌道）による衛星コンステレーション（多数の人工衛星を連携させて運用するシステム）がビジネスモデルとして確立され始めたことから、今後は衛星通信によるデータ送受信・処理が増えていくと見込まれる。衛星通信の分野は古参企業に加え、SpaceXやAmazon、AST Space Mobileといった米国の新興が続々と参入しており、NTTやKDDIなど日本の通信大手が提携を進めている。

　なお、2024年11月には欧州域内で海底ケーブルが切断されるといった事態が起こり、相当数のスマホ利用者らが通話、通信できなくなるといったトラブルが発生した。海底ケーブルを通じて扱われるデータ量が増え続ける中、その損傷は時に接続先の国・地域のインフラを破壊しかねない。注視が必要だ。

図：世界に張り巡らされた海底ケーブル

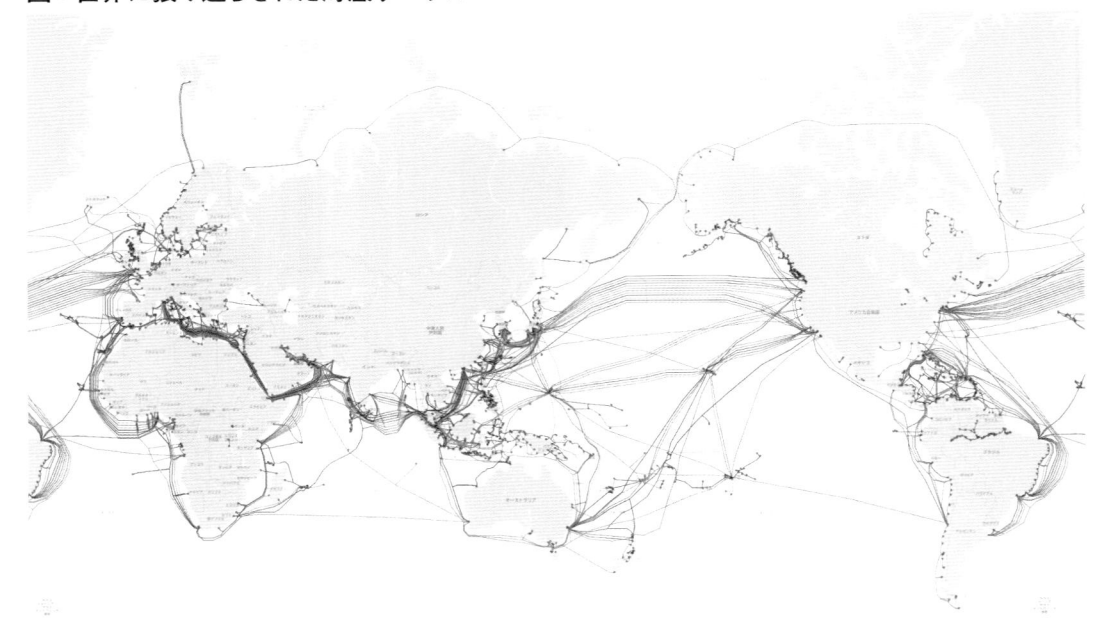

出典：TelegeoGraphy「Submarine Cable Map」

3/12 OSのプレイヤー

クライアント OS、サーバ OS

ミドルウェアやアプリケーションが稼働するための基盤

オペレーティングシステム（OS）は、コンピュータのハードウェアを制御したり、リソースやプロセス、デバイスを管理したり、セキュリティ機能を提供したりすることで、ミドルウェアやアプリケーションが稼働するための基盤となる役割を果たす。具体的には、ハードウェアとソフトウェアの橋渡し、CPU、メモリ、ストレージなどの管理、プロセスの効率化、GUIなどのユーザーインターフェースの提供、ネットワークを通じた通信、外部からのアクセスの制御を担う。

OSはクライアントOSとサーバOSの2種類に大別される。クライアントOSは、個人用のPCやモバイル端末に搭載され、ユーザーが直接操作するために設計されたOSである。グラフィカルなデスクトップ環境やマウス・タッチパネルによる直感的な操作などの扱いやすいGUIを通じたアプリケーション操作やファイル管理、プリンタやカメラなどの外部デバイスとの連携、ブラウザや画像編集ソフトの実行環境の提供、ウイルス対策やユーザー認証といった機能を提供する。Windows、iOS、Android、Linuxディストリビューション（Ubuntu Desktopなど）が代表的なクライアントOSだ。

一方、サーバOSは、ネットワーク上で、複数のクライアント端末にサービスを提供するPCサーバ向けの基本ソフトウェアである。多端末からの同時接続に耐え得る高い安定性と拡張性とセキュリティ性能を備え、障害発生時にもシステムが稼働し続けられる仕組みが求められる。また、ファイル、データベース、アプリケーションなどクライアントが要求するリソースの提供、クライアント-サーバ間を効率的で安全につなぐネットワーク機能、Webサーバやメールサーバ、ファイルサーバやアプリケーションサーバの制御、ユーザー認証の一元管理を担う。サーバOSの代表例には、Linux Server（Red Hat Enterprise Linux、Ubuntu Serverなど）、Windows Server、Oracle Solaris、UNIX系OSなどがある。OSの開発企業・組織は総じて米国をベースとしており、特にサンフ

ランシスコを発信地として世界中に広まっている。

2024年7月、米CrowdStrikeが提供するセキュリティソフトウェアのアップデートが原因となり、世界で約850万台のWindows端末でシステム障害が発生した。この問題は多くの国で影響を及ぼしたが、中国はほとんど影響を受けなかった。この出来事は中国のメディアで広く報道され、米国の輸出規制と技術制裁の強化を背景に、「CentOS 7」のサポートが6月に終了したことも後押しとなり、中国産OSの普及を加速させようという動きが見られた。

報道によると、中国が今回の大障害を回避できたのは、CrowdStrike製品が国内でほとんど利用されていなかったためだ。国家安全保障を確保するため、中国政府は外国製ソフトウェアへの依存を避け、国内技術の開発に力を入れてきた。例えば、華為技術（Huawei）は独自の「HarmonyOS」やプロセッサを開発している。セキュリティソフトも同様に、米国製品を導入する中国企業はほとんどない。中国では国内向けのサービスは国内のサーバで運用する必要があり、米Microsoftも中国向けのサービスを世界から分離する形で事業を展開している。外国企業が市場に参入しにくい一方、中国企業が台頭する構図となっている。実際、中国のサイバーセキュリティ市場は、主に国内企業によって占められている。

図：クライアントOSとサーバOSの違い

項目	クライアントOS	サーバOS
目的	個別ユーザーの直接作業	他のコンピュータにサービス提供
操作性	GUI重視	CLIや特化型UI
性能	一般的な用途、ローカル作業向けの最適化	大量アクセス・大量データの負荷処理に対応
ユーザー数	単一ユーザー	複数ユーザー
セキュリティ	個人情報保護が重要	システム全体の安定性が重要
例	Windows 11, macOS	Windows Server, Red Hat Enterprise Linux

図：クライアント OS とサーバ OS 関連の主要な事業者

事業者名	クライアント OS	サーバ OS
Microsoft	Windows 11、Windows 10	Windows Server 2025、Windows Server 2022
Apple	Mac OS	Mac OS Server
Google	Chrome OS	
Canonical	Ubuntu Desktop	Ubuntu Server
Red Hat（IBM）	Red Hat Enterprise Linux Desktop	Red Hat Enterprise Linux (RHEL)
SUSE		SUSE Linux Enterprise Server
Oracle		Oracle Linux、Oracle Solaris

ミドルウェアのプレイヤー
DBMS、Web サーバ、アプリケーションサーバ

現代の IT システムを構築する上で欠かせない要素

　DBMS（Database Management System）、Web サーバ、アプリケーションサーバといったミドルウェアは、現代の IT システムを構築する上で欠かせない要素である。多くの Web システムは現在、プレゼンテーション層、アプリケーション層、データ層の3階層構造で構成されるが、Web サーバがプレゼンテーション層、アプリケーションサーバがアプリケーション層、DBMS がデータ層の処理を担う。つまり、Web コンテンツの配信、ビジネスロジックの処理、データの管理という異なる役割を果たしながら、相互に連携して効率的なシステム運用を可能にしている。

　DBMS は、データベースを管理・操作するためのミドルウェアである。主な機能は、データの作成（Create）、読み出し（Read）、更新（Update）、削除（Delete）といったデータ操作のほか、SQL などの言語を利用した複雑なデータ処理である。これらの機能によって、データの一貫性や整合性を保ちながら大量のデータを統合管理し、アクセス制御によって情報を保護しながら複数のユーザーやアプリケーションからの同時アクセスを可能にしている。

　DBMS の世界市場規模は、2023年に約800億ドルであり、2025年まで年平均成長率8% での拡大が予測されている。一方で、現在主流の SQL データベースは、ビッグデータの処理とクラウド化への対応において、爆発的に増えるデータ量の処理、非構造化データの処理、リアルタイム処理の対応、クラウドネイティブ環境への最適化、ハイブリッドクラウド環境での運用、データの可搬性確保などに課題を抱えている。

　Web サーバは、HTTP プロトコルを使用して Web コンテンツを配信するミドルウェアである。HTTP プロトコルを介して Web ブラウザをはじめとするクライアント（主に Web ブラウザ）からのリクエストを受け取り、静的なコンテンツ（HTML ファイル、画像、CSS などのコンテンツ）を提供する。リクエストに応じて適切なリソースを返すことで、

Webサイトの表示を可能にする。

　Webサーバの主要機能は、事前に用意されたHTMLファイルを返す静的サイトの処理、リクエストに応じてページを生成する動的サイトの処理、モジュール追加やプログラミング言語との連携による機能拡張、高速レスポンス・効率的なリソース利用・負荷分散を可能にするパフォーマンスの発揮などである。Webサーバの世界市場の規模は、年間20億〜30億ドル程度である。

　ただし、Webサーバの市場は今後、クラウドサービスの普及により市場構造が変化する可能性もある。また、サイバー攻撃の高度化やコンプライアンス要件の厳格化に伴って、ゼロデイ脆弱性への対応が求められ、HTTP/3、コンテナ環境、エッジコンピューティング取った新技術への対応も必要になるだろう。

　アプリケーションサーバは、ビジネスロジックの実行環境を提供し、データベースアクセスやトランザクションを管理するミドルウェアである。Webサーバからのリクエストに基づいて、データベースとの連携やユーザー認証、トランザクションやセッションの管理など、複雑な処理を担う。

　アプリケーションサーバの主要機能は、リクエストに基づくプログラミング言語の実行処理、それに伴う動的コンテンツの生成のほか、データベースへのアクセス制御、ユーザー属性やアクセス経路などに応じたユーザー認証処理、アクセス制御やユーザー認証、ログ収集などを利用したセキュリティ管理である。これらの機能によって、Webアプリケーションの開発が容易になる。

　アプリケーションサーバの世界市場の規模は、年間150億ドル程度であり、クラウドコンピューティングの普及、セキュリティ要件の厳格化、大規模データ処理の需要増加などの要因によって今後も成長が見込まれている。同時に、新技術との統合、パフォーマンスの最適化、セキュリティの強化などの課題に対応しながら、各プレイヤーが競争を繰り広げている。

図：ミドルウェア関連の主要な事業者

ミドルウェアの種類	事業者名	主要なソフトウェア
DBMS	Oracle	Oracle Database
	Oracle	MySQL
	Microsoft	Microsoft SQL Server
	IBM	IBM DB2
Web サーバ	Apache Software Foundation	Apache HTTP Server
	Nginx	nginx
	Microsoft	Internet Information Services (IIS)
アプリケーションサーバ	Oracle	Oracle WebLogic Server
	IBM	IBM WebSphere Application Server
	Red Hat	JBoss EAP

3/14 基幹システムのプレイヤー
ERP、SCM、会計、人事管理、生産調達管理、販売管理など

企業の中核的な業務プロセスを支える IT システム全般

基幹システムは、企業の中核的な業務を支える業務アプリケーション全般を指す。人事・会計などの業務を部門横断的に統合管理するシステムである ERP（Enterprise Resource Planning）、生産・調達・販売業務などを企業横断的に統合管理するシステムである SCM（Supply Chain Management）のほか、個別の会計管理、人事管理、生産調達管理、販売管理のシステムなどである。これらのシステムは、組織の様々な部門で生じるデータを一元管理することで、業務やリソースを効率化し、情報共有を促進し、意思決定の迅速化を促す。

これらの業務アプリケーションは、単独での使用のみならず、相互に連携させることで相乗効果をもたらす。例えば、SCM と次項で解説する CRM の連携により、顧客動向の正確な把握に基づく需要予測の精度向上が可能になり、ひいては在庫管理を最適化できるようになる。

ERP を提供する代表的な企業は、ERP ソフトウェアの世界的リーダーである SAP や Oracle、クラウドベースの財務管理・人事管理ソリューションを提供する Workday、業界特化型 ERP ソリューションに強みを持つ Infor などである。日本では、製造業の ERP に強みを持つ富士通や NEC、商社系の ERP に強みを持つ SCSK、会計システムが強いオービックビジネスコンサルタントや弥生などのシェアが高い。また SCM を提供する企業としては、SAP、Oracle のほか、日本では富士通や日立システムズなどがある。

基幹システムの発祥の多くは欧米だが、近年、各国・地域の商習慣や企業文化を踏まえた各国独自のソフトウェアも登場している。特に、顧客の購入履歴や従業員の人事データなど個人情報を含むケースでは、各国の法令遵守が厳しく求められる中、各国独自のサービスが発達しやすい。それに対して、グローバル企業は各国標準に合わせたローカライズサービスを展開している。

日本では守りのDX推進に向けて、多くの企業が基幹システムの刷新を求められている。業界、業種を問わず、業務の効率化や自動化を実現するためだ。一方で、グローバル化が進む中で、業務プロセスの標準化と、カスタマイズしない形でのパッケージソフトウェアやITサービスの導入が今後、多くの企業・組織に求められるだろう。

図：基幹システム関連の主要な事業者

種別	事業者名	主要なソフトウェア
ERP	SAP	SAP S/4HANA
ERP	Oracle	Oracle ERP Cloud
ERP	Microsoft	Microsoft Dynamics 365
ERP	Workday	Workday Enterprise Management Cloud
ERP	富士通	GLOVIA
ERP	NEC	EXPLANNER
ERP	オービック	OBIC7
ERP	SCSK	ProActive
SCM	SAP	SAP SCM
SCM	Oracle	Oracle SCM Cloud
SCM	Blue Yonder	Luminate Supply Chain
SCM	Infor	Infor CloudSuite
SCM	Kinaxis	Kinaxis Maestro（旧 RapidResponse）
SCM	Manhattan Associates	Manhattan Active Supply Chain

業務支援システムのプレイヤー
CRM、SFA、KM、グループウェアなど

業務生産性を向上させる業務アプリケーション全般

　業務支援システムは、社内の作業を効率化し、業務生産性を向上させる業務アプリケーション全般を指す。代表的なシステムには、顧客管理や営業活動を統合・効率化するシステムであるCRM（Customer Relationship Management）、営業活動を効率化するシステムであるSFA（Sales Force Automation）、知識の収集、共有、活用を促進するシステムであるKM（Knowledge Management）、チーム間の情報やスケジュールや出退勤などの共有・管理支援システムであるグループウェアなどがある。

　業務支援システムは、社内のネットワーク化、インターネットの進化、そしてモバイルデバイスの普及によって急速に導入が進んだ。特に、CRMにおいては、ユーザーによるモバイルデバイスやECの利用増加によって、顧客行動を詳細に分析できるようになった。また、PC、スマートフォン、タブレットなど顧客接点も増え、Web、メール、SNSなどアプローチの手段も多様化したことで、CRMやSFAとMA（マーケティングオートメーション）アプリケーションとの連携も進んでいる。顧客情報を一元的かつリアルタイムで管理することにより、重複やエラーを防止しつつ、迅速な意思決定が可能になる。このように、顧客満足度向上と営業力強化に寄与するのだ。

　業務支援システムを推進する代表的な企業には、クラウド型ソリューションを手掛けるCRM分野の世界的リーダーSalesforce、CRMやSFAの統合ソリューションを提供するSAP、「Oracle Cloud CX」などのCRM製品群を展開するOracleのほか、Dynamics 365、Google Workspaceをそれぞれ提供するMicrosoft、Googleなどがある。また、プロジェクト管理アプリケーションを提供する代表的な企業にはMicrosoftのほか、米国勢のAsanaやMiro、オーストラリアを拠点とするAtlassian、イスラエルのMonday.comなど、KMを提供する代表的な企業には日本のサイボウズやNECなどがある。そして、オフショアでコールセンター業務などを担っていたインド企業のZohoは、蓄積した知見

に基づいてCRMやグループウェアを提供するなど、アジアを拠点とする新興企業も誕生している。

　なお、基幹システムと同様に、業務支援システムの導入や運用に高額な費用がかかり、多機能で複雑なために専門知識を要する。そのため、導入するユーザー企業側にも、IT人材の育成が強く求められている。

図：業務支援システム関連の主要な事業者

種別	事業者名	主要なソフトウェア
CRM	Salesforce	Salesforce CRM
CRM	Zoho	Zoho CRM
CRM	Oracle	Oracle CX Sales
CRM	SAP	SAP Customer Experience
CRM	HubSpot	HubSpot CRM
SFA	Salesforce	Sales Cloud
SFA	Microsoft	Dynamics 365 Sales
SFA	Oracle	Oracle Sales Cloud
SFA	SAP	SAP Sales Cloud
KM	Atlassian	Confluence
KM	Microsoft	SharePoint
KM	NEC	Obbligato III
KM	Notion	Notion
KM	IBM	IBM Watson Knowledge Catalog
KM	OpenText	OpenText Content Suite Platform
KM	ServiceNow	Knowledge Management

種別	事業者名	主要なソフトウェア
グループウェア	Microsoft	Microsoft Teams
	Google	Google Workspace
	サイボウズ	Kintone、Garoon

SNS・コミュニケーションのプレイヤー
SNS、メッセンジャーなど

情報を共有し、交流を深めるためのオンラインプラットフォーム

　Facebook、X（旧Twitter）、LINEなどに代表されるSNS（Social Networking Service）は、インターネットを介して個人やグループがつながり、情報を共有したり、交流を深めたりするためのオンラインプラットフォームである。

　テキスト、画像、動画といった多様なコンテンツを通じて海外などの遠隔地や初見の人も含めて様々な人とすぐにコミュニケーションを取れるサービスは急拡大している。モバイルデバイスを通じて24時間利用可能で、広範囲に情報を拡散でき、アルゴリズムによってユーザーの興味関心に合わせた情報を表示できる。そのため、ユーザーは最新の情報やトレンドを素早くアクセスし、企業なども顧客との関係構築に活用する機会が増えている。また、災害時の情報伝達や社会運動の展開、文化交流の促進といった社会的価値も評価されている。

　SNSを提供する主要企業には、FacebookやInstagram、WhatsAppを運営するMeta Platforms（旧Facebook）、Elon Muskに買収されたX（旧Twitter）、中国ByteDanceによる短尺動画共有サービスのTikTok、Microsoftが買収したLinkedIn、スマートフォン向けの写真・動画共有アプリSnapchatなどがある。日本においても、メッセージングアプリでビジネスでの活用も広がるLINEヤフー、ニコニコ動画運営のドワンゴ、SNSの先駆けと言われるミクシィ（MIXI）、イラスト共有のピクシブなど、多彩で競合が激しい。

　SNSは、使いようによっては大きなトラブルや問題に発展しかねない側面を併せ持つ。依存性や中毒性が懸念されており、利用時間管理機能の実装や休憩リマインダーの設定、デジタルデトックス、デジタルウェルビーングなどの推進が喫緊の課題とされている。また、その強力な拡散力を利用した、誤情報や偽情報の抑止、選挙での悪用防止、社会の分断化も課題となっている。例えば、災害時にはSNSを通じてデマが拡散された。特に、AIの進化によって生成可能になった、本当らしく見える偽の画像や動画のSNS上での拡

散は騒動を引き起こしている。

　トラブルを回避すべく、サービス提供事業者の規制が議論されている。フェイクニュース対策では、ファクトチェック機能の強化や第三者機関との連携、AIが生成したコンテンツの自動検出、信頼性の低い情報への警告表示などの措置が取られている。プライバシー保護の観点では、個人情報の漏洩やなりすまし被害やデータの不正利用の防止に向けて、二段階認証の導入やプライバシー設定の強化に取り組んでいる。ヘイトスピーチやいじめにつながるリスクについては、コミュニティガイドラインの厳格化やAI監視システムの導入が進められている。

　SNSでは自分の好みや関心に合ったパーソナライズされた情報が届きやすく、偏った情報を鵜呑みにしやすいため、分断を生みやすい。そうした作用を助長する「フィルターバブル」や「エコーチェンバー」といった現象への対策も強化されている。

図：SNSによる課題と対策

課題カテゴリ	課題	対策
SNS依存・中毒性	・過度な利用による生活への支障 ・ドーパミン依存 ・FOMO（Fear of Missing Out）	・利用時間管理機能の実装 ・休憩リマインダーの設定 ・デジタルウェルビーイング機能 ・依存防止教育の実施
フェイクニュース	・誤情報の急速な拡散 ・選挙への影響 ・社会の分断化	・ファクトチェック機能の強化 ・AIによる自動検出 ・信頼性の低い情報への警告表示 ・第三者機関との連携
プライバシー・セキュリティ	・個人情報の漏洩 ・なりすまし被害 ・データの不正利用	・二段階認証の導入 ・プライバシー設定の強化 ・データ暗号化 ・透明性レポートの公開
ヘイトスピーチ・いじめ	・匿名性を悪用した攻撃 ・差別的発言の拡散 ・サイバーブリング	・コンテンツモデレーションの強化 ・報告機能の改善 ・コミュニティガイドラインの厳格化 ・AI監視システムの導入

図：SNS・コミュニケーションツール関連の主要な事業者

事業者名	主要なソフトウェア	特徴
Meta Platforms	Facebook	世界最大級の SNS で、友人や家族との交流、グループ、イベント、マーケットプレイスなど多彩な機能を提供
	Instagram	写真や動画の共有に特化した SNS。ストーリーズやリールなどの機能を通じて視覚的な意思疎通を促進
	Threads	テキストベースのリアルタイムな会話を楽しむ SNS。Instagram との連携が特徴
X Corp.	X（旧 Twitter）	リアルタイムの情報発信と共有が特徴の SNS。ツイートやリツイート、ハッシュタグの機能を提供
LinkedIn Corporation	LinkedIn	ビジネス特化型 SNS で、プロフェッショナルなネットワーキング、求人情報、業界ニュースの共有を提供
Snap	Snapchat	写真や動画を一定時間で消えるメッセージとして共有する SNS で、AR フィルターやストーリー機能に強み
Discord	Discord	ゲーマー向けに開発されたボイスチャット機能が充実したアプリ
ByteDance	TikTok	主にショート動画共有プラットフォームで、音楽やエフェクトを活用したクリエイティブな投稿が可能
LINE ヤフー	LINE	メッセージング、音声・ビデオ通話、スタンプ、タイムライン機能を提供する日本発のコミュニケーションアプリ
ミクシィ（MIXI）	mixi	日本最初期の SNS で、コミュニティや日記、ゲームなどを通じてユーザー間の交流を促進
楽天	Viber	メッセージングや音声・ビデオ通話機能を備えたクロスプラットフォームのアプリ
ドワンゴ	ニコニコ動画	ユーザーが動画を投稿・視聴し、コメントをリアルタイムで共有できる日本の動画共有サービス
Telegram Messenger	Telegram	ロシア発のメッセージングアプリで、セキュリティ性の高さと多機能性が特徴
Mohalla Tech	ShareChat	インド発の地域特化型 SNS で、15 以上のインド地域言語に対応。テキスト、画像、動画の共有が可能
VNG	Zalo	ベトナム発のメッセージングアプリで、テキスト、音声、画像の送受信など多彩な機能
Kakao Corporation	KakaoTalk	韓国発のメッセージングアプリで、無料通話やメッセージング、決済など多機能を統合。東南アジアでも利用者増

PLAYERS OF OPERATING SUPPORT APPLICATION

3/17 業務支援アプリのプレイヤー
クラウドストレージ、ビジネスチャット、ビデオ会議ツールなど

意思疎通や情報共有、タスク管理などに利用するツール

　業務支援アプリは、ビジネスにおいて、意思疎通や情報共有、タスク管理などに利用するツールである。業務支援アプリは業務支援システムと比較して新しいツールであるため、基本的にクラウドベースのものが多く、場所や時間に縛られずにチームで利用しやすい。

　代表的な業務支援アプリには、オンライン上にデータを保存するクラウドストレージ、オンライン上でテキストベースの簡単なやり取りをするビジネスチャット、オンラインを通じて複数人で話し合うビデオ会議ツールがある。それぞれ、クラウドストレージはリアルタイム共同編集機能やコメント・レビュー機能やファイル共有機能など、ビジネスチャットは音声通話機能やプロジェクト管理機能など、ビデオ会議ツールはチャット機能や画面共有機能などを備えていることが多い。これらの機能は、作業の自動化やペーパーレス化、場所や時間に縛られずに働ける柔軟なワークスタイルを後押ししている。

　業務支援アプリを提供する主要企業は、クラウドストレージとして世界的に有名なDropboxやBox、Salesforce傘下に入ったビジネスチャットのSlack、そしてコロナ禍で一気に普及したZoomなどがある。また、MicrosoftやGoogleはMicrosoft365やGoogle Workspaceといったオフィススイート上で、業務支援アプリと同様の機能を提供している。

図：業務支援アプリ関連の主要な事業者

事業者名	主要なソフトウェア	サービス内容
Dropbox	Dropbox	クラウドストレージ、ファイル共有
Box	Box	エンタープライズ向けクラウドコンテンツ管理
Slack Technologies	Slack	ビジネスチャット、コラボレーションツール

事業者名	主要なソフトウェア	サービス内容
Zoom Video Communications	Zoom	ビデオ会議、ウェビナー
Microsoft	OneDrive, Teams	クラウドストレージ、ビジネスチャット、ビデオ会議
Google	Google Drive, Google Meet	クラウドストレージ、ビデオ会議
Cisco Systems	Webex	ビデオ会議、ウェビナー
Atlassian	Jira	タスク管理や進捗追跡の効率化
Citrix	Citrix Workspace	仮想デスクトップ、ファイル共有、セキュアな統合ワークスペース管理
kubell	Chatwork	ビジネスチャット、タスク管理

3/18 動画配信サービスのプレイヤー
ストリーミングサービス、動画作成ツールなど

インターネットを通じて動画コンテンツを配信

　動画配信サービスは、インターネットを通じて動画コンテンツを定額制または従量制の料金体系で提供する。ユーザーは映画やドラマ、アニメ、スポーツ、ドキュメンタリーといった多彩なジャンルのコンテンツを、好きな時間に、好きな場所で視聴できる点で、従来のテレビ放送より利便性が高い。コンテンツ提供側も、グローバル展開や柔軟な料金設定が容易である。また幅広いユーザーを集めることにより、豊富なコンテンツ制作コストの投資、多くの視聴者データの収集と分析が可能になる。そのため、新規参入も増え、競争は激しい。良質なコンテンツの確保や、広告視聴による無料プランなど、競合サービス間の差別化が生き残りのカギとなっている。

　市場のシェアは米国勢が上位を独占する。グローバル展開しているサービスとしては、首位でオリジナルコンテンツも豊富に取りそろえるNetflixのほか、AmazonのAmazon Prime Video、根強い人気の名作が多いDisney+（ディズニープラス）、スポーツに特化した英「DAZN」、有料会員サービスのYouTube Premiumなどがある。日本では、サイバーエージェントが運営する「ABEMA TV」、最大の配信作品数を誇る「U-NEXT」、アニメに特化した「dアニメストア」などが有力だ。

　こうした番組配信環境・プラットフォームの充実を背景に、動画制作ツールを手掛ける企業も増えている。Apple、Microsoft、Adobeといった米国勢のほか、カナダのCorel Corporation、台湾のCyberLink、ドイツのMagix Software、オーストラリアのBlackmagic Designなどが健闘している。Corel Corporationが独自の地位を獲得している背景には、カナダのVFX（ビジュアルエフェクト）技術の発展がある。

　世界の多くの国において、現在、動画視聴の主流が地上波テレビから動画配信サービスへと移りつつある。地上波テレビの力が強かった日本もまた、若い層を中心にユーザーの視聴行動が、地上波テレビから動画配信サービスへと変わりつつある。そのため、日本の

テレビ局も、日本テレビ系のHulu、フジテレビ系のFOD、複数局横断型のTVerなど、テレビ番組の配信プロットフォームを強化することで、新興の動画配信サービスに対抗している。

図：動画配信サービス関連の主要なサービス

順位	サービス名	国	会員数（概算）	特徴
1	Netflix	米国	2.3億人	オリジナルコンテンツ制作に注力
2	Amazon Prime Video	米国	1.75億人	Eコマースとの連携、多様なコンテンツ
3	Disney+	米国	1.64億人	ディズニー、ピクサー、マーベル作品
4	YouTube	米国	22億人	ユーザー製作のコンテンツ中心
5	HBO Max	米国	7,600万人	高品質なオリジナルコンテンツ

図：動画作成ツール関連の主要な事業者

事業者・団体	主要なソフトウェア	特徴
Adobe	Adobe Premiere Pro、After Effects	Adobe Creative Cloud suite により、プロ向けの動画編集とVFXツールを提供する業界リーダー
Apple	iMovie、Final Cut Pro	Mac向け直感的な編集ツールとプロ向けツール iMovie や Final Cut Pro を開発
CyberLink	PowerDirector	初心者から上級者まで対応可能な編集ソフト。動画編集ソフト「PowerDirector」が有名
Corel Corporation	VideoStudio	使いやすさ重視の編集ツール。動画編集ソフト「VideoStudio」を提供
Wondershare Technology	Filmora	手軽で直感的な動画編集ソフト「Filmora」シリーズを展開
Magix Software	VEGAS Pro	プロ向けの高性能編集ツール
Blender Foundation	Blender	無料で使えるオープンソースの3D制作ソフト
Blackmagic Design	DaVinci Resolve	高度なカラーグレーディングが可能

3/19 音楽配信サービスのプレイヤー
ストリーミングサービス、ダウンロードサービス

インターネットを通じて音楽・音声コンテンツを配信

　音楽配信サービスとは、インターネットを通じて、様々なジャンルのデジタル音楽コンテンツを提供するサブスクリプション型または従量制の課金モデルを採用したサービスである。ユーザーは料金を支払うことで、膨大な数の楽曲にアクセスし、好きな音楽をいつでもどこでもストリーミング再生したり、ダウンロードしたりできる。多くの音楽配信サービスでは、ダウンロードによるオフライン再生や好みの楽曲を自動的にまとめるプレイリストなどの機能が用意されている。

　一方で、ストリーミング再生ごとにアーティストに支払われる報酬の少なさや、データ圧縮による音質の低下、著作権侵害の問題など、課題も山積している。これはまた、レコード会社中心の枠組みが変化せざるを得ないことを意味する。そのため、ライブ中心の音楽活動に切り替えるアーティストが増え、高音質のハイレゾ音源に対応する音楽配信サービスが登場するなど、市場変化に対応する動きも見られる。

　音楽配信サービスをグローバル展開している事業者には、スウェーデン発祥で豊富な楽曲数とパーソナライズされたプレイリスト機能が人気のSpotify、iPod/iPhone × iTunesで垂直統合型のサービスを提供するApple（Apple Music）のほか、Amazon Music UnlimitedとAmazon Music Primeという2つのプログラムを提供するAmazon（Amazon Music Unlimited）、YouTube上で音楽を配信するGoogle（YouTube Music）があるほか、中国のNetEase（網易）も競合する。一方、中国では、TencentがSpotifyとの合弁企業Tencent Music Entertainment（TME）を2016年に創設、「QQ Music」などを通じて成長し、会員数が2024年に1億人を突破した。日本では、LINEがLINEアカウントで利用できる「LINE MUSIC」を開始している。LINE MUSICは日本の楽曲に強く、カラオケ機能が搭載されていることで、支持層を広げている。

図：音楽ストリーミング関連の主要な事業者

事業者名	国
Spotify	スウェーデン
Tencent	中国
Apple	米国
YouTube	米国
Amazon	米国
Net Ease	中国

eコマースのプレイヤー
EC、越境 EC、D2C、C2C

インターネットを通じた、様々な形態の電子商取引

インターネットの登場により、メーカーから、卸売、小売、消費者へとつなぐ流通の分野においても、ビジネスモデルの変革が起こった。まず、インターネットを通じた電子商取引（EC、Electronic Commerce）が登場し、業態も B2C だけでなく、D2C（Direct-to-Consumer、メーカーやブランドが自社商品を直接一般消費者に販売する取引）や C2C（Consumer-to-Consumer、一般消費者同士が商品を売買する取引）などと多様化した。

また、当初は閉じた、狭い地域でローカル展開していた EC も、規制緩和によって、あるいはなし崩し的に国境をまたいだ商品・サービスの売買が増え、「越境 EC」と呼ばれるようになった。日本側から見れば、日本のコンテンツや製品の強みを再発見する好機となり、日本酒やアニメなど様々な商品が海外の顧客の心を掴んでいる。越境 EC によって、国内市場の制約に縛られずに新たな顧客層を開拓でき、海外市場でのブランド認知度向上につながるほか、為替差益による収益増加の可能性も見込める。

現在、EC はオンラインで書籍や日用品など幅広い商品を取り揃え、24時間365日、地理的制約を超えた広範な顧客層へのアクセスを可能にしている。以前は並行輸入といった方法に頼らざるを得なかった海外の商品が、より手軽に入手できるようにもなった。

EC の走りであり最大手の事業者が Amazon であり、その後、各国・各地域において「〜版 Amazon」と言うべきサービスが次々と立ち上がった。中国を拠点とする巨大 EC のプラットフォーマーの Alibaba や JD.com、日本で楽天市場を展開する楽天、韓国版 Amazon と呼ばれる Coupang などだ。Alibaba の越境 EC プラットフォーム「AliExpress」や、JD.com の越境サービス「JD Worldwide」といった特化型のほか、低価格商品を中心としたグローバル EC の Wish などがある。東南アジアではシンガポール発の Shopee や Lazada が人気を博している。

消費者同士が直接商品やサービスを取引するC2Cの形態もかなり普及した。個人間でのユニークな商品の取引ができ、中古品や手作り品の市場が拡大している。米国発のeBayがまず、C2C市場で存在感を放った。日本でも、Yahoo!オークションやMercariが代表的であり、Mercariは米国に進出している。他に、AlibabaのC2Cプラットフォームである Taobao、手作り品やヴィンテージ品を扱う Etsy、ファッションアイテムに特化した Poshmark など、市場の掘り起こしも進む。

D2Cのモデルも、メーカーとしては、顧客からの直接フィードバックの収集、一貫性のあるブランドイメージの保持、中間マージンの削減による利益率向上といった利点があるために増えている。D2Cで市場シェアが高い企業としては、メガネのWarby Parker、化粧品のGlossier、マットレスのCasper、シューズのAllbirds、シェービング用品のDollar Shave Club などがある

現在、ECを成功させるには、取引の安全性や信頼性の確保、支払い・配送のトラブル、偽造品や違法商品の出品防止などに対応する必要がある。また越境ECでは、各国の法規制や税制への対応、言語や文化の違いによるマーケティングの難しさ、物流コストや配送期間の管理といった課題も抱えている。

図：EC 企業の世界市場シェアと業界ランキング

順位	マーケットプレイス名	月間訪問者数	対応地域
1	Amazon	4,790	世界
2	eBay	1,210	世界
3	Rakuten	563.37	世界
4	Shopee	559.59	東南アジア
5	AliExpress	525.45	世界
6	Etsy	447.31	世界
7	Walmart	407.61	北米
8	Mercado Libre	362.90	ラテンアメリカ
9	Wildberries	342.85	ロシア・CIS など

順位	マーケットプレイス名	月間訪問者数	対応地域
10	Ozon	316	ロシア
11	Taobao	303.43	中国
12	Pinduoduo	227.66	中国
13	Lazada	211.72	東南アジア
14	Allegro	198.62	ポーランドを主とした欧州
15	Flipkart	161.10	インド
16	Target	158.40	米国など
17	Zalando	149.32	欧州
18	JD.com	143.36	中国
19	Trendyol	138.10	トルコ
20	Mercari	125.55	日本、米国

出典：2025年1月14日channelengine「Top 20 ecommerce marketplaces in the world in 2025」。訪問者数は月間ベース、単位は百万

3/21 モビリティサービスのプレイヤー
MaaS、CASE、SDV、（都市型）UAV、ロボット配送、ドローン配送

移動に関する様々な技術やサービスを包括する概念

　モビリティサービスとは、移動に関する様々な技術やサービスを包括する概念であり、CASEやSDV、MaaSや（都市型）UAV（Unmanned Aerial Vehicle、無人機）、ロボット配送やドローン配送などが該当する。

　MaaS（Mobility as a Service）は、ICTを活用して従来の所有中心の概念から脱却し、自家用車、公共交通機関やタクシー、シェアサイクルなど様々な移動手段を1つのプラットフォームで統合し、ユーザーが最適でシームレスな移動を促すサービスだ。利用者は単一のプラットフォームやアプリで、複数の交通手段を柔軟に選択・予約・決済できる。CASEとは、自動車業界の新たな潮流を示す4つの技術革新、Connected（車両のネットワーク接続）、Autonomous（自動運転技術）、Shared & Services（シェアリングサービス）、Electric（電動化）の各要素の頭文字をとった概念である。CASEやMaaSが普及することで、交通渋滞の緩和やCO2排出削減、ユーザーの時間や費用の節約といった好影響が見込める。一方、電動スクーターなどの新たな交通手段や自動運転に関する法的責任や規制の在り方、社会的受容性、急速充電器などのインフラ整備、既存の交通システムとの統合といった課題も浮き彫りになっている。

　CASEの普及は、近年、EV（電気自動車）シフトとともにその波が各国・地域に押し寄せている。プレーヤーも、車などビークル本体やその部品、車載OSなどの作り手、配車アプリシステムの提供者など、立ち位置によって市場も戦い方も大きく異なる。なかでも米国のTeslaや中国のBYDといった新興がEV市場を牽引しており、ガソリン車などのICE（内燃機関）を強みとしてきた日本の自動車メーカーの遅れが目立つ。ただ、EVの開発を進めていたAppleが2024年に計画を断念するなど、EV開発が一筋縄ではいかないのもまた事実だ。

　ソフトウェア定義車両（SDV、Software Defined Vehicle）の潮流を受けて、今後、

CASEが自動車開発の中核になるのは間違いないだろう。車両の機能をソフトウェアで制御する次世代の自動車技術であるSDVを取り入れることで、スマートフォン同様に、自動車もOTA（Over-the-Air）アップデートにより、車両の機能をつねに最新に保ったり、高度にカスタマイズしたりすることが可能になる。この流れにおいては、Teslaのみならず、Google（Waymo）の存在感も増している。

　一方、MaaSは、ライドシェアの広がりとともに一気に普及した。持続可能な都市交通と個人の移動体験を根本的に変革する可能性を秘めている。ライドシェアの先駆け的存在が米国のUberやLyftである。このビジネスモデルはアジアにおいても模倣する企業が登場し、中国のDiDi、シンガポールのGrab、インドネシアのGojekが圧倒的なシェアを握るようになっており、規制の厳しい日本は出遅れている。

　またMaaSの周辺周縁領域として、空飛ぶ車の市場も今後ますます注目を集めるだろう。中国ではすでに地域を限定した形で実証実験を進めている。新たな交通ルールの制定など、乗り越えるべき課題は多いものの、緊急搬送をはじめ、その適用領域は広い。空飛ぶタクシーを支えるドローン技術などのUAVの市場も拡大を続ける。特に人手不足を背景としたロボットやドローンによる配送は国内外で様々な実証実験が行われている。

　都市型UAV関連の主要企業には、Joby Aviation、Lilium、Volocopter、DJIなどがあり、Amazon、UPSなどが活用に積極的だ。特に、Amazonは、ドローンのみならず、自律走行ロボットを活用した配送サービスの実証実験を実施し、現在、実用化へと進んでいる。これにより、観光地や都市部でのラストマイル配送の効率化が図られ、観光客へのサービス向上にも寄与するだろう。都市型UAVによる配送はほかにも、米国のZipline、Nuro、Starship Technologies、日本の楽天、佐川急便なども積極的だ。

図：モビリティサービス関連の主要な事業者

事業者名	国	主な事業領域	特徴
Tesla	米国	CASE/SDV	EVと自動運転技術のパイオニア。FSD（完全自動運転）の開発を推進
BYD	中国	CASE	世界最大級のEVメーカー。バッテリーから完成車まで一貫生産が強み
Cruise (GM傘下)	米国	CASE	都市部での完全自動運転タクシーの実現を目指している

事業者名	国	主な事業領域	特徴
Zoox	米国	CASE	乗客を乗せて目的地まで自動で移動するサービス
Waymo	米国	SDV	Google から独立した自動運転技術企業。完全無人タクシーをアリゾナ州で運営
AutoX	中国	SDV	中国の自動運転技術企業。無人タクシーの商用化を推進
DiDi	中国	MaaS	中国最大のライドシェア企業。200 以上の都市でサービスを展開し、AI 活用した配車システムを特徴とする
Gojek	インドネシア	MaaS	東南アジア最大級のスーパーアプリ。配車から決済まで統合サービスを提供
DJI	中国	UAV	民生用ドローン市場で世界シェア 70% 以上を占める最大手
Joby Aviation	米国	UAV	電動垂直離着陸機 (eVTOL) の開発。都市型空飛ぶタクシーの実用化を目指す
Nuro	米国	ロボット配送	完全自動運転の配送ロボットを開発。Kroger など小売企業と提携
Amazon	米国	ロボット配送、ドローン配送	倉庫内のロボット活用や「Amazon Prime Air」としてドローン配送の実証実験を実施
Wing（Alphabet 傘下）	米国	ドローン配送	米国やオーストラリアで商用ドローン配送サービスを展開
Zipline	米国	ドローン配送	医療品のドローン配送で実績。アフリカを中心にサービス展開

PLAYERS OF CROWD SOURCING

3/22 クラウドソーシングのプレイヤー
デザイン、ライティング、プログラミング、翻訳

タスクやプロジェクトを個人や企業に外部委託する仕組み

クラウドソーシング（crowd sourcing）とは、インターネットを活用して、タスクやプロジェクトを個人や企業に外部委託する仕組みを指す。企業が直接雇用せず、特定の業務を担えるフリーランサーや専門家に依頼できる。文字通り、世の中の「群衆」（クラウド）から必要な業務を調達する（ソーシング）意味合いを持つ。

クラウドソーシング普及の背景には、インターネットの発達により仕事を依頼したい企業（クライアント）と、仕事を請け負うフリーランサーや企業をオンラインで結び付けやすくなったことがある。発注側としては、デザイン、ライティング、プログラミング、翻訳など幅広い領域の業務を依頼でき、短期的なプロジェクトやスポット対応の仕事も頼みやすい。企業に依頼したり、正社員を雇用したりするよりも低コストで、必要なときに必要な分だけ柔軟に外注ができる。特定の業務に精通した専門家を迅速に柔軟にグローバル市場からアサインできる点もメリットだ。受注者（ワーカー）側も、柔軟な働き方の実現、副業・複業の機会の拡大、スキルや実績の可視化、地理的制約からの解放といった利点が見込める。

代表的なクラウドソーシング事業者としては、世界的なクラウドソーシングプラットフォームを展開するUpworkやFreelancer.comをはじめ、小規模なタスクやプロジェクトに特化して手軽に低価格で利用できるFiverrがある。日本国内では、Lancers（ランサーズ）やCrowdWorks（クラウドワークス）、ココナラといったプラットフォーマーが有名だ。これらの事業者は、クラウドソーシング市場の拡大を牽引しており、それぞれに独自のサービスモデルや強みを持つ。クライアントとフリーランサーの双方にとって利便性が高く、多様化する現代の働き方に適したサービスと言えよう。

課題として、成果物の品質にばらつきやスキル評価の難しさ、修正対応の煩雑さといった品質管理の課題、契約関係の明確化や労働法制との整合性といった法的・制度面の課題

に関し、一層の改善や充実が求められる。

図：クラウドソーシング関連の主要な事業者

事業者名	国	主なサービス領域	特徴
Upwork	米国	グローバル向けフリーランス	高スキル人材が中心で、時給単価が比較的高い。プロジェクトベースの長期契約も多い
Freelancer.com	オーストラリア	グローバル向けフリーランス	小規模案件から大規模プロジェクトまで幅広く対応。競争入札形式が特徴
Airtasker	オーストラリア	グローバル向けフリーランス	ローカルサービスのマッチングに強み
Lancers	日本	日本向けフリーランス	日本最大級のクラウドソーシング。IT系からライティングまで幅広い案件を扱う
CrowdWorks	日本	日本向けフリーランス	個人・法人向けに多様な業務を提供。単発から常駐案件まで対応
ココナラ	日本	日本向けフリーランス	知識・スキル・経験のシェアに特化したマッチングプラットフォーム
Fiverr	イスラエル	グローバル向けフリーランス	数ドルから始められる手軽さが特徴。クリエイティブ系の案件が多い
TaskRabbit	米国	地域密着型サービス	家具組み立てや引っ越しなど、地域に密着した実地作業を提供
TopCoder	米国	IT開発特化	プログラミングコンテスト形式でソフトウェア開発を行う
99designs	オーストラリア	デザイン特化	デザイナー向けのコンペ形式プラットフォーム。グローバルに展開

3/23 フィンテックのプレイヤー

決済サービス、P2P レンディング、クラウドファンディング、ロボアドバイザー

IT を活用した革新的な金融サービスの総称

フィンテック（FinTech）とは、「Finance（金融）」と IT 技術を組み合わせた造語で、IT を活用した革新的な金融サービスの総称である。従来の銀行や証券などの金融分野の業務を効率化したり、新たな金融サービスを生み出したりしている。特にブロックチェーン、AI といった技術との親和性が高いとされる。フィンテックのサービスには、電子マネーや QR コードによる決済サービス、P2P レンディング、クラウドファンディング、融資サービス、ロボアドバイザー、仮想通貨取引などがある。また、実店舗を持たず主にモバイルアプリやウェブサイトを通じて運営されるデジタル専用の銀行である「ネオバンク」もフィンテックに分類される。

フィンテックの普及により、ユーザーはスマートフォンアプリやオンラインプラットフォームを通じて、従来のように銀行窓口に行くことなく、いつでもどこでも金融サービスにアクセスできる。ユーザーの利便性は格段に高まる一方で、金融機関も人件費や店舗維持費の削減につながっている。ただし、サイバー攻撃やデータ漏洩のリスクが増大しており、不断のセキュリティ対策が欠かせない。

金融規制は国によって異なるため、国・地域ごとに独自のフィンテック企業が生まれる傾向がある。市場の仕組みやビジネスモデルは米国発祥が多く、世界に広まっていった。業界の草分け的存在が PayPal で、日本を含め米国内外で活動領域を広げている。同様に Stripe もサンフランシスコとアイルランド・ダブリンに本社を構えて世界展開をしている。このほか、小規模事業者に得意先の多い Square や手数料なしで証券取引ができるアプリ「Robinhood」を手掛ける Robinhood Markets、暗号資産取引所運営の Coinbase といった米国企業が有名だ。その他、世界的な金融都市を中心に新興のフィンテックが誕生しており、英国の Revolut、オランダの Adyen、2004年に中国・上海で創業した Alipay を展開する Ant Financial などがある。このほか、東南アジアではシンガポールの Grab

Financial や SeaMoney、フィリピンの Maya（旧 PayMaya）、南米では Nubank、インドでは Paytm や PhonePe、中東ではイスラエル企業の Payoneer や eToro、アラブ首長国連邦の Noon Payments が存在感を示し、独自の発展を遂げている。

　日本でもフィンテックのスタートアップが登場している。PayPay やメルペイ、LINE Pay や楽天ペイメント、GMO ペイメントゲートウェイといった大手 IT のグループ会社のほか、インフキュリオンやメタップスホールディングス、ウェルスナビや BitFlyer などのスタートアップだ。成長企業の中には、PayPal に買収されたペイディや Google に買収された pring など、米国勢の傘下に入る企業も増えている。

図：日本のキャッシュレス決済額・比率の推移（2023年）

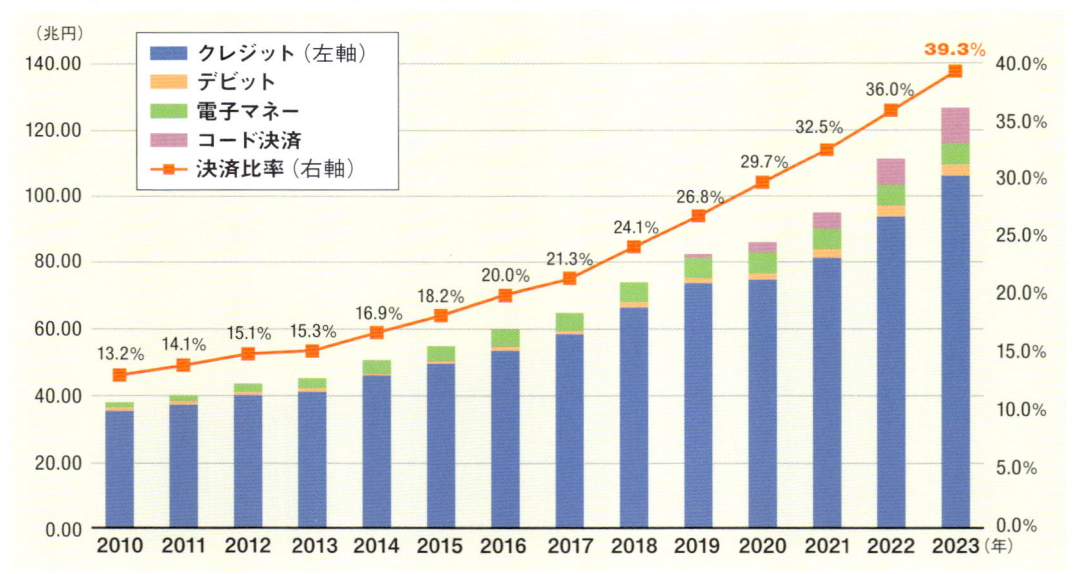

出典：2024年3月29日経済産業省「2023年のキャッシュレス決済比率を算出しました」

図：フィンテック関連の主要な事業者

事業者名	国	主な事業
PayPal	米国	オンライン決済サービス
Stripe	米国 / アイルランド	オンライン決済プラットフォーム
Square	米国	小規模事業者向け決済サービス
Robinhood Markets	米国	手数料無料の株式取引アプリ
Coinbase	米国	暗号資産取引所
Revolut	英国	デジタルバンキングサービス
Adyen	オランダ	決済プラットフォーム
Ant Financial	中国	モバイル決済サービス（Alipay）
Grab Financial	シンガポール	東南アジア向け金融サービス
PayPay	日本	モバイル決済サービス
Nubank	ブラジル	クレジットカードや個人向け融資、デジタル決済
Payoneer	イスラエル	クロスボーダー決済サービス
Paytm	インド	インド最大のデジタル決済プラットフォーム

3/24 インシュアテックのプレイヤー
パーソナライズド保険、リスク分析、テレマティクス

ITを活用して保険業界を革新する取り組み

インシュアテック（InsurTech）とは、保険（Insurance）とITを組み合わせた造語で、IT技術を活用して保険業界を革新する取り組みを指す。複雑でわかりにくい保険商品の購入手続きを簡素化したり、オンラインサービスを充実させたりすることで、顧客の体験を向上させ、保険会社の抱える課題解決や業務プロセスの最適化を図る。具体的には、オンラインによる申し込みやリアルタイム見積りによる手続きの短縮化、個々人の事情に応じたパーソナライズド保険プランの提案、AIによる特定疾病の発症率や事故発生率のリスク分析、走行データ分析のテレマティクスといった評価の精緻化、モバイルアプリ上での保険金請求の手続きなどが該当する。

精密なリスク評価はまた、新しい保険商品の開発と柔軟な保険プランの設定を可能にする。ドライブレコーダーやIoTデバイスの活用は、事故処理や真偽確認の検証におけるスムーズな審査や査定が可能にしている。一方で課題もある。個人データ保護や情報漏洩といったセキュリティリスクのほか、データ利用の倫理性や国際的な規制に応じた取り組みがつねに求められる。

保険市場は生命保険、損害保険ともにやはり米国が大きく、したがってインシュアテック企業も米国に多い。代表的な企業には、AIを活用したチャットボットによる顧客対応や迅速な保険金支払いを実現しているオンライン完結型のLemonade、同社が2022年に買収した走行距離連動型自動車保険のMetromile、アプリで運転データを収集して安全運転の優良ドライバーは割安になるといったテレマティクス自動車保険を提供するRoot Insurance、モバイルアプリによる体調管理などを通じた健康保険サービスを手掛けるOscar Health、多数の保険商品を比較検討できるプラットフォームのPolicygeniusなどがある。

中国のインシュアテック市場も活況で、デジタル専業保険会社のZhongAn Online

（衆安在線財産保険）などが勢いを増している。日本も保険大手各社が保険手続きのオンライン化、査定時のデジタル化を推し進める一方、SEIMEI、Sasuke Financial Lab、JustInCase など新興企業の市場参入も相次ぐ。

図：インシュアテック関連の主要な事業者

事業者名	国	主な事業
Lemonade	米国	AI チャットボットによる顧客対応、迅速な保険金支払い
Metromile	米国	走行距離連動型自動車保険を提供。Lemonade が買収
Root Insurance	米国	テレマティクス技術を用いた自動車保険サービス
Oscar Health	米国	モバイルアプリによる体調管理を含む健康保険サービス
Policygenius	米国	多数の保険商品を比較検討できるプラットフォーム
Clearcover	米国	AI を活用した自動車保険サービス
Hippo Insurance	米国	テクノロジーを活用した住宅保険サービス
Next Insurance	米国	小規模事業者向けデジタル保険サービス
ZhongAn Online	中国	デジタル専業保険会社
SEIMEI	日本	デジタル完結型の定期保険を提供。簡素化された申込プロセスが特徴
JustInCase	日本	加入者同士が助け合う P2P 型の保険モデルを展開

リーガルテックのプレイヤー

リーガルリサーチ、契約ライフサイクル管理、契約分析、ODR など

法曹業務の効率化やコスト削減を目指す法曹界の取り組み

リーガルテック（LegalTech）とは、法務（Legal）とITを組み合わせ、法曹業務の効率化やコスト削減を目指す法曹界の取り組みである。現在、司法当局や弁護士事務所において、契約書の作成・管理やリーガルリサーチ、コンプライアンスチェックなど多岐にわたる業務でITが活用されている。契約ライフサイクル管理（CLM）の効率化、AIによる契約分析や文書生成、ODR（オンライン紛争解決）などもリーガルテックによる取り組みである。リーガルテックの推進により、法律業務の効率化やコスト削減、法的サービスへのアクセス改善や迅速化や透明性向上が見込める。

煩雑な法務手続きを簡素化させるリーガルテック隆盛の一方、課題は少なくない。特に、活用が進むAIに関し、文書を生成するAIは時にハルシネーション（幻覚）と呼ばれる誤情報を出力するなどのリスクを伴うため、現行法との整合性のチェックが入念に求められるほか、AI判断に関する法的妥当性の検証やアルゴリズムのバイアスといった点の解決が急がれる。

米調査会社のCB Insightsによると、リーガルテック分野の累計資金調達額はCLM関連が29.6億ドルと最多で、同意およびプリファレンス管理（Consent & Preference Management）の13.75億ドル、eディスカバリー（電子証拠開示制度）の13.13億ドルと続く。リーガルテックに取り組む主要企業には、法的文書管理やeディスカバリープラットフォームや大規模訴訟支援システムを手掛けるRelativity、電子署名や法的文書のデジタル化に強いDocuSign、法的情報データベースや分析プラットフォームが充実するLexisNexis、会社設立や遺言書作成を支援するオンライン法務サービスのLegalZoom、AI法律リサーチプラットフォームを手掛けるROSS Intelligenceなどがある。これらの企業の本拠地は、ClioとROSS Intelligenceがカナダであり、他はすべて米国と、北米企業が強い。訴訟大国とも言われる米国の法務効率化の需要を取り込もうと英語に強い企

業が多い中、DocuSignはドイツ、フランス、オランダ、スペインといった多様な言語にも対応したサービスを提供するなど、世界展開加速の動きが目立つ。

ただし、リーガルテックは、各国・地域の法令や慣習法などの不文法、法的倫理に精通している必要があるため、多くの場合、各地に根差した独自のサービスが普及している。例えば、中国ではAIで企業法務を支援する北京冪律智能科技（パワーロー）などの新興が成長する。韓国では、契約書作成や資料分析を行う韓国語に強いLaw&CompanyやLBOX AIといったスタートアップが登場している。日本でも、日本語に強いLegalForceや、オンラインでの法務相談などを手掛ける弁護士ドットコム、ContractS、そしてリーガルテックなど新興が勢いを増している。

図：リーガルテック関連の主要な事業者

事業者名	国	主なサービス
Relativity	米国	法的文書管理、eディスカバリープラットフォーム、大規模訴訟支援システムの提供
DocuSign	米国	電子署名、法的文書のデジタル化、多言語対応サービスの提供
LexisNexis	米国	法的情報データベース、分析プラットフォームの提供
LegalZoom	米国	会社設立、遺言書作成支援などのオンライン法務サービスの提供
ROSS Intelligence	カナダ	AIを活用した法律リサーチプラットフォームの提供
Clio	カナダ	法律事務所向けのクラウドベースの法律実務管理ソフトウェアの提供
Power Law（北京冪律智能科技）	中国	AIを活用した企業法務支援サービスの提供
Law&Company	韓国	契約書作成、資料分析を行う韓国語対応の法務サービスの提供
LegalForce	日本	AIを活用した契約書レビュー支援サービスの提供
弁護士ドットコム	日本	オンラインでの法務相談サービスの提供

3/26 HRテックのプレイヤー
統合ソリューション、TM、オンライン求人、スポットワーク

人事に関するあらゆる業務を、ITを活用して支援する取り組み

　HR（Human Resource）テックとは、企業の人材管理や採用など人事に関するあらゆる業務を、ITを活用して支援する取り組みの総称である。近年、人事・労務のDX化が加速したことで、タレントマネジメント（Talent Management、TM）、オンライン求人、スポットワークなど、多様なサービスが登場しており、企業の人事戦略を大きく変えている。

　HR導入の主な利点は、データ分析による意思決定の精度向上、ルーティンワークの自動化、業務のペーパーレス化や効率化によるコスト縮減のほか、パーソナライズされたキャリア設計、働き方改革の推進などがある。一方、雇用に関する法規制は国・地域ごとに多種多様な上、企業文化も個々の組織で異なるため、各国の法規制に適合させながら、企業ごとにカスタマイズしたサービスの提供が求められる。また、特にグローバル展開している企業では、文化や言語の違いが導入の課題となる。

　HRテック企業は総じて、クラウドやビッグデータ解析、AIを駆使して採用、育成、評価、配置といった様々な人事業務を効率化・高度化する。総合的なソリューションやプラットフォームを多国籍で展開する企業としては、米国のWorkdayやADP（Automatic Data Processing）、Oracle HCM CloudやDayforce（旧Ceridian）、ドイツのSAPが2011年に買収した米SuccessFactorsなど、米国勢が強い。

　個別業務では、専業化やローカル化が進む。例えば、コールセンターやカスタマーサポートの業務を海外にアウトソーシングするオフショアは、安い人件費や英語話者、24時間対応が可能な時差を背景に、インドやフィリピンの企業が強い。近年は、バングラデシュなどインド周辺の国々にもビジネスチャンスが広がっている。

　デジタルツールを用いた研修システムによる人材育成や人事評価、キャリアパスを管理し、最適な配置や育成を行うTMの分野では、Cornerstone OnDemandやUltimate Software、PeopleFluentなどのほか、Saba Software、SumTotal Systemsもあったが、

両社とも Cornerstone OnDemand に買収された。いずれも米国企業である。

　インターネット上で求人情報を掲載・検索するオンライン求人も2000年代以降に普及してきた。求職者と企業のマッチング効率を高めるための求職者の職歴や閲覧履歴をもとにしたアルゴリズムの精緻化が一層重視されている。世界最大の求人検索エンジンのIndeed、オンライン求人の先駆け的存在の Monster、Microsoft が262億ドルという兆円規模の巨額で買収した LinkedIn、AI 活用による中小企業向け採用の ZipRecruiter、Glassdoor など米国勢がやはり強い。一方、日本では、独自の商習慣や企業文化に沿って発展した企業も少なくない。Indeed を買収したリクルートホールディングスのほか、エン・ジャパン、パーソルキャリア、ビズリーチなどである。また、近年は、2024年に東証に上場した Timee に代表されるスポットワークも活況を呈している。一時的な仕事や短期のプロジェクトに特化した求人サービスで、急場でも迅速に人材を確保できる。

　なお、スポットワークは詐欺などに悪用されるケースも後を絶たない。日本では昨今特に「闇バイト」が問題視され、サービス提供者側の対策の徹底が急務となっている。

図：HR テック関連の主要な事業者

事業者名	国	主な事業
Workday	米国	クラウド型人事管理・財務管理ソリューション
ADP	米国	給与計算・人事管理サービス
Oracle	米国	クラウド型人事管理ソリューション
SAP SuccessFactors	ドイツ／米国	クラウド型人材管理ソリューション
Cornerstone OnDemand	米国	人材育成・管理プラットフォーム
Indeed（リクルート HD）	日本／米国	オンライン求人検索エンジン
LinkedIn (Microsoft)	米国	ビジネス特化型 SNS、人材採用プラットフォーム
PeopleFluent	米国	タレントマネジメント、採用管理ソリューション
エン・ジャパン	日本	求人情報サービス、人材紹介
Timee	日本	スポットワークマッチングプラットフォーム

フードテック、アグリテックのプレイヤー
スマート調理、トレーサビリティシステム、ドローン、作業機の IoT 化

最先端 IT を活用して、業界の革新と効率化を促進

　食料の確保と多様化に向けて、フードテック（FoodTech）とアグリテック（AgriTech）の取り組みが進化している。フードテックやアグリテックでは、食品、農水産品の開発、生産、製造から流通、消費までの各段階において、AI や IoT、ビッグデータ解析といった最先端技術を活用して、業界の革新と効率化を促し、ひいては持続可能な社会の実現を目指す。特に、食の多様化や宗教による禁忌、エシカルフードや持続可能性のトレンドを踏まえた技術が誕生している。

　具体的には、IoT 調理器具や AI レシピ提案システムといったスマート調理、トレーサビリティシステムや AI 活用型の需要予測技術による食品ロス削減などのソリューションがある。新技術の導入コストや食品安全基準や法規制への適合、新食品に対する消費者の理解と受容といった課題は残るものの、今後の市場の伸びが期待される。調査会社 Business Research Insights によると、フードテックの市場は2023年の2,781億ドルから2032年には4,443億ドルに拡大すると見込まれる。

　2013年創業のドイツ Infarm は、IoT とクラウドを活用したモジュール式の垂直農場を手掛け、スーパーマーケット内に設置可能な小型の栽培設備を展開する。日本の TechMagic は「新たな食のインフラ社会を創る」と謳い、AI の機械学習やロボティクスといった最先端技術を駆使した炒め調理ロボット「I-Robo」を開発した。

　一方、アグリテックでは、広大な農場を管理する重労働の負担軽減のニーズの高まりを背景に、ドローンや作業機の IoT 化による農耕の生産性向上と大幅な効率化といったスマート農業がトレンドとなっている。具体的には、GPS などの測位衛星技術のセンサーを搭載した農機による精密農業や、IoT センサーによる水管理や気象データ連動システムによる「スマート灌漑」、AI や人工光や最新のセンシング技術によりラックなどで作物を垂直に積み重ねて都市部のビルなどでも栽培できる「垂直型農業」による都市型植物工場、品

種改良技術や病害抵抗性作物開発の遺伝子編集がトレンドとなっている。

　日本をはじめとする農業従事者の高齢化と人手不足といった課題に対し、自動化やロボット技術の導入で人手不足を補完しつつ、データ駆動型の農業管理で収量と品質の改善を図る。フードテック同様にアグリテックの市場も規模拡大が見込まれており、インドのZion Market Research によると、2023年から2030年の間に年平均成長率（CAGR）が約16.5％で推移し、2022年の235億ドルから2030年までに797億ドルと3倍強に成長すると予測されている。

　アグリテック関連の企業においては、従来型の農法にIoTなどを組み合わせて自動化を図る手法が目立つ。自動運転トラクターやドローンなどスマート農業ソリューションを提供する農業機械大手のJohn Deere やAGCO Corporation、デジタル農業プラットフォームを展開する農薬や種子の大手メーカーでもあるBayer、搾乳ロボットの老舗メーカーで酪農向け自動化システムを開発するスウェーデンのDeLaval、世界最大の穀物メジャー米Cargillなどが力を入れている。このほか、老朽施設を有効活用して独自の垂直型農業でケールなどの葉物野菜を水耕栽培する米新興のPlentyが知られるほか、精密農業向けのGPS技術を提供する米Trimbleはニコンと、ドイツの総合化学メーカーBASFの子会社でAIによる栽培管理最適化デジタルプラットフォームを手掛けるBASF Digital FarmingはJA全農と協業実績がある。日本勢としては他に、ミドリムシを様々に活用するベンチャー、ユーグレナが農業領域に存在する社会課題縮小を目指して「サステナブルアグリテック（Sustainable AgriTech ＝SAT）」に取り組んでいる。

　フードテック、アグリテックともに、未知の領域の研究開発、工場新設といった先行投資のリスクは避けて通れず、資金繰りの問題は常にスタートアップの頭を悩ませている。ただ、食糧の偏在による一部地域での極度の貧困と飢餓、農水産資源の枯渇の危機といった世界規模の問題が叫ばれて久しい中、危急の事態であることへの共通認識による国際協力が望まれる。

図：フードテック、アグリテック関連の主要な事業者

種別	事業者名	国	主な事業・特徴
フードテック	Infarm	ドイツ	IoT/クラウド活用の垂直農場、スーパー向け小型栽培設備
	TechMagic	日本	AI/ロボティクス活用の炒め調理ロボット「I-Robo」開発
	Plenty	米国	LED照明とAIを活用した高密度な野菜栽培
	Beyond Meat	米国	植物性代替肉の開発・製造
	Impossible Foods	米国	植物由来の代替肉の開発・製造。バーガーキングと提携し、代替肉を提供。
	Hargol FoodTech	イスラエル	バッタからプロテインパウダーを製造。
	Meatable	イスラエル	動物を屠殺することなく、細胞から肉を生産
	NotCo	チリ	AIを活用した植物由来食品開発
	ユーグレナ	日本	ミドリムシ活用、サステナブルアグリテック
アグリテック	John Deere	米国	自動運転トラクター、スマート農業ソリューション
	Bowery Farming	米国	AIとロボットを活用した完全自動化の農場
	AGCO Corporation	米国	スマート農業機械、農業ソリューション
	Bayer	ドイツ	デジタル農業プラットフォーム、農薬・種子
	DeLaval	スウェーデン	搾乳ロボット、酪農向け自動化システム
	BASF Digital Farming	ドイツ	AIによる栽培管理最適化プラットフォーム

3/28 ヘルステックのプレイヤー
デジタルヘルス、メドテック、エイジテック

IT を活用して健康増進や医療の進歩につながるサービス

　近年、IT の進歩により、医療や健康に関するサービスは大きく変革を遂げている。ヘルステック（HealthTech）とは、健康（Health）とテクノロジーを組み合わせた造語で、IT を活用して健康増進や医療の進歩につながるサービスを幅広く対象とする。ヘルステックのうち、診断・治療機器や患者ケアに関するサービス・製品の IT 分野はメドテック（MedTech）、高齢者の健康寿命延伸や介護現場の負担軽減・効率化を目的とした IT 分野はエイジテック（AgeTech）と呼ばれることもある。

　ヘルステックを活用することで、個人が日常的かつ効率的に健康状態をモニタリングできたり、遠隔医療によりコストや移動の手間が省けたり、AI によるデータ分析で疾病の早期発見や予防策の提案ができたりする。ひいては医療サービス提供者側の負担軽減、働き方改革につながる。分子レベルの微小な IC チップ上で遺伝子やタンパク質といった生体情報を解析するといった「バイオチップ」、遺伝子解析による疾病診断や未病の早期診断など個々人の遺伝情報や生活習慣に基づいたパーソナライズド医療も注目を集めている。

　ヘルステックの主要企業は米国勢が多く、オンライン医療相談プラットフォームを提供する Teladoc Health や HealthTap、糖尿病管理プラットフォーム「Livongo for Diabetes」を手掛ける Livongo、慢性疾患予防プログラム「Omada」を展開する Omada Health、メンタルヘルス向けの瞑想・マインドフルネスアプリの Headspace など、米国に多い疾患や悩みを踏まえたサービスが支持されている。米国以外では、AI を活用した遠隔医療診断サービスの英国企業の Babylon Health、糖尿病管理アプリを提供するオーストラリアの MySugr（マイシュガー）などがある。

　医療業界は国際化して久しく、かつ多層的でもある。例えば、MySugr は日本でも展開されているが、それを担っているのは糖尿病関連製品の輸入・製造・販売を手掛けるスイスのロシュ DC の日本法人である。また、日本のヘルステック企業としては、国内33万人

以上、世界650万人以上の医師が利用するプラットフォームを活用し、日本、世界の医療の変革にチャレンジしているエムスリーをはじめ、オンライン診療システム「CLINICSオンライン診療」を展開するメドレー、日本の高い医療技術に基づく独自プラットフォームを構築したUbie、医師・医学生専用コミュニティサイトを手掛けるMedPeer、クリニック向けクラウド型電子カルテサービスのCLIPLA 、24時間365日利用可能な医療相談アプリを手掛ける筑波大学発のLEBERなどがある。

　メドテック分野では、心臓のペースメーカーや医療画像診断装置など高額な精密機器を扱うとあって、各機器に長く精通してきた古参企業の存在感が圧倒的で、MedtronicやAbbott Laboratories、Stryker Corporation、GE Healthcare、Boston Scientificといった米国勢のほか、オランダのPhilips Healthcare、ドイツのSiemens Healthineersなど欧米勢が幅を利かせる。日本勢も、超高画素の撮像技術を駆使したニコンや富士フイルムがメドテック企業に分類される。一方、リング型の超音波振動子を使用して非接触で乳房の3Dスキャンが可能な、被ばくや痛みのない乳房用画像診断装置を手掛ける東大発ベンチャーLily MedTech、排尿の時期を知らせるデバイスを開発したDFreeなど、スタートアップの動向も注目される。

　エイジテックの分野では、先進国を中心に需要拡大が見込まれる。米国では高齢者向けのモバイルデバイスと緊急通報サービスのGreatCall、高齢者向けスマートホームデバイスのLively、高齢者向けのオンライン学習プログラムを提供するSenior Planet、高齢者向けのマッチングやパートナーシップのサービスを手掛けるPapaが耳目を集める。他に、高齢者用の対話型AIアシスタントロボット「ElliQ」を開発するイスラエルのIntuition Robotics、加齢黄斑変性患者の視力を補うメガネ型装置を開発した韓国のCELLiCOなど、山積する高齢者の悩みを商機と見て、活躍するスタートアップは多い。日本も、装着型サイボーグ「HAL」を手掛けるサイバーダイン、見守りなどの用途で点灯を通知するIoT電球「Hello Light」を展開するハローテクノロジーズ、離れて暮らす家族同士が近くに暮らしているかのように感じられる"デジタル近居"サービスを手掛けるチカクなど、超高齢化社会を迎えつつある日本ならではのサービスやアイデアは今後も期待が持てる。

　ただし、解決に向け、疾患に関するデータなど極めてプライバシーが求められる情報の取り扱い、新しい医療機器や技術の安全性確保、そして情報弱者となりがちな高齢者が置いてきぼりにされない、デジタルデバイドの解消といった難問も山積している。

図：ヘルステック関連の主要な事業者

事業者名	国	主なサービス
Teladoc Health	米国	オンライン医療相談プラットフォームを提供し、遠隔医療サービスを展開する
HealthTap	米国	オンライン医療相談プラットフォームを提供し、ユーザーが医師に直接質問できるサービスを展開
Livongo	米国	糖尿病管理プラットフォーム「Livongo for Diabetes」を提供し、患者の血糖値管理を支援
Omada Health	米国	慢性疾患予防プログラム「Omada」を展開し、生活習慣病の予防と管理を支援
Headspace	米国	メンタルヘルス向けの瞑想・マインドフルネスアプリを提供し、ユーザーの精神的健康をサポート
Babylon Health	英国	AI を活用した遠隔医療診断サービスを提供し、ユーザーが症状を入力すると AI が診断を行うシステムを展開
MySugr	オーストリア	糖尿病管理アプリ「MySugr」を提供し、患者の血糖値管理をサポート
Intuition Robotics	イスラエル	対話型 AI アシスタントロボット「ElliQ」の開発
エムスリー	日本	医師向け情報プラットフォーム「m3.com」を運営し、医療情報の提供や医薬品のプロモーションを提供
メドレー	日本	オンライン診療システム「CLINICS オンライン診療」を提供し、医療機関の遠隔診療導入を支援
Ubie	日本	AI を活用した問診システムを開発し、患者の症状から適切な診療科や疾患の可能性を提示するサービスを提供

3/29 エドテックのプレイヤー

MOOC、LMS、AI チューターなど

教育機会の拡大、公平化に寄与

エドテック（EdTech）は、教育（Education）とITを組み合わせた造語で、デジタル技術によって教育の質を高め、新たな学習体験を提供する取り組みを指す。従来の教育をITで変革し、場所や時間に囚われず、学習者一人ひとりの理解度や進捗、学習スタイルに合わせて個別最適化の教育の実現を目指す。

主なEdTechの領域として、「MOOC（大規模公開オンライン講座）」に代表されるオンライン学習プラットフォーム、学習進捗の把握や成績評価といった学びを総合的にマネージする「学習管理システム（LMS）」、AIを活用して学習者とリアルタイムで応答したり、学習計画を立てたりする「AIチューター」による個別指導システム、HMDを取り入れたVR/AR技術による没入感や手触り感のあるリアルな疑似授業体験など、多岐にわたるITの活用がすでに始まっている。

最大の利点は、先生が一方的に教える形になりがちだった教育を、インタラクティブ（双方向）で学習者がより積極的な発信や取り組みへと転化できる点にある。場所や時間の制約が少ないことから、離島や山間部といった僻地にも質の高い教育を届けやすくなる。また、自動採点や学習データの分析によって教師の負担を軽減でき、より良い教育に向けた作業の時間や余裕を生み出せる。米調査会社のMarket.USによると、エドテックの世界市場は2023年の1,460億ドルから、2033年までに5,496億ドルに達し、予測期間中の年平均成長率（CAGR）は14.2%で急速な成長が見込まれる。

エドテックの代表企業としては、幅広いジャンルのコンテンツを取り揃えたオンラインコースプラットフォームを世界展開する米国のCourseraやUdemy、語学学習アプリとして人気のDuolingoのほか、AIによる個別指導サービスで急成長するインドのBYJU'Sなどがある。また、非営利の米教育団体Khan Academyは、多言語による高品質な教育動画を無償で提供している。1976年生まれのバングラデシュ系米国人、Salman Amin Khan

が立ち上げた。さらに、テクノロジースキル中心の教育プラットフォームのUdacity、宿題・課題提出のオンライン学習サポートサービスChegg、大学向けオンライン教育プラットフォーム2Uなど、特定分野・領域に特化して成長を遂げる企業も増えている。

　日本企業では、昨今政府が力を入れる大人の学び直し「リスキリング」や英語学習の関連企業が目立つ。リクルート系の「スタディサプリ」やスタートアップのスピークバディが開発したAI英会話アプリのほか、ジャストシステムが手掛けるタブレット活用型の子供向け通信教育「スマイルゼミ」、スタートアップのスタディプラスは大学受験生の多くが使う学習管理プラットフォームを展開する。

　なおエドテックには、ITリテラシー次第で習熟度に大きな差が出たり、オンライン学習に伴う対面コミュニケーションの不足で人間関係を築きにくかったりと課題が指摘されている。また、生成AIにより問題作成や採点の自動化が格段に進歩した半面、教師の独創性や自主性が教育の質を左右する新たな局面を迎えてもいる。

図：エドテック関連の主要な事業者

事業者名	国	分野	主な事業・特徴
Coursera	米国	オンライン学習プラットフォーム	大学・企業と提携した幅広い分野のオンラインコース提供
Udemy	米国	オンライン学習プラットフォーム	個人講師も参加可能な幅広いスキル学習コース
Duolingo	米国	語学学習	ゲーミフィケーションを活用した語学学習アプリ
BYJU'S	インド	オンライン教育	AIを活用した個別指導サービス
Khan Academy	米国	教育コンテンツ	無料の教育動画プラットフォーム。非営利
Udacity	米国	技術教育	テクノロジースキル特化型の教育プラットフォーム
Chegg	米国	学習支援	宿題・課題提出のオンラインサポート
リクルートマーケティングパートナーズ	日本	総合教育	オンライン学習・リスキリングプラットフォーム「スタディサプリ」展開
スピークバディ	日本	語学学習	AI英会話アプリ
ジャストシステム	日本	子供向け教育	タブレット活用型通信教育「スマイルゼミ」

3/30 ガブテックのプレイヤー
eKYC、ポリテック、レグテック

行政運営や規制遵守の効率化と透明性向上

　公共サービス分野においても、行政運営や規制遵守の効率化と透明性向上にデジタル技術の活用が進んでいる。ガブテック（GovTech）とは、政府や自治体、政治や規制の分野において、ITを活用して行政サービスを効率的に提供する取り組みを指す。ペーパーレス化などのデジタル技術による手続きの迅速化やコスト削減、オンラインプラットフォームを通じた国民・市民の意見収集、データの公開や共有によって、行政運営の透明化を図ることができる。ただし、「デジタルデバイド」や「情報弱者」といった言葉に象徴されるように、高齢者などデジタルデバイスの扱いに慣れていない人々への配慮が求められる。

　ガブテックは、政府・自治体（Government）、政治（Politics）、規制（Regulation）といった分野ごとに、ガブテック、ポリテック（PoliTech）、レグテック（RegTech）と細分化できる。

　ガブテックの主要な企業には、北米で地方自治体向けソフトウェアを提供する1966年創業のTyler Technologiesのほか、行政手続きのデジタル化ソリューションを手掛ける米Accela、米国の連邦および州政府、地方自治体向けデジタルサービスのNIC Inc.、公共部門の会計・予算編成のソフトや市民参加型プラットフォームを提供するGranicusがある。2012年設立のOpenGovも49州の1,000を超える市、郡、州機関に財務管理などのサービスを提供している。

　ガブテックの分野では、政府との距離感や調達の公平性、透明性の観点もあり、外資規制やそれに近い力が働きやすいという背景から、国・地域ごとに独自のサービスが生まれる傾向が見られる。日本では、eKYC（オンライン本人確認）サービスを通じてデジタル身分証の普及を促すTRUSTDOCK、デジタル障害者手帳「ミライロID」など障害者向けのデジタルサービスを提供するミライロ、マイナンバーカードを活用したデジタルIDソリューションのxID、自治体向け予算編成・経営管理システム「Build & Scrap」を手掛

けるWiseVine、行政向けの請求書電子化サービス「Haratte」を提供するAmbiRiseなど、スタートアップの活躍が目覚ましい。

　ポリテックの分野では、選挙などの政治活動や政策立案にデジタル技術を積極的に取り入れて、民主主義の深化や政治参加の後押しを図る。データ分析に基づく適所での迅速かつ的確な政策決定、SNSやオンラインプラットフォームを通じた双方向の情報交換などによる有権者と被選挙人とのコミュニケーション強化、オンライン上のキャンペーンによる特定の層に絞った効果的なアプローチなどが可能となる。一方で、SNSでの情報の送受信におけるフェイクニュースや誤情報の広まりが問題視される。真偽の見極めやフェイクの拡散防止が求められており、一度の炎上が政治生命の終わり、命取りになりかねない。

　ポリテックの主要な企業の多くもまた米国発祥である。NPO活動や政治キャンペーンの管理プラットフォームを展開する2009年創業のNationBuilder、選挙運動や有権者データベースのソフトウェアを開発する2001年設立のNGP VAN、政治家と有権者をつなぐプラットフォームを提供する2014年創業のCrowdpacなどがある。日本では、政治家と市民が意見交換できるプラットフォームを運営するPoliPoli、独自のオンライン投票システムで選挙や投票手続きのデジタル化を推進するVOTE FOR、選挙情報や政治課題を発信するプラットフォームの運営会社である政治山、政治・社会の課題の記事やコメントを通じて市民の参加を促すPolimillなど、数多くのベンチャーが生まれている。なお、ガブテックとポリテックは切り分けるのが難しく、分類上どちらにも当てはまる企業も少なくない。

　レグテックは米国と英国を中心に広まってきた概念で、ITを駆使して規制に対するコンプライアンス（法令遵守）を強化する取り組みを指す。マネー・ローンダリング対策（AML、Anti-Money Laundering）やテロ資金供対策（CFT、Counter Financing of Terrorism）の効率化、KYC（本人確認手続き）など、特に金融サービスの文脈で登場する。最先端の生成AIの組み込みなど、複雑化・高度化するサービスへの規制に則したITソリューションを指すことが多い。煩雑で多岐にわたる規制報告など必要書類の準備プロセスを自動化、簡素化することで、人件費などのコスト削減につなげられ、不正検出の精度向上にもつながる。ただし、頻繁な規制変更への継続的な対応やシステム導入・統合のコスト、機密情報の保護をはじめとするデータセキュリティの強化が挙げられる。

　レグテックの代表的な企業には、ID検証や位置情報インテリジェンスや詐欺防止の専門家集団である英国GBグループや傘下の米国IDology、銀行・保険会社の信用リスク

管理や企業融資やコンプライアンスを世界中でサポートするドイツのソフトウェア大手Actico、AMLや詐欺にまつわるリスクの検出・管理のサポートソフトを提供する2014年設立の英国スタートアップComplyAdvantageや同業の米NICE Actimizeがある。日本でも、金融データの集約・分析プラットフォームを提供するMoneytreeなどが知られているほか、デジタル庁が主導する「RegTechコミュニティ」など、徐々に活動が広まっている。

図：ガブテック関連の主要な事業者

事 業 者 名	国	特 徴
Tyler Technologies	米国	1966年創業の老舗企業。地方自治体向けに幅広い行政支援サービスを展開
Accela	米国	行政手続きのデジタル化ソリューション。許認可、コード執行、資産管理など
NIC Inc.	米国	連邦および州政府、地方自治体向け。市民ポータルなど電子政府サービス
Granicus	米国	政府の財務管理、市民とのコミュニケーションを支援
OpenGov	米国	自治体向けクラウドサービス。1,000以上の自治体に提供
TRUSTDOCK	日本	eKYC、デジタル身分証の普及を推進
ミライロ	日本	障害者向けのデジタルサービスを提供
xID	日本	マイナンバーカードを活用したデジタルIDソリューション

4 章

グローバルITの
これまで

3 章で見てきたグローバルITを支えるハードウェアやインフラ、ソフトウェアやサービスの多くは、過去1世紀ほどの間に生まれ、加速度的に進展し、IT産業の急成長に与するとともに、世の中に広く普及していった。その進化の系譜は、真空管に始まり、トランジスタ、集積回路へと至る電子技術の進化、パーソナルコンピュータの普及、インターネットの勃興など、短期間でありながら濃密かつ革新的な変化、転換点に富んでいた。本章ではそうしたグローバルITを支える主要素を、時代背景を踏まえながら発展史として捉えて時系列で追っていく。コンピュータの黎明期から現代のクラウドコンピューティングまで、各時代の画期的な技術革新とその社会的影響をつぶさに読み解く。具体的には、ロジック半導体やメモリ技術の発展、ストレージの多様化、ネットワーク技術の進化など、各分野の技術革新がどのように相互に影響し合いながら共進してきたのかを解説していく。また、半導体製造装置やモバイルデバイス、スーパーコンピュータの発展がITの普及に果たした役割についても考察し、未来の技術トレンドの展望を示したい。

ロジック半導体のこれまで

IC、マイクロプロセッサ、LSI、VLSI

初期・揺籃期から普及期・発展期

　ロジック半導体の起源は、1947年にベル研究所（現・AT&Tベル研究所）でJohn Bardeen と Walter Brattain によって発明された点接触型トランジスタに遡る。これは、真空管に代わる電子デバイスとして、後のIT革命を牽引していく画期的な発明だった。従来の真空管に比べ、トランジスタは小型軽量で消費電力が少なく、電子機器の小型化と高性能化を飛躍的に進めることとなった。翌1948年にはWilliam B.Shockleyが接合型トランジスタを発明し、これらの一連の功績により、3人は1956年、ノーベル物理学賞を受賞した。

　1950年代にはシリコンベースのトランジスタが登場し、耐久性と効率性が向上し、本格的に商用段階へと入る。米国を中心に半導体産業が形成され、トランジスタの量産が始まった。特に、Texas Instruments（TI）の社員だったJack Kilbyが1958年、半導体チップ上に複数の電子部品を統合する方法を編み出し、集積回路（IC、Integrated Circuit）の基本概念の礎が築かれた。

　1960年代に入ると、Intelを創業した1人、Gordon E. Moore らがICの微細化と高性能化を進め、「ICの集積率が18〜24ヵ月で2倍になる」という経験則、すなわち「ムーアの法則」を提唱した。事実、半導体はその後、この法則に概ね沿う形で微細化と高性能化が進んだ。この頃日本では、シャープがトランジスタ電卓とIC電卓をそれぞれ1964年と1966年に、いずれも世界に先駆けて発売する快挙を成し遂げている。ただし、半導体の世界市場は技術力で圧倒的に優位な米国がほぼ独占していた。

　以降、1970年代までは米国の独走期と言え、Intelが中心的な役割を果たし、1971年に発表された「Intel 4004」は、世界初の商用マイクロプロセッサとして語り継がれている。連続的な技術革新により、コンピュータの小型化と高性能化が進み、1970年代を通じてLSI（Large-Scale Integration、大規模集積回路）が花盛りとなった。

さらに1980年代はVLSI（Very Large-Scale Integration、超大規模集積回路）の時代を迎えるとともに、日本勢台頭の時代でもあった。特に東芝、日立製作所、NEC、富士通といった日本の半導体メーカーが急成長した。日本の強みとしては設計から製造まで一貫して行う「垂直統合」モデルであり、高度な製造技術と徹底的な品質管理で「日の丸半導体」と呼ばれ、世界を席巻した。

停滞期あるいは成熟期、そして今後

　1990年代に入ると、半導体の集積度はさらに高まり、ULSI（Ultra Large-Scale Integration、超々大規模集積回路）の時代に突入した。そしてこの時期から半導体産業の構造に大きな変化が起こり始めた。設計と製造を分離する「ファブレス・ファウンドリ」モデルの主流化、すなわち、垂直統合から水平分業への生産構造のパラダイムシフトが起こった。それにより日本の勢力も俄然衰えていくこととなる。

　ファブレス（Fabless）モデルとしては、半導体の設計のみに特化し、製造は外部に委託するNVIDIA、Qualcomm、MediaTekといった企業がシェアを広げた。その委託先が台湾TSMC（Taiwan Semiconductor Manufacturing Company、台湾積体電路製造）に代表されるファウンドリ（Foundry）で、半導体の製造のみを請け負う専門工場だ。半導体の製造工程は世界で分業化され、産業のグローバル化と多様化が一気に加速する。垂直統合型を強みとしていた日本勢はそうした分業体制へのシフトに即応できず、むしろその強みが仇となり、生産拠点などのレガシーコストがかさみ、今やNVIDIAや台湾TSMC、韓国Samsung Electronicsなどに水を空けられている。

　ファブレスとファウンドリの分業体制は、コスト削減と技術革新を両立させるメリットがあり、スマートフォンの爆発的普及やデータセンターの需要増加に応える形で成長を続けている。2020年代に入ると、TSMCが5nmプロセス、さらに3nmプロセスの技術で大きくリードしてきた。衰微する日本だが、市場から完全撤退したわけではなく、土俵際ぎりぎりで踏みとどまっている状況が続く。次世代の先端技術開発で出遅れたものの、エッチングや成膜など、材料や製造装置分野では依然として競争力を保持している。半導体産業は経済安全保障の観点からもますます重要視されており、打ち手と分野によっては日本勢の再台頭も夢ではない。

人工知能（AI）や量子コンピューティング、IoT、自動運転など、新技術の発展により半導体の需要はさらに高まっていく。特に、米中の覇権争いが激しさを増す中、半導体は戦略的に極めて重要な意味を持つようになるだろう。

図：ロジック半導体の初期・普及・成熟期における出来事

段 階	時 期	主 な 出 来 事 と 関 連 企 業・製 品	国・地 域
誕生	1940年代	・1947年、ベル研究所で点接触型トランジスタ発明 ・1948年、接合型トランジスタ発明	米国
初期・揺籃期	1950～60年代	・1958年、TIのJack Kilbyが集積回路（IC）の概念提唱 ・1960年代、IntelのGordon Mooreが「ムーアの法則」提唱 ・1964年、シャープのトランジスタ電卓発売 ・1966年、シャープのIC電卓発売	米国、日本
普及期・発展期	1970～80年代	・1971年、Intelが世界初の商用マイクロプロセッサ「Intel 4004」発表 ・1970年代、LSIの普及 ・1980年代、VLSIの時代。日本の半導体メーカー急成長	米国、日本
停滞／成熟期	1990～2000年代	・ファブレス・ファウンドリモデルの主流化 ・NVIDIAなどのファブレス企業が台頭 ・TSMCがファウンドリとして成長 ・日本勢の競争力低下、サムスン電子やTSMCが伸長	米国、台湾、韓国
現在と今後	2010年代以降	・スマートフォンやデータセンターの需要増加に伴い、半導体需要が拡大 ・TSMCが5nm、3nmプロセス技術でリード ・AIや量子コンピューティングの発展に伴い半導体需要は堅調 ・米中の覇権争い激化、経済安全保障上各国が戦略的に半導体産業強化	グローバル

図：半導体業界の変遷

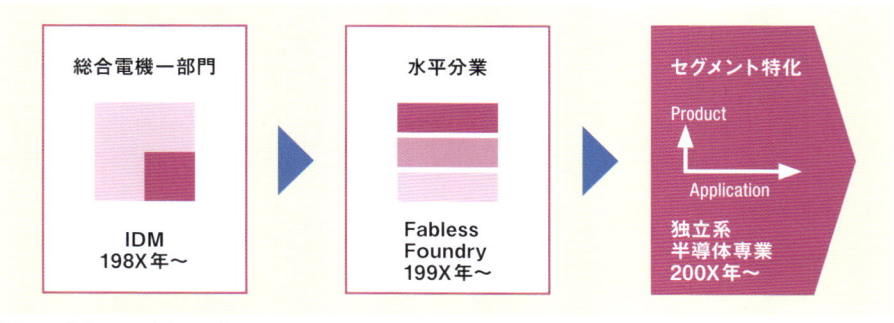

出典：ルネサスエレクトロニクス

半導体メモリのこれまで
DRAM、NOR 型フラッシュメモリ、NAND 型フラッシュメモリ

初期・揺籃期から普及期・発展期

　半導体メモリの誕生は1950年代に遡る。1952年、マサチューセッツ工科大学（MIT）の大学院生 Dudley Allen Buck による強誘電体がメモリとスイッチに応用できる原理を実証した1952年の論文で、世界初の半導体不揮発性メモリの概念が発表された。また、1955年には、ベル電話研究所の研究員らが256ビットの強誘電体メモリを試作したが、材料の不安定性などから実用化には至らなかった。

　1960年代に入ると、半導体メモリの基礎技術が次々と開発される。1960年代後半には浮遊ゲート技術と電荷捕獲技術が考案され、これらがのちのフラッシュメモリの基礎となった。1967年にはベル電話研究所の朝鮮系米国人 Dawon Kahng と中国系米国人 Simon M. Sze が浮遊ゲートを MOSFET（Metal Oxide Semiconductor Field Effect Transistor）に導入した不揮発性メモリを試作したことも歴史的出来事として後世に伝わる。

　1966年には IBM の Robert Dennard 博士が、小型で高密度なメモリを実現する「半導体ダイナミックメモリ」（DRAM、Dynamic Random Access Memory）の概念を考案した。1970年に Intel が世界初となる DRAM チップ「1103」を製造、その後1,024（1K）ビット DRAM が磁気コアメモリに代わってコンピュータの主記憶装置として採用される流れが一気に加速した。

　1980年代から1990年代にかけて、半導体メモリは急速な発展を遂げる。東芝の舛岡富士雄が1984年に NOR 型フラッシュメモリを、1987年には NAND 型フラッシュメモリを発明し、世間の喝采を浴びた。発明を踏まえ、NOR フラッシュの量産が始まり、不揮発性メモリの新時代が幕を開ける。フラッシュメモリは当初、デジタルカメラの記録用途やリムーバブルストレージなど PC の外部記憶用途に使われた。この時期、「ムーアの法則」に沿って半導体の集積度は急速に向上し、メモリ容量も飛躍的に増大した。

停滞期あるいは成熟期、そして今後

　2000年代以降、DRAM は PC やサーバを中心に主要なメモリ技術として地位を確立し、市場は成熟期に入る。半導体メモリの微細化が物理的限界に近づき始め、従来のペースでの性能向上が困難になった。製造プロセスの効率化とコスト削減と大容量化が進む中、特に韓国の Samsung がこの分野で台頭し、世界市場のシェアを急速に拡大した。また、Micron や SanDisk、東芝が市場を牽引しつつも、新興国メーカーの台頭や価格競争が進んだ。

　また、大容量化の進展に伴い、データセンターやクラウドサービス向けの需要が拡大し、半導体メモリの用途が多様化した。製造技術においては 3D NAND フラッシュメモリの開発が進み、記憶容量が大幅に向上した。これらの技術により従来の 2D NAND の限界を突破し、コスト効率と性能を両立する新しい地平を切り拓く。DRAM は、IT 化の波に乗って急速に発展した。パソコンだけでなく、様々な電子機器に搭載されるようになった。フラッシュメモリも、デジタルカメラや携帯電話の普及に伴い、小型化、高密度化が進み、USB メモリや SSD（Solid State Drive）など、新たな製品を生み出す。

　こうして 2010年代までに、半導体メモリ市場は成熟期を迎えた。製造技術の微細化が限界に近づき、コスト削減や性能向上のペースが鈍化する中、競争は激化した。2010年代、特に後半以降、フラッシュメモリを中心とした不揮発性メモリの需要の拡大が続く。スマートフォンやタブレット、SSD などの普及により、NAND フラッシュメモリの需要が拡大している。同時に、自動運転車や IoT の発展に伴い、高速・大容量のメモリへの需要も高まっている。

　特に AI やビッグデータの台頭により、大容量・高速なメモリが求められるようになり、高性能な DRAM や 3D NAND フラッシュメモリの需要が急増している。また、競争の激化により、各メーカーは独自の技術開発や製造プロセスの革新に力を入れている。例えば、DRAM における微細化の限界を突破するために EUV リソグラフィ技術が採用される一方で、次世代メモリ技術として MRAM（磁気抵抗ランダムアクセスメモリ）や ReRAM（抵抗変化型メモリ）なども研究されている。

　今後の半導体メモリの発展は、従来のムーアの法則に基づく単純な微細化だけでなく、新しい材料や構造、3D 積層技術のさらなる進化が期待されている。また、量子コンピュー

ティングやニューロモーフィックコンピューティングなど、新しいコンピューティング技術に適した新型メモリの開発のパラダイムシフトも起こりつつある。

図：半導体メモリの初期・普及・成熟期における出来事

段 階	時 期	主 な 出 来 事 と 関 連 企 業・製 品	国・地 域
誕生	1950年代	・1952 年、MIT の Dudley Allen Buck が世界初の半導体不揮発性メモリの概念発表 ・1955 年、ベル電話研究所が 256 ビットの強誘電体メモリ試作	米国
初期・揺籃期	1960〜70年代	・1967 年、ベル電話研究所が浮遊ゲートを MOS FET に導入した不揮発性メモリ試作 ・1966 年、IBM の Robert Dennard が DRAM の概念考案	米国
普及期・発展期	1980〜90年代	・1970 年、Intel が世界初の DRAM チップ「1103」製造 ・1984 年、東芝の舛岡富士雄が NOR 型フラッシュメモリ発明 ・1987 年、舛岡富士雄が NAND 型フラッシュメモリ発明	米国、日本
停滞／成熟期	2000〜10年代半ば	・DRAM が PC やサーバの主要メモリ技術として定着 ・韓国 Samsung 台頭	グローバル
現在と今後	2010年代後半以降	・スマートフォンや SSD の普及により NAND フラッシュメモリの需要増 ・AI やビッグデータの普及に伴い、高性能な DRAM や 3D NAND フラッシュメモリの需要急増 ・次世代メモリ技術として MRAM や ReRAM の研究進展	グローバル

4/3 アナログ半導体のこれまで
高性能なアナログフロントエンドに対する需要の高まり

初期・揺籃期から普及期・発展期

　アナログ半導体の誕生は、他の半導体メモリなどと同様、1947年のトランジスタの発明に遡る。ベル研究所のJohn BardeenとWalter Brattainが信号の増幅実験に成功し、翌1948年にはWilliam B. Shockleyがより安定的に利用できるタイプのトランジスタを発明し、アナログ半導体の基礎を築いた。そして、1950年代から1960年代初頭にかけて、アナログ半導体開発の初期段階に移行した。この時期、トランジスタを使用した製品開発が進み、1950年代には日本でもトランジスタラジオが開発される。1959年には、集積回路（IC）に関する2つの基本発明がなされ、それに符合してアナログICの開発も始動した。

　この時代、トランジスタ技術やシリコンチップが登場し、従来の真空管から半導体デバイスへの転換が加速した。特に、1965年にRay StataとMathew Lorberによって設立されたAnalog Devices（ADI、アナログ・デバイセズ）はアナログ半導体の専門企業として長い歴史を持つ。この時期に、アナログ信号の処理に特化した技術開発が花開いていく。電圧や電流といった連続的なアナログ信号を処理・増幅する半導体デバイスの研究が進み、オペアンプ（Operational Amplifier）などの基本的な素子を用いて、アナログ回路技術が確立された。アナログICは性能を向上させ、オーディオ機器、通信機器、計測機器など、幅広い分野で採用され、電子回路の設計は飛躍的に進歩した。

　1970年代から1990年代にかけて、アナログ半導体は急速に発展し普及した。この時期、ICの集積度の向上に伴い、高機能化・多機能化が進んだ。アナログ半導体は電子機器の小型化と大量生産を可能とし、電卓やパソコン、ワープロ、ファクシミリ、ビデオゲームなど、新しい応用機器が次々と登場した。特に、信号処理や制御、センシングなどの分野で、他の半導体とは一線を画した重要な役割を果たし、デジタルICと並んで半導体市場で存在感を示した。

停滞期あるいは成熟期、そして今後

　デジタル技術の進展に伴い、アナログICの重要性は相対的に一時低下した。2000年代に入ると、半導体市場の主軸はアナログICからデジタルICへと移り、多くのアナログ信号処理がデジタル回路で置き換えられるようになったのだ。ただし、アナログ信号が持つ高精度性や高速性、低消費電力といった特徴は、デジタル回路では実現が難しい側面がある。そうした分野でアナログICは依然として重要な役割を担い続けてもいる。

　2010年代以降、スマートフォンやIoT（モノのインターネット）や自動運転技術の発展により、アナログ半導体の需要が再び高まっている。モバイルデバイスやIoT機器で実装が進み、センサーやアンプ、電源管理IC、RFICなどの分野に広く搭載されている。センサーから得られるアナログ信号をデジタル化して処理する際にも、高精度なアナログフロントエンドが欠かせない。自動車や産業機器など、リアルタイム性が求められる分野では、アナログ回路の高速性と信頼性が依然として重要視されている。

　現在、アナログ半導体市場では、ADI、TI、Bosch Sensortec、STMicroelectronics、NXP Semiconductors、Infineon、Skyworks Solutionsといった主に米国企業が主導的な役割を果たしている。一方、日本勢もロームやルネサスエレクトロニクス、村田製作所、TDK、ソニーセミコンダクタソリューションズなどが特定の分野で強みを持っている。

　今後は、5G通信の普及や自動運転車の開発など、様々な分野で大量のセンサーデータが生成されると予想されており、高性能なアナログフロントエンドに対する需要はますます高まるだろう。特に、自動車産業におけるアナログ半導体の需要は増加傾向にある。電気自動車は従来の自動車と比べて倍近い半導体を必要とし、さらに自動運転技術では10倍近くの半導体が必要になるとされている。

　また、IoTデバイスの普及に伴い、センサーやアナログ-デジタル変換器（ADC）、デジタル-アナログ変換器（DAC）などのアナログ半導体の需要も増加するほか、5G通信の普及に伴い、RF（高周波）ICの需要も拡大すると見込まれる。さらに、AIや機械学習の発展により、アナログ半導体の新たな応用分野が開拓されるかもしれない。例えば、エッジAIデバイスにおける低消費電力のアナログ信号処理などが注目されている。

　日本では、2024年以降、半導体工場の新設が相次ぎ、アナログ半導体分野でも競争力の回復が期待される。アナログ半導体の設計には高度な技術が必要であり、人材育成が課

題となり得るからだ。特に、高付加価値な車載半導体市場では、アナログ半導体からロジック半導体まで、幅広い開発力が求められるため、今後の展望は明るいかもしれない。

図：アナログ半導体の初期・普及・成熟期における出来事

段階	時期	主な出来事と関連企業・製品	国・地域
誕生	1940年代	・1947年、ベル研究所の研究員が点接触型トランジスタ発明 ・1948年、Shockley が接合型トランジスタ発明	米国
初期・揺籃期	1950～60年代	・1950年代、日本でトランジスタラジオ開発 ・1959年、IC の基本発明 ・1965年、ADI 設立 ・1960年代後半、オペアンプなどの基本素子確立	米国、日本
普及期・発展期	1970～90年代	・アナログ IC の高機能化・多機能化進展、電卓やパソコンなど幅広い電子機器に採用	米国、日本、欧州
停滞／成熟期	2000年代	・デジタル技術の発展に伴うアナログ IC の相対的重要性低下	グローバル
現在と今後	2010年代以降	・スマホや IoT の発展でアナログ半導体需要再増加 ・センサーや電源管理 IC、RFIC の分野で需要拡大 ・エッジ AI での低消費電力アナログ信号処理に注目	グローバル

4/4 ストレージのこれまで
デバイスが多様化し、役割が明確に分化

初期・揺籃期から普及期・発展期

ストレージの歴史は1956年、IBMが発表した商用ハードディスク（HDD）「305 RAMAC」に始まる。この装置は大型冷蔵庫2台分の巨大さで24インチの50枚のディスクを使う半面、保存できるデータ容量は4.8MB分にとどまった。当時のストレージは、主に大企業のデータセンター向けに設計されていた。

一方でテープストレージの歴史はより古く、1928年に欧州のエンジニアであるFritz Pfleumerが、音声を録音できる磁気テープを発明、改良を重ねて「マグネトフォン」を開発した。後に、磁気テープストレージとして、長期保存やバックアップ用として活用されていく。これらの発明が、現代のストレージデバイスの基礎となっている。

1960年代から1970年代にかけて、ストレージデバイスの基礎技術が次々と開発された。1961年に発売されたIBMディスク記憶装置「1301」は、プラッタの回転による気流を利用し、円盤から浮上した状態で情報の読み書きを行い、プラッタの記録面ごとに専用のヘッドを持つ。さらに1973年、IBMが「IBM 3340」を発表、現在のHDDの原形が確立された。同じ機構のHDDは以後、3340の開発コードネームにちなんで「ウインチェスター型ドライブ」として定着する。この時期、ストレージデバイスの小型化が進み、8インチや14インチのプラッタを使用するHDDが登場した。

1980年にはSeagate Technologyが5.25インチのHDDを世界で初めて製品化し、一層の小型化に大きく貢献した。こうした努力により、ストレージはオフィス環境での利用が現実のものとなった。ただ、依然として高価であったため、広範な普及には至らなかった。

1980年代から1990年代にかけて、PCの普及に伴い、HDDは主要な記憶装置として定着した。5.25インチHDDがさらに小型化され、3.5インチHDDが普及し始めるとともに、Western Digital（WD）の台頭など企業間の競争激化で価格は一気に下がった。1990年代後半には、10GBのHDDが数万円で購入可能となって、家庭でも広く利用されるよう

になり、HDDの小型化と低価格化が一段と進んだ。その後のインターネットの普及は、データ量の飛躍的な膨大化を招き、HDDは大容量化と価格競争の一途を辿る。

　一方、テープストレージは1980年代以降も依然としてデータの長期保存や大規模アーカイブ用途としての需要が底堅く、企業での採用が広がった。LTO（Linear Tape-Open）規格が標準化されるとともに、大容量化と耐久性の向上が進み、富士フイルムやIBMが主導的な役割を果たした。

停滞期あるいは成熟期、そして今後

　2000年代に入ると、HDD市場は成熟期を迎える。主要メーカーの統廃合が進み、HDDメーカーは1980年代の80社から2010年代にはSeagate Technology、WD、東芝の3社に集約された。HDDの大容量化は続き、1〜3TBの製品が家庭やビジネス向けに普及した。一方、微細化が物理的限界に近づき始め、従来のペースでの性能向上が難しくなってきた。

　また、新たに台頭したSSDは、HDDの地位を揺るがす存在となった。HDDに比べて高速アクセスが可能であり、消費電力も少ないという特徴を持っていた。ただ、価格が高価であったため、主に高性能なコンピュータやサーバに搭載された。一方、磁気テープは、HDDに比べて低コストで大容量であるといった利点に対し、アクセス速度が遅い「シーケンシャルアクセス」に限定されるという欠点もあった。

　2010年代以降、HDDはデータセンター向けに特化した大容量モデルが主流となり、家庭向けの市場はSSDに取って代わられつつある。SSDの高速性と信頼性、価格の低下が進み、特にノートPCやタブレット市場ではHDDの存在感が薄れている。ただ、HDDはコストパフォーマンスの良さから、データセンターや監視カメラシステムなど、大容量データの保存が求められる場面で引き続き利用されている。

　一方、テープストレージはクラウドストレージの登場やデータ量の爆発的な増加により、新たな役割を得た。データセンターや大規模研究機関でのバックアップ用途としての需要が安定し、特に長期保存とセキュリティの観点から評価されている。LTO-9規格に基づく磁気テープが登場し、1本のテープで数十TBものデータを保存できるようになってきた。特にAIやビッグデータ解析が普及する中で、長期保存性や信頼性、コスト効率を兼ね備

えたテープストレージの需要は再び注目を集めている。LTO規格の普及によるテープドライブの互換性向上もあり、テープストレージの利用拡大を後押ししている。

　今後、ストレージデバイス市場はさらに多様化し、HDD、SSD、テープストレージの役割が明確に分化していくと考えられる。HDDは大容量化とコスト削減の方向性を維持しながら、データセンター向けに特化した製品が主流となるだろう。一方で、SSDは価格競争が進む中、家庭用市場やモバイル機器における標準的な記憶装置としての地位を強化していくと予測される。

　テープストレージは、データの爆発的増加とともに、バックアップやアーカイブ用途での需要拡大が見込まれる。また、クラウドストレージとの連携、MRAM（磁気抵抗ランダムアクセスメモリ）やPCRAM（相変化メモリ）、DNAストレージや光学ストレージといった次世代技術の登場などにより、ストレージデバイスはさらなる進化を遂げそうだ。

図：ストレージの初期・普及・成熟期における出来事

段　階	時　期	主な出来事と関連企業・製品	国・地域
誕生	～1950年代	・1928年、録音用磁気テープ発明、「マグネトフォン」開発 ・1956年、IBMが世界初の商用HDD「IBM 305 RAMAC」発表	米国
初期・揺籃期	1960～70年代	・1961年、IBMがディスク記憶装置「1301」発表 ・1973年、IBMが「3340」発表、現在のHDDの基本構造確立	米国
普及期・発展期	1980～90年代	・1980年、Seagate Technologyが初の5.25インチHDD「ST-506」発売。PCへのHDD搭載が一般化 ・Western Digitalの台頭、価格競争激化 ・1990年代後半、10GB HDDが数万円で入手可能に	米国
停滞／成熟期	2000年代	・2000年代、HDD市場の主要メーカーがSeagate、WD、東芝の3社に集約。1～3TB HDDの普及 ・SSDの登場によりHDDの地位が揺らぎ始める	米国、日本
現在と今後	2010年代以降	・2010年代以降、データセンター向け大容量HDDが主流 ・テープストレージがバックアップやアーカイブ用途で再評価、LTO規格の進化が続く	グローバル

初期・揺籃期から普及期・発展期

　コンピュータの歴史は、計算を効率化しようとする人間の営みから始まった。人類は計算道具として最初に石を、その後にマキビシを使い、長さなどを測るようになった。江戸時代には算木と呼ばれる木の棒で計算を試みた。古代のそろばん、17世紀の欧州に登場した歯車式加減算機「パスカリーヌ」は、哲学者のパスカルが案出した最古の機械式計算機とされる。後に数学者ライプニッツが改良を加えて歯車式乗除算機を発明するなど、計算の精緻化、高速化を人類の至上命題として追求していく。

　20世紀に入ると、コンピュータ技術の開発が本格化し、主に米国で大型コンピュータ・メインフレームの開発が進められた。この時期のコンピュータは、第2次世界大戦中およびその後の軍事・科学技術の発展と密接に関係している。1940年代、ハンガリー生まれの数学者John von Neumannは設計思想に行き着き、プログラムを記憶装置に格納して命令を順次実行する方式を提唱した。この「フォン・ノイマン型アーキテクチャ」によって、プログラムをCPUが処理するという現在のコンピュータの基本構造は確立された。これにより、現代コンピュータの基礎概念が定義された。

　世界初のコンピュータ「ENIAC (Electronic Numerical Integrator and Computer)」は1946年、米ペンシルベニア大学で完成した。電子式汎用コンピュータのENIACは真空管約18,000本を使用し、部屋全体を占める大きさで、非常に大規模かつ高エネルギー消費、高コストだったが、計算速度は人を圧倒的に超えていた。弾道計算など、複雑かつ膨大な計算を高速で行うことが可能である。関連技術は米国の軍事および科学の用途で広く使われ、発展していった。

　1951年には、初の商用コンピュータ「UNIVAC I」が米事務機器メーカーRemington Randから発売され、主に人口統計調査などの大規模データ処理に使用された。日本では1956年に、東京大学でコンピュータTAC（Tokyo Automatic Computer）が完成、続く

1957年には、富士通が国産初の実用リレー式コンピュータ「FACOM 128B」を開発した。IBMの影響を受けながらも、日本独自の技術開発が始まった時期だった。

　この時期のコンピュータは、主に米国を中心に開発が進められ、軍事利用や科学技術計算、政府機関での利用が中心だった。技術面では真空管からトランジスタへの転換期でもあり、コンピュータの小型化と信頼性向上へと向かっていった。1960年代に入ると、コンピュータは原動力が真空管から半導体へと置き換わり、技術は急速に進歩を遂げる。1964年11月、IBMが発表した「System/360」は、トランジスタなどの部品をセラミック基板上の厚膜回路に接着する混成集積回路が採用され、小型化へと向かう契機となった。また、マイクロプログラム方式を全面的に採用し、単一アーキテクチャによるファミリマシンが実現され、小型から大型まで同じソフトウェアを共用できるようになった。

　こうした流れを受け、小型化と低エネルギー化が進み、メインフレームコンピュータが企業や政府機関に導入された。特にIBMのSystem/360シリーズは、互換性のある設計を持ち、広範なアプリケーションをサポートしたため、多くの企業に採用され、メインフレーム市場をリードした。一方、日本では、1965年発売の富士通「FACOM230」シリーズが国内市場での標準モデルとして広く普及した。また、日立製作所、NEC、東芝もメインフレーム市場に参入し、国内外で競争が加速した。

　1960年代末には、DEC（Digital Equipment Corporation）の「PDPシリーズ」が登場、ミニコンピュータという新しいカテゴリが誕生した。メインフレームより小型で安価なミニコンは、中小企業や大学、研究機関に広く支持された。日本でも三菱電機、沖電気などがミニコン市場に参入し、製造業を中心に普及した。

　1969年には、ベル研究所の研究員によって、ミニコンピュータ上で動くオペレーティングシステム（OS）「UNIX」が開発された。UNIXは後にワークステーションやサーバの主要なOSとなり、コンピュータ業界に大きな影響を与えた。また、米国のシリコンバレーではこの時期、半導体技術の発展によりコンピュータの小型化と低価格化が加速した。なかでも1968年のIntelの設立は、後のPC産業に革命をもたらす発端となった。

　1976年のApple Computer（現Apple）の設立と翌1977年の「Apple II」発売は、パーソナルコンピュータ時代の幕開けとなった。1980年代に入ると、マイクロプロセッサの発展によりPCが本格的な普及期に入る。1981年にはIBMが「IBM PC」を発売し、ビジネス用パソコンの指標となった。これに対抗してAppleが1984年に「Macintosh」を発

売し、GUI（グラフィカル・ユーザー・インターフェース）を初めて大衆化した名機とされる。

　日本では、1978年のNECの「PC-8001」登場が、パソコン市場の夜明けとなった。特にNECが1982年に発売した「PC-9800シリーズ」は、日本語処理能力の高さを武器に圧倒的なシェアを獲得、「国民機」と呼ばれるまでになる。そのほか、シャープの「MZシリーズ」や富士通の「FMシリーズ」も独自の市場を形成した。PCは企業、家庭、教育機関に急速に広まる。それとほぼ同時期に、Sun Microsystems などの UNIX ベースのワークステーションも登場し、SGI（Silicon Graphics International）などと共に CAD や CG（コンピュータグラフィックス）といった専門用途向けの高性能ツールとして確固たる利用者を得た。UNIX ワークステーションは科学技術計算やグラフィックスの分野を中心に技術者や研究者の必須ツールとなった。一方で、スーパーコンピュータ分野では、1976年に Cray Research が「Cray-1」をリリース、日本でも1983年に「VP-100」を開発した富士通をはじめ NEC や日立製作所がスパコン市場で競う。特に、富士通の「Numerical Wind Tunnel」が1990年代に、計算速度世界一の称号を得た。

停滞期あるいは成熟期、そして今後

　1995年の Windows 95 発売以降、PCのプラットフォームは急速に Windows と Intel へと収束していく。日本市場でも、国民機と謳われた PC-9801 から Windows PC への乗り換えが進み、NEC の独自規格は終焉を迎える。2000年代に入ると、PCやメインフレームのコンピュータ市場が成熟期を迎えた。PCは性能の向上と価格低下により、多くの家庭や企業が既に一定水準以上のPCを所有するようになっており、買い替え需要は限られ、市場の成長が鈍化した。

　また、メインフレームはワークステーションやサーバシステムの台頭により利用機会が減った。特に、Linux や Windows ベースのサーバがコストパフォーマンスの面で優れ、メインフレームからのシフトが進んだ。ワークステーションも PC の高性能化により存在感が薄れた。ただし、基幹系システムでは依然としてメインフレームが重要な役割を果たし続けた。

　日本では、PC市場の競争激化によって NEC や富士通といった国内メーカーが苦戦した。

海外勢のPCに押され、国内市場のシェアを奪われた。同時に、ミニコンやワークステーションの市場も縮小し、PCの高性能化により従来の優位性が低下し、多くのベンダーが撤退や事業転換を余儀なくされ、企業の統廃合や事業再編が加速した。一方、スーパーコンピュータは引き続き研究分野での需要が底堅く、特に2002年の「地球シミュレータ」に代表される日本の技術力が世界をリードするなど、一定の成果を見た。ただ、商業用途は限定的であった。

現在、コンピュータ市場は多様化と特化が同時並行で進んでいる。PC市場から日本のメーカーは撤退したものの、PCの需要はリモートワークやオンライン学習の機会拡大によって回復した。特に、在宅でも高いパフォーマンスを発揮するゲーミングPCやクリエイター向けPCといったハイスペックモデルの需要が高い。また、軽量で高性能なノートPCの人気も根強い。スーパーコンピュータ分野では、理化学研究所と富士通が共同開発した「富岳」が2020年に運用を開始、世界最速の計算を達成した。新型コロナウイルス関連の研究でも重要な役割を果たしており、日本のスパコン技術が再び注目を集めている。AIやビッグデータ処理など、スーパーコンピュータの新しい応用分野も広がりつつある。

メインフレームは依然として金融や行政機関の基幹システムとして利用されている一方、クラウドコンピューティングの普及により徐々にその役割は減退している。パソコン市場では、モバイルノートPCやタブレットとの融合が進み、従来の据え置き型デスクトップPCの需要は減少傾向にある。また、クラウドデータセンター向けのサーバシステムは世界中で需要が増加している。

今後、コンピュータ市場はAI、量子コンピュータ、そしてエッジコンピューティングの諸領域で大きな進化を遂げると予想される。特に量子コンピュータは、従来のコンピュータでは歯が立たなかった難題を解決するポテンシャルを持ち、IBMやGoogleが研究開発を加速させ、日本の東芝や富士通も取り組みを強化している。2030年代には実用化が図られ、金融や医療、気象予測や宇宙といった分野での活用が期待される。

日本は、引き続きスーパーコンピュータなどの専門分野で強みを発揮し、世界市場で一定のプレゼンスを維持するだろう。同時に、「グリーンコンピューティング」という言葉に象徴される、サステナブルな設計やエネルギー効率の高いシステムへの一段の取り組みが求められる。

図：コンピュータの初期・普及・成熟期における出来事

段 階	時 期	主 な 出 来 事 と 関 連 企 業 ・ 製 品	国 ・ 地 域
誕生	1960年以前	・1946 年、世界初の電子式汎用コンピュータ「ENIAC」完成 ・1940 年代、「ノイマン型アーキテクチャ」提唱 ・1951 年、初の商用コンピュータ「UNIVAC I」発売	米国
初期・揺籃期	1960年代	・1964 年、IBM が「System/360」シリーズ発表 ・1969 年、ベル研究所「UNIX」OS システム開発	米国
普及期・発展期	1970～90年代半ば	・1976 年、Apple が「Apple II」発売 ・1981 年、IBM が「IBM PC」発売 ・1984 年、Apple が「Macintosh」発売	米国
停滞／成熟期	1990年代後半～2000年代	・1995 年、Microsoft が「Windows 95」発売、PC 市場の標準 OS に ・メインフレームからサーバや PC への移行加速 ・日系 PC メーカーが海外勢との競争で苦戦、再編進行	米国、日本、中国、台湾
現在と今後	2010年代以降	・AI やビッグデータの技術進歩に伴い高性能コンピュータの需要拡大 ・量子コンピュータの研究開発を IBM や Google が主導、日本企業も参入	グローバル

4
/
6
モバイルデバイスのこれまで
AIと密接に統合され、パーソナライズされたサービスの提供が進展

初期・揺籃期から普及期・発展期

　モバイルデバイスの誕生は、主に通信技術とポータブルコンピュータの開発に起源を持つ。1973年、米Motorolaの技術者だったMartin Cooperが世界初の携帯電話による通話実験に成功した。その10年後の1983年には「Motorola DynaTAC 8000X」が商用化された。この時代の携帯電話は、約1kgと重く嵩張ったものの、ポータブル通信の発展性を内外に示すには十分だった。1985年には、日本電信電話公社（現NTT）が肩に掛けて持ち運ぶ電話「ショルダーフォン」を世界に先駆けて発売、携帯電話の原型となった。NTTはまた、1979年に世界初の商用セルラー方式自動車電話サービスを開始した。

　一方、コンピュータ分野では1981年、「Osborne 1」が世界初のポータブルコンピュータとして発売され、携帯型コンピューティングデバイスの基礎を築いた。これらのデバイスは、技術的な制約から高価な上に持ち運びにくく、特定のビジネス用途や富裕層向けに限られていた。ただ、モバイルデバイスの未来を示す重要な第一歩となった。24行×52文字の小さなCRTディスプレイ、64KBのメモリ、重さ11kgという現在からは考えられないスペックだったが、持ち運べるコンピュータという概念を世に示した。

　1980年代後半に入ると、携帯電話は小型化と軽量化が進み、持ち運びやすさが向上した。短いメッセージを送受信できるようになるなど、機能面も進化した。日本ではポケットベル、通称「ポケベル」がビジネスパーソンのほか、若者にも流行し、携帯電話と合わせてモバイル通信文化を盛り上げた。

　1990年代には、モバイルデバイスが初期段階を超えて実用性を高める時期に入った。この時期の大きな特徴は、PDA（Personal Digital Assistant）の登場である。1993年にはAppleが「Newton」を発売し、PDA市場の草分けとなった。PDAはスケジュール管理や簡易的なコンピューティングの機能を備え、個人のモバイルコンピューティングの可能性を拓いた。ただ、製品の完成度や市場ニーズが追いつかず、限定的な成功に留まった。

スマートフォンの原型は1994年、IBMが手掛けた「Simon」というコンセプトモデルに見ることができる。続いて1996年にはフィンランドのNokiaが「Nokia 9000 Communicator」を発表した。これらの初期モデルは、現在のスマートフォンとは大きく異なり、ディスプレイとキーボードを備えた携帯情報端末に近い形状だった。

1999年には、日本においてNTTドコモの「iモード」が誕生し、携帯電話によるインターネット接続が一気に広まる。メールやWeb閲覧を手軽に行えるようになり、携帯電話は通話に限定されない新たな多機能型コミュニケーションツールとしての地歩を獲得した。その中で生まれたメールの絵文字は、米国などで「emoji」と呼ばれ、1つの文化としてリスペクトされ続けている。iモードを皮切りに、日本の携帯電話は急速に進化していく。日本の携帯電話は「ワンセグ（モバイルTV）」や「着メロ」、「おサイフケータイ（電子マネー)」、ゲーム、占い、赤外線通信など世界に先駆けた独自の機能を次々と搭載していった。

そうした「進化」により、世界標準とは懸け離れた独特の携帯電話文化が生まれ、それはいつしか「ガラパゴス化」と呼ばれるようになった。「折り畳み携帯」は、コンパクトながら大画面を実現する革新的なデザインとして、日本独自の携帯電話文化を象徴するものとなったが、今は「ガラケー」として希少になりつつある。

一方、米国では2000年代にスマートフォン市場が形成され始めた。2002年にカナダのResearch In Motion（現TCL集団）が、「BlackBerry 5810」を発売、メール機能やカレンダー機能を備え、主にビジネス用途で一定の支持を広げた。その5年後、2007年にAppleがiPhoneを発表、直感的な操作性と多様なアプリによって、人々の生活様式を一変させる、まさしく文明の利器となった。翌2008年にはGoogleがモバイルデバイス向けAndroidを発表し、スマートフォン市場は活況を呈していく。

2010年には「iPad」が登場し、タブレット市場を切り開いた。また、Samsung ElectronicsやHuaweiがスマートフォン市場で急成長を遂げ、グローバル市場におけるシェアを拡大した。ウェアラブルデバイスもこの時期に市場が本格的に形成され始めた。2009年にはFitbitが健康管理用のデバイスを発売、2015年にはApple Watchが従来のAppleファンを中心に支持を広げ、成功を収める。スマートフォンを中心に、モバイルデバイスが人々の日常生活に欠かせない存在となった。

この時期、日本の携帯電話メーカーは大きな岐路に立たされた。特殊な「ガラケー」（ガラパゴス携帯）を展開していた日本メーカーは、グローバルスタンダードとなったスマー

トフォンへの対応に苦慮し、多くが携帯電話事業から撤退または縮小を余儀なくされる。なお、ガラケー市場はその後縮小の一途を辿っているものの、高齢者向けや特定用途向けとして一定の需要を維持している。

停滞期あるいは成熟期、そして今後

スマートフォン市場は、iPhoneとAndroidの2強体制が確立され、成熟期に入った。2010年代を通じて大きな革新はなく、既存の機能の改善・改良やカメラ性能の向上などが繰り返されてきた。2015年頃までにはスマートフォンの基本的な機能が完成され、多くの消費者が新モデルに対して大きな興奮を抱かなくなった。そのため、買い替え需要が減り、特に欧米の先進国市場は頭打ちが顕著だった。

スマートフォンは、もはや生活に欠かせない存在となったと言っても過言ではない。カメラ機能の向上により、高画質な写真や動画が手軽に撮影できるようになり、決済機能や健康管理機能も搭載され、多機能化が年々進んでいる。さらに、タブレット端末も動画視聴のニーズなどで普及し、スマートフォンと合わせてモバイルデバイス市場を拡大してきた。近年では、腕時計型端末の「スマートウォッチ」やメガネ型端末の「スマートグラス」といった身体に装着できるタイプのウェアラブルデバイスの多機能化や高性能化が進み、注目を集めている。特に、Apple WatchやSamsung Galaxy Watchなどのスマートウォッチは健康管理機能の強化により、底堅い需要を見せている。

また、IoT（Internet of Things）との連携がますます進み、スマートな生活が実現されている。例えば、スマートホームと連携することで、外出先から自宅の電気をつけたり、エアコンの温度を調節したりすることが可能となっている。

今後のモバイルデバイスは、より一層AIと密接に統合されていくことにより、パーソナライズされたサービスの提供が進むと期待される。例えば、ユーザーの行動パターンを学習し、最適な情報を提供したり、健康状態に合わせてアドバイスを行ったりするようなサービスが実現される日はそう遠くないかもしれない。次世代の6G通信の研究開発も進められており、超高速・大容量の通信が可能になることで、AR/VRデバイスの普及が加速すると考えられる。

また、生体センサーの進化により、健康管理や医療分野での活用も広がっていくだろう。

特に日本市場においては、高齢化社会に対応した使いやすいインターフェースの開発や、災害対策機能の強化など、地域特性に応じた進化が期待される。また、キャッシュレス決済やデジタル行政サービスとの連携など、社会インフラとしての役割も一層重要になっていくと見込まれる。

図：モバイルデバイスの初期・普及・成熟期における出来事

段 階	時 期	主な出来事・企業・製品	国・地域
誕生	1970〜80年代半ば	・1981 年、初のポータブルコンピュータ「Osborne 1」発売 ・1983 年、初の携帯電話「Motorola DynaTAC 8000X」発売	米国
		・1985 年、「NTT ショルダーホン」発売	日本
初期・揺籃期	1980年代後半〜90年代半ば	・1993 年、PDA ブーム	米国、欧州
		・1996 年、Nokia が初のスマートフォン「Nokia 9000 Communicator」発売	フィンランド
普及期・発展期	1990年代後半〜2010年代前半〜	・1999 年、日本で「i モード」登場、以降携帯電話のネット接続普及 ・2007 年、Apple が初代「iPhone」発売 ・2008 年、Android OS 搭載スマホ発売	日本、米国
		・2010 年、Apple「iPad」発売	米国
		・Samsung や Huawei が台頭	韓国、中国
		・2015 年、「Apple Watch」発売	米国
停滞／成熟期	2010年代中盤〜20年	・スマホの機能が成熟、買い替え需要減退	グローバル
		・PC との競合や用途の限定性によりタブレット市場縮小	グローバル
現在と今後	2020年代以降	・5G 通信の普及に伴うモバイルデバイスの高速化 - 折り畳みスマホ登場 ・ヘルスケア機能を備えたスマートウォッチ人気 ・タブレット市場、在宅勤務・教育需要で復活 ・6G 通信技術の到来によるモバイルデバイスの新用途開拓 ・AR/VR 統合デバイスや拡張ウェアラブル普及	グローバル

半導体製造装置のこれまで

半導体製造装置産業はさらなる技術革新と競争の激化

初期・揺籃期から普及期・発展期

　半導体製造装置の歴史は、1950年代、特に後半から始まる。トランジスタや集積回路（IC）の需要は時代の要請で急増したが、初期の半導体製造は主に手作業で生産性が非常に低かったため、技術レベルに応じて量産できる自動化された装置の開発が求められるようになった。1959年にはシリコン・プレーナーICの開発が、Fairchild Semiconductorの共同創業者の1人、Robert Noyceによって行われた。フォトリソグラフィ技術が登場し、シリコンウエハ上に回路パターンを描く手法による半導体製造装置産業の基礎が築かれ、ICの時代が幕を開けた。Noyceは後に「the Mayor of Silicon Valley（シリコンバレーの主）」と呼ばれるようになる。初期の装置は極めてプリミティブで、手作業による工程や職人芸に頼る部分が少なくなく、精度も限定的だった。この時期は主に米国企業が技術開発をリードしていた。

　1960年代から1970年代にかけて、半導体製造装置産業は徐々に着実に広まっていく。ウエハを用いた集積回路の製造技術が確立されるとともに、フォトリソグラフィ装置やCVD（化学気相堆積）装置といった半導体の量産を支える元祖が本格的に普及していくこととなる。1960年代に入ると、1964年にはMOS-ICが発表され、LSI（大規模集積回路）の時代が到来し、1970年に1KビットDRAMがお目見えした。特に、集積回路がコンピュータや電子機器に広く採用されるようになるにつれ、製造プロセスの高度化と集積回路の複雑化が加速し、より精密な製造技術が求められるようになる。

　フォトリソグラフィ技術の発展、エッチング装置の改良が進み、日本企業が徐々に技術力を高めていく。東京エレクトロン（TEL）やSCREENホールディングスが参入し、成膜装置や洗浄装置の分野で頭角を現す。エッチングやCVD技術が進化し、微細加工が一段と進み、より高性能な半導体デバイスの製造が可能となり、製造装置の需要が拡大した。この時期、フォトリソグラフィ、エッチング、CVDといった主要な製造プロセスが洗練され、

それぞれの工程に特化した装置の開発が加速していった。日本企業も半導体製造装置市場で勢力を伸ばし、TELやニコン、キヤノンなどが技術力やノウハウを蓄積していった。

1980年代以降、VLSI（超大規模集積回路）の時代に入り、半導体製造装置は高度化の一途を辿った。この時期、ウエハ加工技術が進化し、1ミクロン以下の微細加工が実現した。微細化日本勢はシリコンウエハ、フォトレジスト、高純度ガスなどの供給で圧倒的なシェアを獲得するとともに、材料分野での強みを生かして数々の日本発の革新的な装置が世界を席巻した。「日の丸半導体」と持て囃された半導体メーカーの面目躍如に伴い、半導体製造装置メーカーも世界をリードする存在となった。1980年代後半から1990年代にかけて、半導体製造装置産業は世界的に拡大し、日米欧が三つ巴の競争を繰り広げる。さらに、検査装置や露光装置の技術が飛躍的に進歩した。アドバンテストや東京精密が半導体検査装置で、光学機器に強いニコンやキヤノンはリソグラフィ装置で大きなシェアを獲得した。一方、米国のApplied MaterialsやLam Researchも各種製造装置で存在感を放った。

停滞期あるいは成熟期、そして今後

2000年代までには、半導体製造装置産業は成熟期を迎えていた。この時期、「ムーアの法則」に沿って半導体の微細化が進み、製造装置の技術的な難度が急速に高まった。半導体の微細化に伴い、技術開発コストの増加や市場競争の激化が鮮明になった。製造装置の開発コストが膨らみ、小規模なプレーヤーは市場からの撤退を余儀なくされる一方で、大手企業によるM&Aが活発化し、合従連衡が進んだ。

特に、次世代半導体製造のカギを握るEUVリソグラフィの分野で、オランダのASMLが圧倒的なシェアを獲得していった。一方、日本企業は高い技術力を持ちながらも、グローバル市場でのシェアを徐々に失っていった。2010年代以降、半導体製造装置産業は再び活況を呈している。AI、IoT、自動運転、5G通信といった新技術の実装により、半導体需要が急増し、それに伴い製造装置の需要も拡大した。この時期、EUVリソグラフィ技術の実用が本格化し、7nmプロセス以下の製造が可能となり、半導体の高性能化に寄与した。

米国のApplied MaterialsやASMLなど海外勢も技術力を高め、日米欧の競争が激化した。日本企業はシリコンウエハやフォトレジストの原材料分野で依然絶対的な強さを

維持していた。オランダのASMLが露光装置で92.8%という圧倒的なシェアを確保する一方、日本企業は特定の分野で強みを発揮する。例えばSCREENホールディングスは洗浄装置で34.7%のシェアを持っている。

　半導体製造の極限微細化（5nm、3nm）が進む中、日本企業は材料分野で強みを保ちながら、装置分野でも競争力を維持する。具体的には、東京エレクトロンが成膜装置やエッチング装置で世界トップシェアを誇り、SCREENホールディングスが洗浄装置でリーダーシップを発揮している。また、信越化学工業やSUMCOがシリコンウェハで、JSRや東京応化工業がフォトレジストで、引き続き高いシェアを保つ。これらの日本企業は、高品質な原材料と精密な装置技術でグローバル市場を牽引している。

　今後、半導体製造装置産業はさらなる技術革新と競争の激化が予想される。特に、3nm以下、2nmの実現、1nmへの挑戦といった微細化技術の限界突破や新材料の採用が焦点となる。また、量子コンピューティングや次世代メモリ技術など、新しい用途に対応した製造装置の開発が進むと見込まれる。

　半導体製造装置産業は、テクノロジーの進化と密接に結び付いた基幹産業として、今後も世界経済の成長を支える重要な役割を担い続けるだろう。

図：半導体製造装置の初期・普及・成熟期における出来事

段階	時期	主な出来事と関連企業・製品	国・地域
誕生	1950年代	・1959年、Fairchild SemiconductorのRobert Noyce、シリコン・プレーナーIC開発 ・フォトリソグラフィ技術登場	米国
初期・揺籃期	1960〜70年代	・1960年代、MOS-IC発表 ・フォトリソグラフィ装置やCVD装置の本格普及 ・エッチングやCVD技術の進化	米国、日本
普及期・発展期	1980〜90年代	・VLSIの時代に入り、微細加工技術進化 ・日本企業、材料分野で圧倒的シェア獲得 ・アドバンテストや東京精密が半導体検査装置で、ニコンやキヤノンがリソグラフィ装置で台頭	日本、米国、欧州
停滞／成熟期	2000年代	・製造装置技術が難化、大手企業によるM&Aが活発化 ・ASMLがEUVリソグラフィの分野で圧倒的優位	グローバル

段階	時期	主な出来事と関連企業・製品	国・地域
現在と今後	2010年代以降	・半導体需要は底堅い。EUV リソグラフィ技術の実用化が本格化し、7nm プロセス以下の製造が可能に ・今後は、3nm、2nm、1nm への微細化技術開発 ・量子コンピューティングや次世代メモリ技術など、新用途向け製造装置開発	グローバル

データセンター、クラウド基盤のこれまで

IoT やスマートシティの基盤としても機能

初期・揺籃期から普及期・発展期

データセンターの起源を辿ると、1960年代のメインフレームコンピュータの登場に行き着く。当時、大型コンピュータを設置するには専用の特別な大部屋が必要となり、これがデータセンターの原型となった。例えば1960年代、大企業や政府機関がバッチなどのデータ処理向けに採用したIBMの「System/360」シリーズは、膨大な電力を消費し、冷却システムや専用の空調や電源を備えた特別な環境の「コンピュータルーム」が求められた。1960年代後半には、インターネットの前身となる「ARPANETプロジェクト」が米国防総省主導で始まり、ネットワーク接続された計算機のための集中管理施設が必要となり、データセンターの概念がより具体化された。この時代、データセンターは主に米国で発展を遂げた。

1970年代後半になると、タイムシェアリングサービスが流行し、複数の企業が同一のコンピュータリソースを共有する形態が登場する。米国ではCompuServeやGEの情報サービス部門が、共用コンピュータセンターの運営を開始した。1980年代には、ミニコンピュータやワークステーションの導入拡大により、計算機センターを支えるデータセンターの需要が増大、金融機関や政府機関を中心に、業務の中核を支えるインフラとなった。米国では、DEC（Digital Equipment Corporation）やIBMが先行した分散型計算機環境が広まった。

1990年代に入り、インターネットの普及とドットコムブームに伴い、データセンターの需要が急増した。企業は高速なインターネット接続と信頼性のあるシステムを求め、オンラインプレゼンス確立のためにデータセンターを利用するようになる。特に、米国で1993年にモザイク（Mosaic）ブラウザが登場すると、Webが一気に大衆化した。これに伴い、Webサーバを運用するための専用施設として、データセンターの重要性が一段と増した。時を同じくして、米国のCisco SystemsやJuniper Networksがネットワーク

機器市場を牽引し、データセンターのネットワーク環境が整備されていった。

　インターネットの商用化と普及により、データセンターは大きな転換期を迎える。1995年以降、米国ではEquinix、Digital Realty、Level3などの専業データセンター企業が相次いで設立され、データセンター内のスペースを借りてサーバや通信機器を設置する「コロケーションサービス」が本格化する。日本では、1971年に日本電信電話公社（現NTT、日本電信電話）がDIPS（電電公社情報処理システム）を開始し、日本初の本格的な共同利用型コンピュータセンターとなった。野村総合研究所（NRI）やJIPDEC（情報処理開発協会）も、独自のコンピュータセンターを構築した。この時期、データセンターの運用管理技術も発展し、無停電電源装置（UPS）や自家発電設備の導入が一般化し、24時間365日の運用体制も確立されていった。

　NTTが国内の通信インフラを整備するにつれ、インターネット接続サービスが浸透していった。1996年にはNTTコミュニケーションズが国内初のデータセンターサービスを開始したのに続き、新興のインターネット事業者も相次いでデータセンター事業に参入し始めた。KDDIなどの通信事業者がインターネットデータセンター（iDC）を手掛け、さくらインターネットなどの専業事業者も登場し、市場が急速に拡大する。

　2000年代にクラウドコンピューティングが流行りだすと、データセンターの利用形態が大きく変容する。米国では、Amazonが2006年にAWS（Amazon Web Services）を開始し、企業が自社でサーバを運用する代わりに、クラウドサービスを利用する流れが生まれた。この時期、GoogleやMicrosoftもクラウド市場に参入し、巨大な「ハイパースケールデータセンター」が世界各地に建設されていった。

　日本では、2010年頃にかけて国内企業がクラウドサービスの提供を開始し、NTTコミュニケーションズや富士通がデータセンターを拡充し、日本独自の市場を形成した。特に、2011年の東日本大震災と原発事故を踏まえて地震対策や事業継続計画（BCP）、電力供給の安定性が重要視されるようになり、耐震構造や冗長電源を備えたデータセンターが増加した。同時に、首都圏一極集中のリスクを分散するため、地方でのデータセンター建設も促された。この時期、データセンターの需要地は米国、中国、欧州が中心だったが、日本や東南アジアでも徐々にインフラが整っていった。

停滞期あるいは成熟期、そして今後

　2010年代前半から後半にかけ、データセンター市場は成熟期に入った。データセンターには、高度なセキュリティ対策、省エネルギー設計、高速ネットワーク接続と、24時間365日の安定稼働が求められるようになった。物理的なサーバを複数の仮想サーバに分割して利用する「仮想化技術」が導入されたことで、迅速な拡張や柔軟な運用が可能になっている。

　米国では、既存のハイパースケールデータセンターが運用効率を高め、建設ペースが鈍化した。世界的な脱炭素の潮流を背景に、電力消費の増加がさらに問題視されるようになった時期でもあり、データセンターのエネルギー効率を示す指標PUE（Power Usage Effectiveness）が注目され、各社が環境負荷低減に取り組み始めた。日本では、震災を踏まえてデータセンターの災害対策強化が急がれる一方、市場全体としては伸び悩み、競争が激化する中で事業再編が進んだ。

　2020年代、データセンターは再び成長期を迎えている。特にコロナ禍に伴うリモートワークの拡大やフードデリバリーなど非対人・非接触型オンラインビジネスの需要増を背景に、処理されるデータ量が膨れ上がり、人流などを分析するためのビッグデータも一段とニーズが高まった。米国では、Amazon、Microsoft、Googleのクラウド三強が市場をリードし、中国ではAlibabaやTencentのクラウドが急成長した。さらに、生成AIの爆発的ブームにより、データセンターの新改設需要はかつてないほど高まっている。データセンターを管理・運営するための電力が足りず、小型原発などに投資してデータセンターの電力を賄おうとするほどだ。

　日本でも、加速する企業のDXに応じ、データセンターの市場が拡大している。特に、千葉県印西市にある大規模なハイパースケールの施設をはじめ、東京圏や関西圏でのデータセンター建設が進んでいる。また、北海道石狩市など地方でのデータセンター建設も、災害リスクの分散や地方創生の観点から注目されている。

　今後、データセンターはIoTやスマートシティの基盤となる「分散型データセンター」として機能することが期待されている。同時に、サステナビリティの観点から環境負荷の低減をにらみ、省エネ技術や再生可能エネルギーの導入が一段と進むだろう。

　さらに、将来的にはAI専用ハードウェアや量子コンピュータの導入により、データセ

ンターのあり方は大きく変容していくと予測される。データ処理の需要が指数関数的に増加する中で、より高効率で持続可能な設計が求められていく。

図：データセンター、クラウド基盤の初期・普及・成熟期における出来事

段 階	時 期	主 な 出 来 事 と 関 連 企 業 ・ 製 品	国・地域
初期・揺籃期	1960〜70年代	・1969 年、ARPANET プロジェクト開始、ネットワーク接続された計算機の集中管理施設が登場 ・1970 年代後半、CompuServe や GE による共用コンピュータセンターの運営開始 ・1971 年、日本電信電話公社が DIPS 開始	米国、日本
普及期・発展期	1980〜90年代	・1980 年代、DEC、IBM による分散型計算機環境の普及 ・1993 年、Mosaic ブラウザ登場で Web 大衆化、データセンター需要急増 ・1995 年以降、Equinix や Digital Realty など専業データセンター企業登場 ・1996 年、NTT コミュニケーションズが国内初のデータセンターサービス開始	米国、日本
停滞／成熟期	2000〜10年代	・2006 年、AWS によるクラウドサービス開始 ・Google、Microsoft がクラウド市場参入、ハイパースケールデータセンター登場 ・2011 年以降、日本で震災を契機に耐震・BCP 対応強化 ・仮想化技術の導入、省エネ性能（PUE）重視の時代へ	グローバル
現在と今後	2020年代以降	・コロナ禍でのリモートワーク普及によるデータ処理需要急増 ・米中のビッグテックによる寡占化 ・生成 AI 需要によるデータセンター新設ラッシュ ・IoT・スマートシティ向け分散型データセンター展開 ・環境負荷低減、量子コンピュータ対応など新たな課題も	グローバル

量子通信を利用した超高速で高信頼性のセキュアな通信ネットワーク

初期・揺籃期から普及期・発展期

　海底通信ケーブルの歴史は1851年のドーバー海峡横断ケーブルの敷設から始まった。英国人ブレッド兄弟によってイギリスとフランスを結ぶドーバー海峡に世界最初の海底ケーブルが敷かれ、電信網が開拓された。ケーブルにはゴムを絶縁体として使い、通信の障壁としてたちはだかっていた海洋を征服する第一歩となった。1851年は、ロンドン万国博覧会が開催され、ドイツ出身のPaul Reuterがロンドンにロイター通信を創業した年であり、英国が世界に覇を唱えようと意気込んでいる年であった。

　続く1857年には、英国と米国とを結ぶ大西洋横断ケーブルの事業が始まり、1866年に欧州 - 米国大陸間の通信が可能となった。当時は電信による通信が中心で、1分間に2、3語程度の通信速度だったとされる。この成功を皮切りに、英国をはじめとした欧米諸国は、海底電信網の大西洋、地中海、インド洋への拡張に注力していく。特に英国は世界の海底ケーブル網の構築を主導し、大英帝国の植民地支配の重要なインフラとして発展させた。1870年代までに、インド、オーストラリア、極東への海底ケーブルが敷設された。この頃は、海底ケーブルの技術的な基礎が確立された時期であり、ケーブルの絶縁技術や中継器の開発が進められた。

　日本では明治維新後の1871年、長崎と上海を結ぶ初の国際海底ケーブルが敷設され、国際電信網に接続された。このケーブルは、当時の日本の外交や貿易の命脈を握る基盤として機能した。1906年には日本の太平洋横断ケーブルがつながり、米国との直接通信が可能となった。ただし、20世紀前半は第一次世界大戦と第二次世界大戦という戦禍により、海底ケーブルはたびたび切断され、通信が途絶える事態が頻発した。海底ケーブルによる通信網は情報戦という色合いも濃く、2度の大戦という国際的な軋轢、鬩ぎ合いを前に、あまりに無力で無防備であった。

　他方、通信衛星のアイデアは1945年に英国のSF作家Arthur C. Clarkeによって提唱さ

れた。彼は、地球の上空約3万6,000kmの静止軌道で衛星を周回させることにより、地球全体をカバーする通信網が構築できるとの構想を描いた。当時の技術では実現に至らなかったものの、この発想が通信衛星の理論的な基礎を築いたとされる。

　1950年代には、同軸の海底通信ケーブルを用いた電話通信ができるようになるなどに技術的な進化を遂げた。1956年には、AT&TとBritish Telecom（BT）によって英米をつなぐ最初の大西洋横断電話ケーブル「TAT-1」が完成し、同時に36回線の電話通信が可能となった。日本では1964年、初の太平洋横断海底ケーブル「TPC-1」がつながり、日本と米国・ハワイ間で電話通信が実現した。この通信網は1964年の東京オリンピックの国際中継にも活用される。この時期、海底通信ケーブルは米国、英国、日本を中心に発達した。

　通信衛星の本格導入は、1960年代になる。1960年、米航空宇宙局（NASA）による初の気球の形をした受動型通信衛星「Echo 1」が、地球低軌道（LEO）への打ち上げに成功した。続いて1962年にはBell Telephone Laboratories（ベル研究所）による米通信大手AT&T向けの商業通信衛星「Telstar」の運用が開始され、初の衛星テレビ放送が実現、大西洋を越えた中継に成功した。1964年には、地球規模の商業衛星通信システムの構築を目指し、日本や米国など11カ国が参画する暫定的な枠組みによるIntelsat Systemが発足した。翌1965年には初の静止通信衛星「Early Bird（Intelsat 1）」が打ち上げられ、国際通信のあり方を大きく変えていくこととなる。

　この時期、日本では日本衛星通信機構（後のJSAT）が1963年に設立され、研究開発の体制が整っていく。1970年に打ち上げられた日本初の人工衛星「おおすみ」はNECが開発・製造を担った。さらに、1977年には実験用静止通信衛星「さくら1号」（CS）が運用を開始した。この1970年代に相次いだ成功により、通信衛星技術における日本の国際的なプレゼンスは高まった。

　1980年代になると、光ファイバーを組み込む技術がトレンドとなっていく。1988年に初の光ファイバー海底通信ケーブル「TAT-8」が大西洋に敷設され、データ容量と速度が飛躍的に向上し、デジタル通信時代の幕開けとなった。1990年代には太平洋横断ケーブル「TPC-5」が運用を開始し、国際通信容量が劇的に増加、NTTやKDDIといった日本企業が国際通信ネットワークの構築に貢献した。光ファイバー技術が導入され、通信容量が飛躍的に増大した。

　1990年代には、海底ケーブルと衛星通信は、それぞれが得意とする分野で共存し、国際通信網を支える重要なインフラとして機能した。しかし、インターネットの普及に伴い、通信トラフィックが爆発的に増加し、既存のインフラでは対応しきれない状況が生じる。

　一方、通信衛星は1980年前後から1990年代にかけて急速に発展した。1979年には、国際海事衛星機構（INMARSAT）が発足し、海上通信システムが大きく改善する。静止通信衛星の利用が拡大し、衛星放送が普及した。米国のHughes Aircraftや三菱電機が技術革新を主導した。日本ではBS（Broadcasting Satellite、衛星放送）をNHKが1984年に開始、1996年にはパーフェクトTV!（現スカパー！JSAT）が商業衛星放送を始めDVB（デジタル放送）規格の確立など、衛星放送技術の標準化が進んだ。

停滞期あるいは成熟期、そして今後

　2000年代、海底通信ケーブル市場は一時的に成熟期に入り、新設プロジェクトの減少が見られた。しかし、インターネットの普及に伴いデータ通信量が増大するにつれ、光ファイバー技術を施した既存ケーブルの通信容量が増強され、長期的に見れば市場は安定して伸びていった。

　通信衛星市場も、光ファイバーや携帯電話の地上通信網の整備・普及により、一部で停滞が見られた。しかし、災害時の通信手段や遠隔地での通信など、地球全体をカバーする通信衛星が再評価され、特定の用途では依然として重要な役割を果たし、IridiumやInmarsatが市場を支えた。

　2020年代、クラウドサービスや動画配信サービスの需要に応じたデータ通信量の急増により、海底通信ケーブルが再び注目されている。特に、そうしたサービス事業者であるGoogleやMeta（旧Facebook）が自社所有の海底ケーブルを敷設し、効率的な通信網を築こうとしている。従来の通信事業者主導のコンソーシアム方式から、IT企業による自社ケーブル敷設への転換が進んでいる格好だ。NTTやNECといった日本企業も太平洋やアジア間で新たなケーブルプロジェクトに参画している。最新の海底ケーブルは、1本で数テラビット/秒という膨大な通信容量を持ち、高度な暗号化技術により安全性も向上している。また、地震や津波などの自然災害に対する耐性も年々強化されている。

　通信衛星産業には、さらに劇的な変化の波が押し迫っている。すなわち、SpaceXの

「Starlink」に代表される低軌道衛星の台頭により、地上の基地局を前提とした通信網のあり方が根底から問われる事態となっている。Starlinkは地上インフラが整備されていない地域や航空機、船舶へのインターネットや携帯電話の通信サービスを提供し、そのエリアは拡大し続けている。今後、AmazonのProject KuiperなどがStarlinkの対抗馬になると見込まれる。米国で言えばNASA主導だった宇宙開発、衛星運用は民間企業へと託されつつあり、それを可能とした衛星通信の小型化・高性能化は一段と進展していくだろう。

　将来的に、AIや量子コンピューティングの普及に伴い、データ通信容量はさらに増加し、勢い海底通信ケーブルも大容量化、高性能化、強靱化が求められていく。新素材を用いた次世代海底ケーブルや環境に配慮した敷設プロジェクトが望まれる中、特に整備が遅れているアフリカ大陸をつなぐ通信インフラの整備が進むと予想される。空間分割多重（SDM）技術の実用化により、1本のケーブルで数百テラビット/秒の通信が可能になると期待される。

　通信衛星の分野では、LEO衛星コンステレーションが通信基盤の中心となる可能性がある。既に、中国版Starlinkや欧州版Starlinkといった形で報じられているように、Starlinkが築いたビジネスモデルに続けとばかりに、各国・地域が自前のコンステレーションを構築しようと躍起になっている。そうした競合の末、低軌道衛星群の本格展開により、地球全体をカバーする高速インターネット網が構築される未来はそう遠くなさそうだ。また、量子暗号通信への対応も進み、セキュリティ面での進化も期待される。

　さらには、量子通信を利用した超高速で高信頼性のセキュアな通信ネットワークが構築される未来も想定される。その点、日本の通信業界は新たなビジネスモデルの構築や既存事業の果断な見直しが求められていくだろう。

図：国際通信ネットワークの初期・普及・成熟期における出来事

段 階	時 期	主 な 出 来 事 と 関 連 企 業 ・ 製 品	国・地域
誕生	19世紀〜1940年代	・1851年、ドーバー海峡横断ケーブル敷設 ・1857年、大西洋横断ケーブル事業開始 ・1866年、欧米大陸間通信実現 ・1870年代、インド・オーストラリア・極東への海底ケーブル敷設 ・1871年、日本初の国際海底ケーブル（長崎‐上海間） ・1906年、日本の太平洋横断ケーブル接続 ・1945年、Arthur C. Clarke が静止衛星軌道提唱	英国、米国、日本
初期・揺籃期	1950〜70年代	・1956年、最初の大西洋横断電話ケーブル「TAT-1」完成 ・1960年、初の通信衛星「Echo 1」打ち上げ ・1962年、商業通信衛星「Telstar」運用開始 ・1964年、太平洋横断海底ケーブル「TPC-1」完成、東京五輪で活用 ・1965年、初の静止通信衛星「Early Bird」打ち上げ ・1977年、日本初の静止通信衛星「さくら1号」運用開始	米国、欧州、日本
普及期・発展期	1980〜2000年代	・1988年、初の光ファイバー海底ケーブル「TAT-8」敷設 ・1984年、NHK が BS 放送開始 ・1990年代、TPC-5 運用開始 ・1996年、スカパー！ JSAT 商業衛星放送開始	米国、欧州、日本
停滞／成熟期	2000〜2010年代	・海底ケーブル新設プロジェクト減少 ・既存ケーブルの通信容量増強 ・Iridium や Inmarsat による衛星通信サービス継続	グローバル
現在と今後	2020年代以降	・Google や Meta による自社海底ケーブル敷設 ・SpaceX の Starlink、Amazon の Project Kuiper など低軌道衛星群の展開 ・量子暗号通信への対応進展 ・アフリカ大陸向け通信インフラ整備 ・各国・地域による独自衛星コンステレーション構築	グローバル

OS・ミドルウェアのこれまで
クラウドネイティブな環境に最適化した新しい形態へと進化

初期・揺籃期から普及期・発展期

　OSやミドルウェアの起源は、初期のコンピュータ開発に見て取れる。初期のコンピュータでは、ハードウェアとソフトウェアが未分化で、各システムが独自仕様だった。1946年に登場したENIACなど、初期の計算機は、プログラムによる制御を可能にするために、初期OSの基盤が形成された。これを継承する形で、1950年代後半にOSが誕生する。1956年、世界初の実用化されたOSとされる「GM-NAA I/O」（General Motors-North American Aviation Input/Output System）が米自動車General Mortorsの研究部門によってIBM 704向けに開発された。多くの初期のIBMメインフレーム用OSは、顧客が自ら開発していた。

　その後、1964年にIBMが「System/360」を発表し、本格的なOS「OS/360」が登場した。このOSは、米国を中心に普及し、複数のユーザーが同時にコンピュータを利用できるようにする「タイムシェアリングシステム（TSS）」、複数のプログラムを同時にメモリ上に展開しつつCPU時間を切り替えて実行する「マルチプログラミング」が採用されていた。日本も米国に倣い、1956年には富士通がリレー式計算機「FACOM128」を開発。1958年には日立製作所が「HITAC301」を発表し、国産コンピュータ時代が幕を開けた。なお、データベース管理の面では、1960年にCharles BachmanによってIDS（Integrated Data Store）が開発され、DBMS（Data Base Management System）の原型が生まれる。

　1960年代以降、米国を中心にOSの基礎概念が確立され、現代につながる重要な開発が行われた。すなわち、1969年に現代のOSの原型となる画期的なシステム「UNIX」が、ベル研究所でKen ThompsonとDennis Ritchieによって開発された。UNIXは当初、DECによるミニコンピュータ「PDP-7」用に開発されたが、その後C言語で書き直され、柔軟で移植性の高いOSに生まれ変わる。

　DBMSの分野では、1970年にE.F. Coddが「関係データベースモデル」を提唱した。

これを基に、1974年にIBMが「System R」を開発し、現代の「関係データベース管理システム（RDBMS、Relational DataBase Management System)」の基礎が築かれた。1980年代に入ってRDBMSの商業的な導入が本格化し、データベース管理の効率が大幅に向上した。1980年半ば頃には、複雑に構造化されたオブジェクト形式のデータを保存・共有するため、「オブジェクト指向データベース (OODB、Object-Oriented Database)」が登場した。日本では、1971年に富士通が「FACOM230-60」を発売し、独自OSの「OS IV」を搭載した。日立製作所も「HITAC 8000」シリーズを展開し、国産メーカーが切磋琢磨する時代が続いた。

1970年代後半から1980年代にかけて、OSとミドルウェアの普及が加速した。UNIXは第二世代のミニコンピュータや第一世代のワークステーションで広く採用された。その移植性の良さから、各種ハードウェアプラットフォームをまたがって導入が進んだ。日本でも大学や研究機関でUNIXが積極的に採用され、1980年代には富士通や日立製作所が独自のUNIX派生OSを開発した。

この時期はPCの利用が一般に広がった時期と重なる。クライアントOSとして、1981年にIBMが発売した「IBM PC」にMicrosoftの「MS-DOS」を採用し、クライアントOSの標準が確立された。1985年には「Windows 1.0」が登場し、GUIベースのOSが一般化していく。PCの普及とともに、WindowsやMac OSなどのクライアントOSが市場を席巻していった。日本でも1990年代にWindowsの日本語版が流通し、オフィスでのPC利用が浸透した。また、NECの「PC-9800」シリーズが国内市場で圧倒的なシェアを獲得している。

サーバOSの分野では、1983年にRichard Stallmanが「GNUプロジェクト」を開始した。1991年にはLinus TorvaldsがLinuxを発表、オープンソースの流れが本格化した。Linuxはインターネットが浸透するにつれ、急速にシェアを拡大する。一方、インターネットの爆発的普及の基礎となるWebサーバは、1990年にCERN（欧州原子核研究機構）のTim Berners-LeeがWorld Wide Web、すなわちWWWを発明したことが起源となる。1993年にはNCSAがHTTPdを開発し、これが後のApache HTTPサーバの礎となった。DBMSでは、1979年にRelational Software（後のOracle Corporation）が「Oracle V2」を発表。その後、1989年にMicrosoftが「SQL Server」を発売し、商用RDBMSの競争が激しさを増していく。

停滞期あるいは成熟期、そして今後

　1990年代後半以降、主要なOSやミドルウェアの基本的な機能が確立され、安定性と信頼性の向上に重点が置かれた。MicrosoftはWindows 95、Windows 98、Windows 2000、Windows XPと製品を展開し、デスクトップOS市場を寡占した。サーバOSでは「Windows NT」が企業に広く支持される。Linuxは、Red Hat、SUSE、Debianといったディストリビューションが登場し、サーバOSとしての地位を確立した。特に、企業向けサーバでの採用が進んだ。

　アプリケーションサーバの分野では、1998年にSun Microsystemsが「J2EE（現Jakarta EE）」を発表、このほかIBMの「WebSphere」、BEA Systemsの「WebLogic」によって市場が形成される。DBMSの分野では、Oracle、IBM DB2、Microsoft SQL Serverの3強体制が定着した。また、PostgreSQLやMySQLのオープンソースDBMSも普及し始める。

　2000年代以降、ハードウェア性能の向上を背景に、クライアントOSやサーバOSの市場は一定の成熟期に達した。一方、ミドルウェアの分野ではクラウドサービスとの統合が進んでいくこととなる。日本では、2000年代に「Windows XP」が普及し、NEC「PC-9800」などの独自アーキテクチャから、IBM PC互換機への移行が加速した。

　クラウドコンピューティングの台頭により、システムアーキテクチャが大きく変化している。クライアントOSは、WindowsとmacOSのほか、ChromeOS、各種Linuxディストリビューションが競合しつつ共存している。モバイルではiOS、Androidが支配的となっている。サーバOSはLinuxベースがデファクトスタンダードとなり、Windows OSはクライアント用途に特化している傾向が色濃い。Webサーバでは、Apache、Nginx、Microsoft IISが主要な選択肢となっている。また、アプリケーションサーバでは、Java EEベースやMicrosoft .NET Frameworkベースのものが広く使われている。

　サーバ側では、AWSやMicrosoft Azure、Google Cloud Platformといったクラウドプラットフォームが主流となり、DockerやKubernetesのコンテナ技術が広く採用されている。コンテナ技術やマイクロサービスアーキテクチャの普及により、ミドルウェアの形態が再び進化している。DBMSは、従来のRDBMSが依然として主流である。ただ、大規模データ処理のニーズに応えるため、MongoDB、CassandraなどのNoSQLデータ

ベースが力を持ち始めている。クラウドネイティブなマネージドサービスも支持を集める。Webサーバは、Apache、nginx、IISが主流を維持しつつ、クラウドネイティブな環境では、より軽量なサーバやサーバレス環境を求められる。

　今後、OSは、クラウドネイティブな環境に最適化した新しい形態へと進化する可能性を秘める。ProjectAtomやTalosなどの実験的なOSの開発も進んでおり、今後はAIとの統合が進み、システムの自律性が高まると予想される。

　DBMSも、AI/MLワークロードに最適化され、時系列データベースやグラフデータベースなど、特定用途に特化したDBMSの発展も期待される。Webサーバやアプリケーションサーバは、サーバレスアーキテクチャやマイクロサービスアーキテクチャの進化に伴い、従来の概念が様変わりする可能性が否定できない。

　今後、米国と中国が引き続き主導権を握ると予想されるが、国内産業専用のエッジコンピューティングや国情を踏まえたセキュアOSの開発など、日本や欧州は特定分野で独自性や競争力を発揮する余地がありそうだ。

図：OS、ミドルウェアの初期・普及・成熟期における出来事

段階	主な進歩	OS/ミドルウェア	DBMS	企業・製品	国・地域
誕生期（1940年代後半～60年代前半）	ENIAC開発、UNIVAC登場、IBM 701発表	GM-NAA I/O、OS/360	IDS (Integrated Data Store)	IBM (FORTRAN Monitor System)、DEC (PDP-1 OS)	米国主導、欧州追随
初期・揺籃期（1960年代後半～70年代）	UNIX開発、関係データベースモデル提唱	UNIX、System/360	System R、Oracle V2	ベル研究所 (UNIX)、IBM (System R)	米国学術機関主導、日本は研究段階
普及期・発展期（1980～90年代前半）	パーソナルコンピュータ普及、インターネットの台頭	MS-DOS、Windows 1.0、Linux	Oracle V2、SQL Server	Microsoft (Windows)、Apple (Mac OS)、Red Hat (Linux)	米国市場中心、欧州はOSS拠点
停滞期・成熟期（1990年代後半～2000年代）	OSの安定化、クラウドコンピューティング基盤整備	Windows XP、Linux (Red Hat、SUSE)	Oracle、PostgreSQL、MySQL	Sun Microsystems (J2EE)、IBM (WebSphere)	クラウド市場の米国主導、日本は利用者として参加

段階	主な進歩	OS/ミドルウェア	DBMS	企業・製品	国・地域
現在（2010〜20年代前半）	クラウド台頭、コンテナ技術普及	Windows、macOS、Docker、Kubernetes	MongoDB、Cassandra、マネージドDBサービス	Docker（Docker Engine）、Red Hat（OpenShift）	米国・中国主導、日本は追随
今後の展望	AI統合、エッジコンピューティング進化	ProjectAtom、Talos	時系列DB、グラフDB	Google（Anthos）、新興企業の技術革新	米国・中国が主導権、日本特化分野で競争力

基幹システムのこれまで
システム運用や業務プロセスのさらなる自動化が進展

初期・揺籃期から普及期・発展期

　基幹システムは、1950年代の給与計算や会計処理の自動化から始まった。1951年、米国のJ. Lyons & Co.が開発したLEO I（Lyons Electronic Office）は、世界初の商用コンピュータによる業務処理システムとされる。各種基幹システムは1960年代に徐々に普及し始める。1964年にIBMが大型の商用メインフレーム「IBM System/360」を発表し、企業の基幹業務へのコンピュータ導入が進み、統合されたデータ管理が可能となった。受発注業務、販売管理、在庫管理、財務会計などの基幹業務がコンピュータ化されていった。

　IBMはまた、1960年代に在庫管理システムの先駆けとなるBOMP（Bill Of Material Processor）を開発し、MRP（Material Requirements Planning）システムの礎を築いた。1960年代から1970年代に米国企業を中心に広まったMRPは、製造業における生産管理手法で、後のERPの起源となる重要な概念だった。ただし、この時期はまだ、各業務システムが個別に開発され、データの連携や統合は限定的だった。導入先は主に大企業や金融機関、政府機関に限られていた。この頃1960年代初頭の日本では、野村證券が株式売買管理システムNOMURAを開発したり、富士通が日本初のオンラインバンキングシステムFACOMを開発したりといった動きが出始めていた。

　IBMのSystem/360が普及した1970年代前半までには、大手企業を中心に統合的な業務システムの構築ができるようになった。1988年に、IBMが開発した中小型のコンピューターシステム「IBM AS/400」は、初めてSQLを採用したメインフレーム用リレーショナルデータベース管理システム「DB2」を内蔵し、導入や運用に役立つツールが充実していた。このIBMのシリーズは、日本では「オフィスコンピュータ（通称オフコン）」と呼ばれ、現在までに「AS/400」「eServer i Series」「System i」「Power Systems」と名称は変わりながらも、一連のシリーズは「AS/400」との呼称で親しまれている。

　1972年にはSAP（Systems, Applications, and Products in Data Processing）がド

イツで創業し、1973年に統合業務パッケージのERP「SAP R/1」をリリース、現代に続くERPシステムの原型となった。会計や在庫や資産といった分野にまで対象を広げて発展させ、企業の基幹業務システム全体を統合して一元管理する形で開発された。主に欧米の大企業を中心に導入が進んだが、まだ導入コストが高く、システムの柔軟性も不十分だったため、大々的な普及にはまだまだ改善の余地があった。この時期、日本企業は独自の業務システムを開発し、特に製造業において革新的な生産管理手法を確立していた。トヨタ自動車の「かんばん方式」を支援するシステムなどが有名で、これは後にJIT（Just In Time）生産方式として世界的に注目されることになる。

　R/1の後継として1979年にリリースされた「SAP R/2」に続き、SAPは1992年に新たなERPパッケージ「SAP R/3」を発表した。財務会計、管理会計、人事管理、生産管理など、統合的な業務システムのパッケージ化が進み、クライアント/サーバ型ERP時代の嚆矢となった。米国ではOracle、PeopleSoft、JD Edwardsなどが台頭し、ERPベンダー間の競争が激しさを増した。業界別のソリューション開発も進んだ。日本では、1980年代後半から富士通や日立製作所、NECが独自のERPサービスを開発、特に製造業向けの機能を充実させ、国内市場でシェアを確保した。

　1980年代初頭にOracleがリリースしたリレーショナルデータベースの製品をベースに、基幹システムのデータ管理能力が飛躍的に向上した。1990年代後半には、「Oracle E-Business Suite」をリリースし、データベースと統合されたERPソリューションを提供する。SCM（Supply Chain Management）の概念も1990年代に定着し、企業間での情報連携が重要視されるようになった。総じて、1980年代から1990年代にかけて、基幹システムはERP、SCM、会計、人事管理などの分野でそれぞれ着実に広まっていった。そうした動きに応じて、グローバル企業における業務プロセスの標準化が進んだ。

　米国と欧州がリードする中、これに続く形で日本は業務システムの研究開発を進めた。日本では、製造業が基幹システムの主要な導入先であり、品質管理や生産性向上の要となった。「BPR（Business Process Re-engineering）」の経営手法の普及とともに、ERPの導入が加速し、1992年にSAPジャパンが設立された。この時期、SAPのほか、Oracle、PeopleSoftといった大手ERPベンダーが市場を牽引した。海外市場でも勢いを得ていた当時の日本企業は、人手不足が深刻で、余剰資金をITシステムの整備に充て、効率化を図る動きが盛んだった。しかし、日本独特の商習慣とERPのミスマッチが浮き彫りとな

るなど、カスタマイズの複雑さやコストが障壁となり、日本企業はERPパッケージの利点を生かしきれないなどの問題が生じた。1990年代後半にはいわゆる「2000年問題」、Y2Kへの対応もあり、多くの企業が基幹システムを刷新した。

停滞期あるいは成熟期、そして今後

　2000年問題への対応で多くの企業がシステムを更改したが、その後、ほどなくしてITバブルは崩壊、大規模なシステム投資は抑制傾向となった。そうした中、2000年代には、日本独特の商習慣や規制に対応した国産ERPが出回るようになり、外国製のERPパッケージをカスタマイズしてコストがかさむといった問題は解消へと向かった。

　一方、2000年代に入るとSalesforce提供のSaaS型CRMがクラウド基幹システムの先駆けとなった。日本勢もNECや日立製作所が2000年代後半にクラウド型ERPサービスを開始した。米国がクラウド基盤の基幹システムのリーダーシップを握り、日本や欧州が追随する形で普及が進んだ。

　2010年代以降、現在に至るまで、ERPはクラウドベースが主流となり、SalesforceやWorkdayやNetSuiteなどによるSaaS型サービスが支持を広げている。さらに、AIやRPAとの連携が進み、業務の自動化や効率化がさらに進展し、データ分析や予測機能も強化されている。日本市場では、SAP、Oracle、Microsoftなどのグローバルベンダーが主導する一方、オービックビジネスコンサルタントやPCAといった国産ベンダーも中堅・中小企業向けを中心に支持されている。

　今後は、基幹システムのクラウド移行が更に加速し、マルチクラウド環境での運用が一般化すると見込まれる。特に、AIによる自律的な業務処理やリアルタイムの意思決定支援といったインテリジェント化が進展するとともに、ブロックチェーン技術の活用によりサプライチェーンや金融取引の透明性や追跡可能性が高まると期待される。他方、数多くの日本企業が導入しているSAP社製品の保守サポート切れも発表され、「SAP 2025年問題」や「SAP 2027年問題」とも呼ばれる。どのベンダーのサービスを使うか、各企業の判断が注目される。

　現実的な方向性としては、AIによる自律型ERPの実現が期待され、システム運用や業務プロセスのさらなる自動化が進む。IoTデバイスからのリアルタイムデータがSCMや

生産管理を強化するだろう。グローバルで競争が激化し、特にインドや東南アジアが新たな成長地域として注目される中で、日本企業は特定分野でのリーダーシップを発揮し、独自の技術革新とグローバル市場への展開で、引き続き重要な役割を果たすと予想される。

図：基幹システムの初期・普及・成熟期における出来事

段階	時期	主な出来事と関連企業・製品	国・地域
誕生	1950〜60年代前半	・1951 年、世界初の商用業務システムが稼働するコンピュータ「LEO I」開発	日本
初期・揺籃期	1960年代後半〜70年代	・1964 年、IBM が大型商用メインフレーム「IBM System/360」発表 ・1960 年代、IBM が在庫管理システム「BOMP」開発 ・日本では、野村證券が株式売買管理システム「NOMURA」、富士通がオンラインバンキングシステム「FACOM」を開発 ・1972 年、ドイツで SAP 創業、翌 73 年に統合業務パッケージ「SAP R/1」リリース	米国、ドイツ、日本
普及期・発展期	1980〜90年代前半	・1979 年、SAP が「SAP R/2」リリース、多言語・多通貨対応で欧州に普及 ・1980 年代、米国で Oracle や PeopleSoft など ERP ベンダー台頭 ・日本では、富士通や日立製作所、NEC が独自の ERP サービス開発 ・1992 年、SAP がクライアント／サーバ型 ERP「SAP R/3」発表、ERP 市場拡大	ドイツ、米国、日本
停滞／成熟期	1990年代後半〜2000年代	・2000 年問題（Y2K）への対応で多くの企業が基幹システム刷新	グローバル
現在と今後	2010年代以降	・クラウドベースの ERP が主流、Salesforce や Workday、NetSuite などの SaaS 型サービス普及 ・AI や RPA との連携加速、業務の自動化や効率化が深化 ・日本市場では SAP、Oracle、Microsoft のグローバルベンダーと、OBIC や PCA など国産ベンダーが併存 ・SAP 2025 年問題・2027 年問題への対応 ・今後 AI による自律型 ERP の実現へ	グローバル

業務支援システムのこれまで
顧客対応の自動化や予測分析による営業支援が一般化

初期・揺籃期から普及期・発展期

　業務支援システムの起源は1960年代にまで遡る。この時期の業務効率化は、機械的機構を中心とした「狭義の情報システム」がベースとなっていた。これらはEDP（Electronic Data Processing）あるいはADP（Automatic Data Processing）と呼ばれ、1950年代に進んだ経理や給与計算といった間接部門を対象としたバッチ処理などに由来する。1960年代後半には、オンラインで統合処理するIDP（Integrated Data Processing）の時代となり、処理形態はオンライン処理に移行し、対象も生産管理など直接部門に拡大されていった。

　1970年代に入ると、業務支援システムの概念が徐々に形成されていく。1970年代後半から、大手企業を中心に独自の顧客管理システムの開発が始まった。特に保険会社や銀行が先んじて導入し、営業担当者の活動管理や顧客対応履歴の記録に使われた。一方、グループウェアの原型も、1970年代後半に形作られた。その素地は米国の研究機関で開発された電子メールシステムとBBSにある。特に、電子メール、カレンダー、文書共有、ワークフロー管理といった各種機能を統合したシステム「Lotus Notes（後のIBM Notes）」が1986年に米国で登場すると、グループウェアの概念が定着していった。

　また、1987年に米国でACT!（Automated Contact Tracking）が開発され、これが後のSFA（Sales Force Automation）の原型となった。ACT!の導入が進むにつれ、SFAの概念も浸透し、販売チームの効率を高めるためのアプリケーションの使用が一般化していった。日本では、米国の経営情報システム（MIS、Management Information System）の先進性が紹介されたのを契機に、1970年代にかけていわゆるMISブームが起こっている。この頃、米国のIBMやドイツのSiemensが開発した、メインフレーム上で動作する大手企業向けの顧客データベース管理システムが業務支援システムの普及を後押しした。

PCの普及に伴い、1980年代後半にはCRMやSFAといった用語や概念がビジネスの現場で用いられる頻度は増していった。PC上で動作する営業支援ツールが普及し始め、商談管理や案件進捗管理の機能が充実していく。米国のSiebel Systemsは1993年にCRMソフトウェアを開発し、この分野での先駆けとなった。しかし、当時は時代を先取りし過ぎた感が否めず、採用する会社はほとんどなかった。一方、日本ではNECや富士通がERPやデータベースの精度を高め、業務支援システムの開発を推し進めた。また、1988年にサイボウズの前身となる企業が設立され、日本の商習慣に合ったグループウェア開発が進んだ。NECやFuture Systemも独自の営業支援システムを開発していった。

　KM（Knowledge Management、ナレッジマネジメント）の発祥は、企業内での知識共有が注目されるようになった1980年代に遡る。KMシステムは、米国のAutonomyやVerityといった企業が先進的な検索・分類技術を開発して知識の構造化とデータベース化が進んだ。特に、Accentureなどの米系コンサルティングファームが中心的役割を果たした。日本では野中郁次郎の尽力により、「ナレッジマネジメント」という用語が広まり、「QC（Quality Control、品質管理）サークル活動」や「トヨタ生産方式」を理論的背景とし、企業の取り組みが早かった。富士通やNECは独自のKMソリューションを展開した。

　グループウェアは、Lotus Notesを皮切りに、1990年代初頭にはMicrosoftが「Exchange Server」をリリースし、シェアを広げた。クライアントサーバシステムが主流となり、グループウェアやワークフローなどのソフトウェアが充実した。一方、日本では日立製作所の「Groupmax」、ネオジャパンの「desknet's」が、使いやすさを重視した製品によって国内市場でシェアを伸ばした。2000年代に入るとクラウドベースのコラボレーションツールが急速に成長する。特にGoogleが2006年にリリースした「Google Apps for Work」（後のGoogle Workspace）は企業の規模を問わず支持を広げ、日本でも中小企業を中心に導入が広がった。

　1990年代を通じてインターネットの利用が広まると、クラウドベースのCRMやSFAが登場し始める。特に象徴的なのは、1999年のSalesforce.comの設立である。クラウドベースのCRMという新しいビジネスモデルを確立し、中小企業でCRMの導入が促進される誘因となった。SFAはその後、モバイルデバイスとの連携が進み、営業担当者がリアルタイムで情報を共有できるようになり、一層利便性が高まった。特に欧米で利用が加速した。2000年代にかけ、業務支援システム市場は一時的な停滞期を迎えることとなる。

停滞期あるいは成熟期、そして今後

　2000年代初頭から中盤にかけては、多くの企業がY2K対応で大規模なシステム投資を行った後だったため、2000年代後半には新規投資の機運が萎み、需要が落ち込んだ。また、リーマンショック後の景気後退により、新規システム投資がさらに抑制された。特に大規模なKMプロジェクトは費用対効果の面で見直しを迫られた。また、従来型のグループウェアは、SNSやクラウドサービスの台頭により、存在意義が問われるようになった。

　日本の企業・組織特有の事情として、過剰な機能や複雑な操作性のために、システムの利用率が低下するきらいが見られた。また、リーマンショック後の2008年以降は多くの企業が投資を控える傾向が顕著となり、業務支援システムの進化は足踏み状態となる。しかし、モバイル対応が標準化されると、日本でもクラウドベースのSaaS型サービスが主流となる。SalesforceやMicrosoft、HubSpotが市場を牽引し、AIやデータ分析機能が強化されていった。グループウェアは、クラウド化が標準となり、Microsoft 365やGoogle Workspaceがデファクトスタンダードとして定着しつつある。日本では働き方改革に伴うリモートワーク対応のニーズや中小企業向けのIT導入補助金が普及を後押ししている。

　また、コロナ禍を背景に、Microsoft TeamsやSlack、Zoomといったコラボレーションツールが急速に普及し、知識共有の中核を担っており、グループウェアやKMに対する注目度や存在感が一段と高まった。

　今後は、AIとの統合がさらに進み、自然言語処理による顧客対応の自動化や、予測分析による営業支援が一般化すると予想される。ますますマルチクラウド環境が一般化し、異なるサービス間でのシームレスな連携が求められるようになるだろう。また、オフィスワークとリモートワークの両刀使いによるハイブリッドワークに対応した新しいコラボレーションツールの発展が望まれ、より違和感のないバーチャルオフィス環境の整備のニーズも高まってくる。

　業務支援システムは総じて、カスタマーエクスペリエンス（CX）の重要性が増し、タッチポイント全体を統合管理するプラットフォームへの進化が期待される。特に、日本では少子高齢化や労働力不足を背景に、業務支援システムが生産性向上のカギを握ると予想される。

図：業務支援システムの初期・普及・成熟期における出来事

段 階	時 期	主 な 出 来 事 と 関 連 企 業・製 品	国・地 域
誕生	〜1970年代前半	・1950 年代、EDP/ADP による業務自動化の始まり ・1960 年代後半、オンライン統合処理の IDP の時代に	米国
初期・揺籃期	1970年代後半〜90年代前半	・1970 年代後半、大手企業を中心に独自の顧客管理システム開発始動 ・1980 年代、KM システム発展 ・1986 年、「Lotus Notes（後の IBM Notes）」登場、グループウェアの概念定着へ ・1987 年、米国で SFA の原型となる「ACT!」開発 ・1993 年、Siebel Systems が CRM ソフト開発	米国
普及期・発展期	1990年代後半〜2000年代中盤	・1999 年、Salesforce.com 設立 ・Y2K 対応後の投資抑制 ・2006 年、Google Apps for Work（後の Google Workspace）リリース	米国、日本
停滞／成熟期	2000年代後半〜10年代前半	・2008 年以降、リーマンショック後の景気後退により新規投資がさらに抑制 ・従来型グループウェアは、SNS やクラウドサービスの台頭で価値や存在意義の見直し	グローバル
現在と今後	2010年代後半以降	・クラウドベースの SaaS 型サービスが主流化、Salesforce や Microsoft が市場牽引 ・AI やデータ分析の機能強化、業務の自動化や効率化が加速 ・コロナ禍を背景に、Microsoft Teams や Slack、Zoom といったコラボレーションツールが急速に普及 ・今後 AI との統合が加速、自然言語処理による顧客対応の自動化や予測分析による営業支援が一般化へ	グローバル

業務支援アプリのこれまで
AIアシスタントの統合により、より知的な支援機能を提供

初期・揺籃期から普及期・発展期

　業務アプリケーションの起源は、コンピュータが計算機としての役割を果たし始めた1950年前後に遡る。この時期、コンピュータは主に軍事計算や科学技術計算に利用されており、汎用的な業務アプリケーションはあまり存在しなかった。米国を中心に、ある用途に特化したソフトウェアが徐々に開発され始めてもいたが、主に大型コンピュータ向けの専門アプリケーションが中心で、ハードウェアに強く依存していた。互換性はほとんどなく、一般のオフィスワーカーが直接使用するようなものではなかった。

　1950年代に米自動車大手のGeneral Mortorsが製造業向けに開発した初期のCADソフトウェア「DAC-1（Design Augmented by Computer）」は、後世のCAD技術に大きな影響を与えた。1963年には、Ivan SutherlandがSketchpadを開発し、現代のCADソフトウェアの基礎となった。グラフィカルユーザーインターフェース（GUI）を備えた最初のアプリケーションの1つとして歴史に名を残している。

　1960年代初頭には、IBMのメインフレームコンピュータ向けに、科学技術計算用のFORTRANや事務処理用のCOBOLなどのプログラミング言語が開発された。これらのプログラミング言語を用いて、簡易的なデータ管理や文書作成ツールが構築される。主に給与計算や在庫管理などの基本的な業務処理を行う用途で使われる。業務アプリケーションの開発は、地域的には、米国が先行して主導的な役割を果たし、欧州では英国による科学技術計算関連のソフトウェア開発が目立った。日本では、1960年代に国産コンピュータ「FACOM」シリーズをベースにしたソフトウェア開発が始まった程度で、商業的な業務アプリケーションは皆無に等しかった。

　1960年代後半から1970年代にかけて、業務アプリケーションの実装が次第に加速し広まっていった。この時期、オフィスソフトやグラフィックツール、CADソフトウェアの基盤となる技術が続々と生まれる。オフィスソフトの分野では、1960年代末にIBMが開

発したワードプロセッサー「Displaywriter」が商業的成功を収めた。また、1973年には、Xeroxが世界初のGUIを持つ文書処理ソフト「Bravo」を開発。これが後のワープロソフトの基礎となった。

グラフィックソフトでは、1970年代にNASAの研究機関で初期のコンピュータグラフィックス（CG）技術が開発され、映画や科学分野に転用された。CAD分野では、1977年に米国のLockheed傘下のCADAMが商用CADソフト「CADAM（Computer-graphics Augmented Design and Manufacturing）」を発表し、航空宇宙産業や自動車産業で使われだした。また、中小企業へのミニコンピュータの導入が進み、ワードプロセッサやスプレッドシートなど、汎用的な業務アプリケーションの開発ニーズが高まった。この時期、米国が引き続き技術開発を主導する一方、ドイツやフランスが製造業向けのCAD技術に注力した。日本では、オフィスソフトやCADの国産化が進み、富士通や日立製作所が国内市場向けに独自製品を提供した。

1980年代は、PCの普及とともに、業務アプリケーションが広く利用されるようになった時代である。この時期、MicrosoftやAdobe、Autodeskなど、現在も影響力のある企業が台頭した。オフィスソフトでは、1983年にMicrosoftが「Word」を、1985年に「Excel」を発売し、オフィスソフトの標準化が進んだ。1988年には、カナダのAlludo（現Corel）が発売した「WordPerfect」が文書作成ソフトの分野で一時高いシェアを獲得した。一方、Apple Computer（現Apple）は1984年に「Macintosh」を発表し、世の中にGUIを浸透させた。

グラフィック分野では、1982年にAdobeが創業し、1985年に「Illustrator」、1987年に「Photoshop」をそれぞれ発売し、デザイン業界に新風を吹き込む。また、CAD分野では1982年にAutodeskが「AutoCAD」を発表し、製造業や建築業で幅広く導入されたほか、PC上でのCAD作業を可能にした。1988年にはAutoCADのアドオンとして「3D Studio」がお目見えし、3DCG制作の先駆けとなった。

日本では、1980年代にワープロ専用機が人気を博し、その後パソコンへと移行していった。1990年代に、ジャストシステムの文書ソフト「一太郎」が国内ワープロソフト市場でトップシェアを獲得する。また、NECの「PC-9800」シリーズ向けに多くの国産アプリケーションが開発された。

停滞期あるいは成熟期、そして今後

　1990年代後半から2000年代後半にかけて、業務アプリケーションは成熟期に入り、基本的な機能がほぼ定まった。勝ち組が明らかになり、ソフトウェア市場の寡占化が進んだ。Microsoftは「Windows 95」の成功を踏まえ、Officeシリーズを拡充、Word、Excel、PowerPointが事実上の標準となり、市場を支配した。Adobeは「Creative Suite」をリリースし、グラフィックソフトの市場をほぼ独占、PhotoshopやIllustratorはデジタルクリエイティブ分野での必須ツールとなった。CAD分野では、3D CADの普及が進み、Dassault Systèmesの「CATIA」やPTCの「Pro/ENGINEER」が主流となった。建築設計分野では、BIM（Building Information Modeling）ツールとしてRevitが普及し始めた。

　地域的には、米国が引き続き市場をリードし、日本ではWindowsの普及に伴い国産ソフトウェアが苦境に立たされた。一方、中国やインドでは、オープンソースソフトウェアや廉価な国産製品が静かにシェアを広げた。日本では、一太郎のシェアが徐々に低下し、Microsoft Officeへと移行していった。一方で、ジャストシステムは日本語入力システム「ATOK」で高いシェアを維持した。

　現在の業務アプリケーションは、クラウドコンピューティングとモバイルデバイスの普及を背景に、クラウド化やサブスクリプションモデルへとシフトしている。「Microsoft Office 365（現Microsoft 365）」や「Adobe Creative Cloud」はその代表例である。Googleも「Google Workspace」でクラウドベースのオフィスソフトウェアを提供している。一方、オープンソースソフトウェアも台頭し始めており、LibreOfficeなどのフリーのオフィススイートが一定のシェアを獲得している。グラフィック分野では、リアルタイムレンダリングやAIを活用したデザインツールが主流となっている。CAD分野では、BIMやシミュレーション機能が標準化された。地域的には、米国と中国が市場を二分する形で、欧州は専門分野に特化したソリューションで競争力を維持。日本では、クラウドソフトの導入が進む一方、特定分野でのニーズに応じたカスタマイズが重要視されている。

　今後は、自然の成り行きとして、AIと業務アプリケーションの統合が加速し、自然言語処理や画像生成技術の進歩によってユーザーインターフェースがさらに直感的になると考えられる。クラウドネイティブなアプリケーションがさらに流布し、デバイスやプラッ

トフォームの境界が一層曖昧になっていく。オフィスソフトウェアは、AIアシスタントの統合により、より知的な支援機能を提供するようになるだろう。Microsoft CopilotやGoogle DuetなどのAI支援機能の一層の拡充が期待される。グラフィックソフトウェアでは、生成AI技術の統合が進むだろう。DALL-EやMidjourneyに代表される画像生成AIとの技術連携が一段と進むと予想される。CAD分野では、生成的設計（Generative Design）やAIを活用した最適化が広まり、設計プロセスが変容すると考えられる。また、VR/AR技術との統合により、新しい設計手法が確立される可能性を秘める。

図：業務アプリの初期・普及・成熟期における出来事

段階	時期	主な出来事と関連企業・製品	国・地域
誕生	1940年代後半〜60年代前半	・GE が製造業向け CAD ソフト「DAC-1」開発 ・軍事・科学技術計算用の専門アプリケーション登場	米国
初期・揺籃期	1960年代後半〜70年代	・1963 年、Ivan Sutherland が Sketchpad 開発 ・IBM 向け FORTRAN、COBOL 言語の開発 ・1960 年代末、IBM「Word Processor」開発 ・日本で FACOM シリーズ向けソフトウェア開発開始 ・1973 年、Xerox が「Bravo」開発 ・1977 年、CADAM が商用 CAD「CADAM」発表	米国、日本
普及期・発展期	1980〜90年代前半	・1983 年、Microsoft Word リリース ・1985 年、Microsoft Excel、Adobe Illustrator 発売 ・1987 年、Adobe Photoshop 発売 ・1988 年、WordPerfect、3D Studio 登場 ・1995 年、Windows 95 の成功 ・Microsoft Office シリーズの拡充 ・Adobe Creative Suite のリリース ・ジャストシステムの「一太郎」が国内市場占有 ・3D CAD 普及（CATIA、Pro/ENGINEER）	米国、カナダ
停滞／成熟期	1990年代後半〜2000年代	・Microsoft Office が事実上の標準に ・Adobe 製品がクリエイティブ分野を寡占 ・Revit によるデジタル建築設計の普及 ・オープンソースソフトウェアの台頭	米国、グローバル
現在と今後	2010年代以降	・クラウドベースでのソフト提供 ・サブスクリプションモデルの台頭 ・AI とアプリケーションの統合 ・生成的設計や VR/AR の進展	グローバル

5 章

グローバルITの
トレンド

ITの最前線では、革新的な技術が次々と登場し、産業構造や社会のあり方を大きく変えつつある。生成AIは、RAGやRLHFといった技術革新を経て、検索機能の強化やユーザーのフィードバックを取り入れた進化を遂げ、AIエージェントの普及を加速させている。また、デジタルツインやサイバーフィジカルシステムが製造業や都市計画の最適化を推進し、量子コンピュータの発展は計算能力の新たな地平を切り拓く。マルチクラウドやハイブリッドクラウドの普及によってITインフラを多様化していく。加えて、ゼロトラストやサイバーメッシュといったセキュリティ技術が、サイバー脅威への新たな防衛線を築いている。本章では、世界的に注目を集める先端ITの最新トレンドを解説していく。諸技術の発展がビジネスや社会にどのような影響を及ぼすのかを読み解く。

GENERATIVE AI

5/1 生成 AI
RAG、RLHF、パーソナライゼーション

生成 AI における様々な技術トレンド

　対話型AI「Chat GPT」が2022年11月末に登場すると、世界中で生成AIブームが巻き起こった。人間とAIが協働する場面が増えるにつれて、開発競争は激化し、生成AIは日進月歩で進化を続け、様々な技術トレンドを生み出してきた。その1つに、「検索拡張生成」と訳されるRAG（Retrieval-Augmented Generation）がある。大規模言語モデル（LLM）のテキスト生成AIが質問や依頼の「プロンプト」に対し、自社や業界の膨大な知識ベースからリアルタイムで関連情報を検索して、その情報に基づいてより正確かつ詳細な回答を生成する技術である。

　もう1つのトレンドがRLHF（Reinforcement Learning from Human Feedback）である。RLHFは「人間からのフィードバックを用いた強化学習」であり、モデルの生成結果に対する人間の評価・反応を報酬として、生成AIモデルの学習に活用する技術である。機械的、無機的でややもすると非人間的で非常識になりかねないモデルの応答が人間の期待に沿うよう、モラルや倫理性を踏まえてチューニングされる。人間個々の主観が入りやすく、客観的な評価基準や一貫性を保ちにくいといった課題は残るものの、モデルの偏りやバイアス、不適切な応答を軽減できる利点がある。

　RLHFのような公益や公知に資する技術に対し、個々人に最適化されたAIの「パーソナライゼーション」も長足の進歩を遂げている。個々のユーザーの嗜好や行動履歴に基づいて、コンテンツやサービスをカスタマイズする技術であり、従来、ECの購買予測やSNSのターゲティング広告で活用されてきたが、昨今のAIブームにより、一段とその利便性や精度が高まっている。ユーザーの個別特性や行動履歴に基づいてAIの応答がカスタマイズされ、個々の好みや興味により適したコンテンツや機能が提供されるようになっている。

　こうしたパーソナライゼーションがより進んだ結果、誕生したサービスが、人間に

278

代わりメールの返信文を考えたり、資料を作成したりするAI Agent（エージェント、Agentic AI）である。ユーザーの過去のメールのやり取りやブラウザの検索履歴や作成資料に基づいて作文や作図の癖を学習した上で、特定のタスクを自律的に実行するAIシステムであり、意思決定や情報収集などの具体的なアクションが実行可能だ。自律性が高く、最小限の介入で、カレンダー予約や顧客対応などの複雑なマルチステップタスクをこなせ、格段の省力化、自動化が図れると期待される。2025年1月に米ラスベガスで開かれた世界最大のテクノロジーイベント「CES 2025」で基調講演を行ったNVIDIAのJensen Huang CEOも、AIエージェントへの注力をあらためて言明した。

　こうしたAIの先端技術にはNVIDIAのほか、Chat GPTを手掛けるOpenAIとそのパートナーのMicrosoft、その後を猛追するGoogle、そしてMeta、Amazonといった米ビッグテックが巨費を投じて開発を加速させている。

　ただし、過度なパーソナライゼーションや自動化には不安や課題も付きまとう。欧州のGDPR（EU一般データ保護規則）に見られるように、個人情報の取り扱いは厳格化の方向に進んでおり、ユーザーデータの収集・管理があらためて問題視される風潮が強い。また、過剰なパーソナライゼーションが偏った情報の「フィルターバブル」を生むリスクも懸念される。AIエージェントについても、AIが下した判断や決定がブラックボックスである点が不安視されており、透明性の確保や責任の所在が目下、議論の的となっている。

　そうした中、2025年が始まって早々に中国発の生成AI「DeepSeek」が登場し、話題をさらった。使用感はChatGPTと類似し、分野によっては先行する同種のサービスと遜色のない、あるいはそれ以上の性能を発揮し、関係者を驚かせた。DeepSeekは、他社が

図：RAG の仕組み

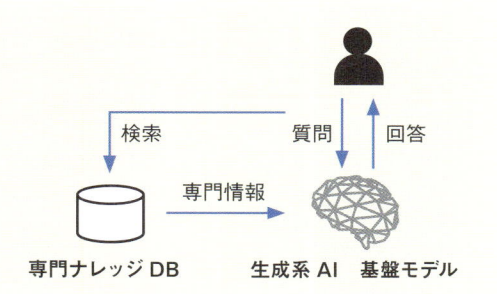

RAG

生成系 AI 基盤モデルに、
質問に関連する専門情報を与え、
回答させる仕組み

検索　　質問　回答

専門情報

専門ナレッジ DB　　生成系 AI　基盤モデル

多用する最先端GPUに依存することなく、開発費を極めて低く抑えている。開発期間も数カ月と短かったことに加え、オープンソースであることも画期的である。ただ、ユーザーデータの取り扱いなどの開示が不十分とされ、警戒感や不信感も高まっている。

デジタルツイン、CPS
仮想モデル、シミュレーション、分析、物理システム

デジタル空間に再現した仮想モデルと物理システムとの統合

　デジタルツインとは、現実にあるモノや地形といった物理的なシステムやプロセスをデジタル空間に忠実に再現した仮想モデルである。センサやIoTデバイスから収集された現実世界の膨大なデータに基づいて、物理的な特性や動作をリアルタイムに仮想世界に反映させることで、シミュレーションや分析を可能にする。

　一方、サイバーフィジカルシステム（CPS）とは、デジタルツインの概念を拡張するものだ。デジタルツインと物理的なシステムとを統合することで、現実世界とデジタル世界を相互に密接に連携させる。これにより、高度な制御や最適化が実現できる。

　企業はデジタルツインやCPSを導入し、仮想空間内で生産工程を繰り返しシミュレーションすることで、歩留まり率が改善したり、施工管理者が現場の状況を遠隔で詳細に確認できたりするなど、生産性向上につながる。そのため、デジタルツイン、CPSを活用する企業は増加傾向にある。ただし、データの質と量の確保や、システム構築にかかる初期投資など高額な導入コストといった課題もある。

　デジタルツイン、CPSを提供する代表的な企業には、製造業向けデジタルツインプラットフォーム「Xcelerator」を提供するSiemens、産業用機器から収集できるデータを分析するIoTプラットフォームPredixを提供するGE（General Electric）といった欧米勢が目立つ。GEはPredixを通じて発電所や航空機エンジンの運用最適化を進めている。また日本勢では、「4D施工管理支援システム」や「CONNECTIA」を展開してクレーンなどの機器の稼働状況を生産性分析や再配置の検討に生かす大林組、建設現場の遠隔管理システムにデジタルツインを導入する小松製作所、世界中の自社工場にデジタルツインを組み入れている富士通などが積極的だ。

　デジタルツインやCPSは、製造業はもちろん、交通や都市インフラ、医療など、幅広い分野で活用が期待される。ドイツの調査会社のStatistaによると、世界のデジタルツイ

ンの市場規模は2020年の2,830億円から2025年には3兆9,142億円に成長すると見込まれている。

図：世界のデジタルツインの市場規模（産業規模）

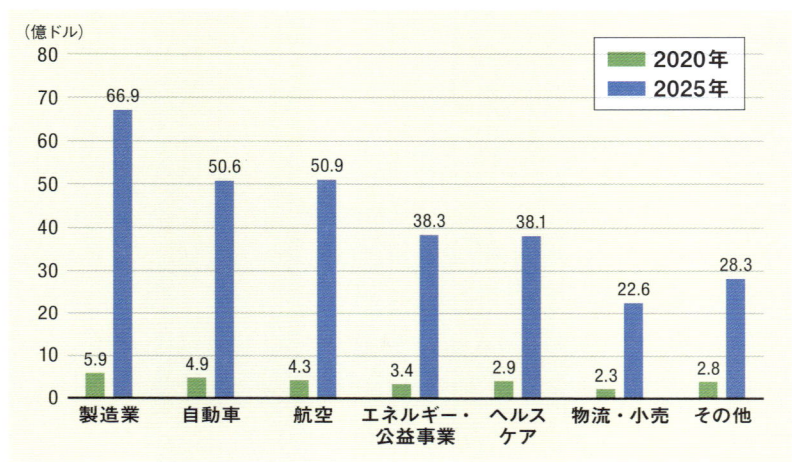

出典：総務省「令和5年版 情報通信白書」

MULTICLOUD & HYBRID CLOUD

5/3 マルチクラウド、ハイブリッドクラウド
オンプレミス、プライベートクラウド、パブリッククラウド

複数のクラウドサービス、機能を組み合わせて利用する形態

　マルチクラウドとは、AWSやMicrosoft Azure、Google Cloudといった複数のクラウドサービス、機能を組み合わせて利用する形態を指す。各プロバイダーの特徴に応じて使い分け、ワークロードごとに最適なクラウド環境を選択することで、柔軟性と効率性を高める。また、複数のクラウドサービス利用により、リスクを分散したり、システムの可用性を高めたり、コストを最適化したりできる。

　ハイブリッドクラウドとは、企業の自社サーバなどのオンプレミスインフラ、自社のみが利用するクラウド環境であるプライベートクラウド、そしてAWSなどのパブリッククラウドを組み合わせる形態を指す。機密性の高いデータやレガシーシステムはオンプレミスで取り扱う一方、処理能力や拡張性が必要な部分はパブリッククラウドで対応するといったように、それぞれの特性を生かしてシステムを構築する。データやアプリケーションの分散的な利用により、セキュリティやパフォーマンスの向上を図る。

　マルチクラウド、ハイブリッドクラウドを利用する上では、様々なソリューションを組み合わせることになる。筆頭に挙げられるのは、ハイブリッドクラウドやマルチクラウドの環境管理ツールを提供するVM Wareである。「VMware Cloud Foundation」を通じ、主要なクラウドプロバイダーとの連携により、複数のクラウドの統合管理、運用の一元化を図る。このほか、IBM傘下の Red HatやNutanixといった米系のサービスが支持されている。

　課題としては、複数のプロバイダーを利用することにより、管理が煩雑化して運用負担が増すことや、異なるクラウド間でのデータ移行や連携が互換性や帯域幅の問題から困難といった点が指摘される。

図：パブリッククラウド、プライベートクラウド、ハイブリッドクラウド、マルチクラウドの比較

種類	定義	利点や特徴	主な企業
パブリッククラウド	大手クラウドベンダーが所有する物理サーバを仮想化した、複数ユーザー向けサービス	・導入コストと運用コストが低い ・使用量に応じた課金 ・高いスケーラビリティ ・導入の容易性	・Amazon Web Services（AWS） ・Microsoft Azure ・Google Cloud Platform（GCP）
プライベートクラウド	完全に他のユーザーと独立した環境に構築されるクラウドサービス	・厳しいセキュリティ要件に対応 ・柔軟性が高い ・独自の環境を構築可能	・VMware ・OpenStack ・Microsoft（Azure Stack HCI）
ハイブリッドクラウド	パブリックとプライベートの両クラウドを組み合わせた形態	・機密情報の適切な分離管理 ・柔軟なワークロード配置・環境構築 ・安全性と拡張性の程よいバランス	・IBM ・Microsoft ・VMware
マルチクラウド	複数のクラウドサービスを組み合わせて利用する形態	・ベンダーロックインのリスク回避 ・自社に適した環境を構築しやすい ・リスク分散が容易	

ゼロトラスト、サイバーメッシュ

ZTNA、SASE

すべてのアクセス、ID、デバイスなどに対して常時検証

　ゼロトラスト（Zero Trust）とは、従来の境界型セキュリティモデルを否定し、「ネットワーク内外を問わず、すべてのアクセスを信頼しない」アプローチに基づくセキュリティモデルである。境界型セキュリティがネットワークの境界線で外部からの侵入を防ぐのに対し、ゼロトラストは社内/社外のネットワーク境界に関係なく、すべてのアクセス、ID、デバイス、アプリケーションなどに対して常時検証する。

　ゼロトラストは、境界を越えた攻撃や内部の脅威にも対応できるため、より強固なセキュリティ対策、コンプライアンス対応につながる。また、ユーザーやデバイスごとにアクセス権限を細かく設定できるため、コロナ禍以降に増えたリモートワークや分散型システムに適した柔軟性を発揮する。ただし、既存システムとの統合や新たなセキュリティ製品の導入などにコストがかかり、複数の要素を組み合わせるため、運用が複雑になる可能性がある。また、すべてのアクセスを検証し、細かく認証を求めるため、システムのパフォーマンスや業務の生産性の低下につながるかもしれない。

　一方、サイバーメッシュとは、ゼロトラストの概念をさらに発展させ、ネットワーク全体を小さなセグメントに分割し、各セグメントを独立したセキュリティ領域として管理する分散型アーキテクチャである。たとえ、あるセグメントでセキュリティ侵害が発生しても、他のセグメントへの影響を最小限に抑えることができる。

　ゼロトラスト、サイバーメッシュを提供する主要企業には、「Prisma Access/Cloud」という Zero Trust Network Access（ZTNA）を提供してエンドポイントからクラウドまでの統合保護を支援する Palo Alto Networks、Secure Access Service Edge（SASE）アーキテクチャや ZTNA を手掛ける大手 Cisco Systems のほか、Microsoft の Azure Active Directory などがある。

　ZTNA とは、ゼロトラストモデルに基づき、ユーザーやデバイスの信頼性を厳密に検証

した上で、特定のアプリケーションやデータへのアクセスを許可するセキュリティの仕組みを指す。従来のVPNとは異なり、ネットワーク全体へのアクセスを許可せず、認証された正規ユーザーのみに対し、必要最小限のリソースへの接続を認めることで、セキュリティリスクを低減する。また、SASEは、ネットワークとセキュリティの機能をクラウドでまとめて提供する包括的アーキテクチャフレームワークを指す。ZTNA や SD-WAN、クラウドアクセスセキュリティブローカー（CASB）、ファイアウォールといった機能をまとめ上げ、単一のクラウドサービスとして展開する。エッジでの計算処理とセキュリティを組み合わせることにより、場所やデバイスを問わず、一貫して安全で最適なアクセスを実現する。

図：ゼロトラストの概念図

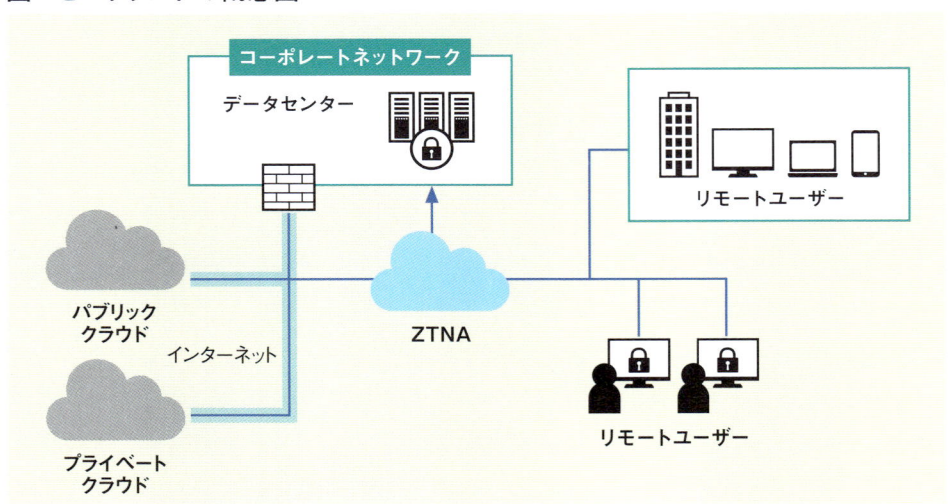

5/5 ローコード／ノーコード
視覚的なインターフェース、直感的な画面上の操作

コードを書かずにアプリケーション開発を行う手法やそのツール

　ローコード／ノーコード（Low-code/ No-code）とは、プログラミング言語を用いた従来の開発に比べてはるかに少ないコードにより、あるいはコードをまったく書かずにアプリケーション開発を行う手法やそのツールを指す。

　ローコードは一部のカスタムロジックや多少入り組んだ機能のアプリケーション開発のために、最小限のコーディングを要する。必要に応じて従来のプログラミングも併用できるという柔軟なカスタマイズ機能が特徴だ。一方、ノーコードはソースコードを一切書かず、視覚的なインターフェースを用いてドラッグ＆ドロップなどの直感的な画面上の操作によりアプリケーションを構築する。プログラミング知識があまりない一般のビジネスユーザーでも事前定義されたテンプレートやコンポーネントの活用によりアプリケーションを開発できる。

　ローコード／ノーコードを導入するメリットは、プログラミングスキルが不要または最低限で済むこと、これまで発注側であった情報システム部門やエンドユーザー部門のスタッフが自ら取り組めること、その結果システムに要望を反映させやすいことである。またスタッフのスキルが向上すれば、開発スピードが大幅に上がり、修正や拡張も容易である。多様なアイデアを取り入れられ、外注費などのコスト削減も可能だ。何より、人材不足が叫ばれて久しいIT業界にあって、いわゆる「シチズンデベロッパー」などの非エンジニアもアプリ開発に参加できることは、DX推進にもつながる。

　統合的なローコード／ノーコード環境を提供する企業には、Power Platform のMicrosoft、Now Platform のServiceNowなどが有名なほか、業務アプリケーションに特化した Lightning Platform や App Builder の Salesforce、OutSystems、Mendix、Bubble といった米国勢が活躍する。

　ただしローコード／ノーコード環境には課題もあり、大規模なシステムには不向きでス

ケーラビリティの点で難があり、開発後の高度なカスタマイズに限界がある。また、プラットフォームに依存するため、システムの移行や拡張には制約が生じる。これは、ベンダーロックインにつながりかねない。そうした難点や課題を解決すべく、今後は開発・運用面などでの拡張性向上に向けて、AI/MLによる開発支援の高度化やコンポーネントの多様化、適用領域の拡大やハイブリッド開発環境の提供、業種特化型ソリューションの提供が望まれる。

図：ローコード／ノーコードの比較

比較項目	ローコード	ノーコード
コーディング	一部必要（複雑なロジックやカスタマイズ部分）	不要（視覚的な操作で開発）
専門知識	プログラミングの基礎知識があるとより効果的	プログラミング知識は不要
開発スピード	速い	非常に速い
開発コスト	比較的安い	非常に安い
カスタマイズ性	高い	限定的（プラットフォームが提供する機能の範囲内）
柔軟性	高い	限定的
開発生産性	高い	非常に高い
適用範囲	業務システム、Webアプリケーション、モバイルアプリなど、幅広いシステム開発	業務効率化ツール、簡易的なWebアプリ、データ分析ダッシュボードなど
情報セキュリティ	高い（ただし、開発者のスキルに依存する部分も）	プラットフォームに依存（一般的に高いセキュリティレベル）
学習コスト	中程度	低
費用	高め（開発者の人件費、プラットフォーム利用料など）	比較的安価（プラットフォーム利用料のみ）
主な利用シーン	中規模以上のシステム開発、既存システムとの連携、複雑なロジックの実装	プロトタイプ開発、業務効率化ツール、データ分析、非エンジニアによる開発

5/6 量子コンピュータ
量子ビット、量子もつれ、重ね合わせ、量子トンネリング

量子力学の原理を利用して動作する新しい計算モデル

　量子コンピュータとは、量子力学の原理を利用して動作する新しい計算モデルである。計算にあたり、従来のコンピュータでは0か1いずれかの状態のビットが用いられるのに対して、量子コンピュータでは量子力学的な「重ね合わせ」の状態をとる量子ビット（qubit）が用いられる。このほか、量子コンピュータの実現を支える技術には、複数のqubitが強く関連し合って1つのqubitの状態が他のqubitに影響を与える「量子もつれ」、複数の状態を同時に計算できる能力である「重ね合わせ」、エネルギーバリアを超える計算を可能にする現象の「量子トンネリング」などがある。

　量子コンピュータでは、並列計算が可能であり、膨大な桁数の素因数分解や大規模データの検索といった、従来のコンピュータでは非常に時間がかかるような特定の計算問題を高速に解くことができる。また、量子コンピュータならではのアルゴリズムを開発し、従来のコンピュータでは膨大な時間がかかる計算問題を高速に解くことで、人知が思い及ばなかったような革新的な技術を、様々な分野で生み出す可能性を秘める。分子のシミュレーションや新素材の開発など、材料科学や創薬の加速につながることが期待されている。

　なお、商用化までには課題が山積し、どれも超一級の難題である。例えば、量子計算はエラー率が高く、安定的な運用にはエラー補正技術の確立が不可欠なほか、現状の量子コンピュータは超低温冷却システムのような専門設備が必要で非常に高コストとなる。そもそも相当に難易度が高い技術を扱うため、専門知識を持つ人材が不足している。

　こうした問題に、世界の英知が立ち向かっている。筆頭は、IBM、Google、Microsoftといった米IT大手である。IBMは、企業や研究者がクラウド経由で量子コンピューティングにアクセス可能なプログラム「IBM Quantum」を展開する。Googleは、独自開発の量子コンピュータ「Sycamore」で量子超越性を実証し、特定の問題で従来のスーパーコンピュータを凌駕する性能を示した。Microsoftは、Azure Quantumプラットフォーム

を展開してトポロジカル量子コンピュータの研究を進める。このほか、量子コンピュータ専業で量子アニーリング方式を採用する開発・提供するカナダの3D-Wave Systemsは、企業向けに実用的な量子アプリケーションを開発している。

　これらの企業は、量子コンピュータに関するオープンソースツールの提供や産学連携の推進により早期実用化を目指している。今後は、エラー訂正の実用化や量子ビット数の増加やセキュリティ対策としての解読困難なPQC（Post-Quantum Cryptography、耐量子計算機暗号）標準化の進展や量子鍵配送の実現に向け、産官学連携による果断な取り組みが進むと見られる。Boston Consulting Group（BCG）によれば、2024年の最新調査において量子コンピュータが2040年までに最大8,500億ドルの経済価値を生み出すと試算している。

図：量子コンピュータの特徴

特　徴	具 体 的 な 分 野 と 説 明
特定分野での圧倒的計算能力	暗号解読：新たな暗号技術の開発の加速
	分子シミュレーション：分子の複雑な挙動のシミュレーションを通じ、創薬や材料開発を加速
	機械学習の高速化：大規模なデータの解析や複雑なモデルの学習を高速化し、AI の性能向上に貢献
	最適化問題の解決：物流ルートの最適化や金融ポートフォリオの最適化など、様々な分野で発生する最適化問題の解法を高速に提示
新たな可能性の開拓	気候変動モデルの精緻化：気候変動のメカニズムをより深く理解し、精緻な予測モデルを構築
	金融リスク分析の高度化：金融商品の価格変動や市場リスクをより正確に予測し、金融システムの安定化に貢献
	材料開発の革新：新しい材料の特性を予測し、宇宙やバイオといった高度化する成長分野において、より高性能な材料開発に寄与

DPA、BPA、RPA
業務プロセス全体の自動化、業務プロセスの自動化、業務の自動化

業務プロセスの効率化を進める取り組み

　DPA（Digital Process Automation）、BPA（Business Process Automation）、RPA（Robotic Process Automation）は、いずれも業務プロセスの効率化を進める取り組みとしてビジネス現場に定着しつつある。

　DPAは業務プロセス全体を主にAI、機械学習、クラウドサービスといったデジタル技術により自動化する手法で、効率化だけでなく顧客体験やイノベーションの向上を目指す。BPAはある業務プロセスのシステムを自動化して効率的に進める枠組みで、ERPやCRMといったビジネスアプリケーションを活用し、プロセスの可視化と最適化を図る。特に会計や財務といったバックエンド業務の効率化に重点が置かれる。そして、RPAはデータ入力や転記といった定型的で反復的な業務を模倣するソフトウェアロボットで自動化する技術で、スクリーンスクレイピングやマクロを活用して、特に人間が行う単純作業を代替する。

　いずれも、処理時間の大幅短縮や人的エラーの削減といった業務効率の改善、プロセスの標準化やリスク管理の強化といった品質とコンプライアンスの向上、従業員の高付加価値業務へのシフトや顧客満足度の向上といった効果が見込める。ただし、レガシーシステムとの統合や例外処理の複雑さといった技術的課題や従業員の受容性、専門人材の確保、投資対効果の測定といった組織的課題については、解決が急がれる。

　DPAやBPAのソリューションを提供する企業には、「Power Platform」を中心にDPAを推進するMicrosoft（DPA領域）や、「Salesforce Automation」でCRMを中心としたビジネスプロセスを自動化するSalesforce（BPA領域）などがある。

　またRPA領域では、RPAソリューションのリーダーとして知られるUiPath、クラウドネイティブRPAを手掛けるAutomation Anywhere、エンタープライズ向けRPAプラットフォームを展開するBlue Prismといった企業がソリューションを提供する。

図：DPA、BPA、RPA の定義と特徴

概念	特徴	利点	課題
DPA	従来のアナログな業務プロセスをデジタル化し、AI や機械学習を活用して高度な自動化を実現。人間の判断を必要とする複雑な業務にも対応可能	高度な自動化、生産性向上、省人化、データ活用	高額な導入コスト、システムの複雑化、専門知識が必要
BPA	DPA と同様に自動化を軸とするが、より広範囲な業務プロセスを対象とした最適化で、組織全体を俯瞰した改革	業務効率化、コスト削減、顧客満足度向上、経営の見える化	全社的な変革が必要、既存システムとの連携が複雑
RPA	人間の繰り返しの作業をソフトウェアロボットが代行。比較的単純な定型業務の自動化に適する	短期間での導入、ROI の高さ、人材不足解消、導入が比較的容易	柔軟性の低い定型業務に限定、システムの依存性

5/8 エッジコンピューティング／オンデバイス

IoT 機器、コンピューティングデバイス、スマートフォン

デバイス近くでデータ処理する分散型コンピューティングモデル

エッジコンピューティング（Edge Computing）とは、データが生成されるネットワークの末端（エッジ）のデバイス近くでデータ処理する分散型コンピューティングモデルである。従来型のクラウドコンピューティングのように、すべてのデータを中央のデータセンターに集めて処理するのではなく、末端近くでデータを扱うことにより、高速・大容量、低遅延・リアルタイム性、多接続が可能になる。また、通信コストの削減やプライバシー保護といったメリットが生じる。

オンデバイスとは、より分散化したエッジコンピューティングの一種であり、スマートフォンやIoT機器など、データが生成されるデバイスそれ自体で処理するコンピューティングモデルである。インターネット接続がなくても機能し、エッジコンピューティング同様に、高速・大容量、低遅延・リアルタイム性、多接続が可能になる。ただし、エッジコンピューティング／オンデバイスの導入には、デバイスやハードウェアのリソース消費や高負荷、運用管理などの面で課題がある。

エッジコンピューティング/オンデバイス関連の企業には、エッジコンピューティング向けAIプラットフォームを提供するNVIDIA、エッジAIプロセッサを提供するIntelのほか、自社のスマートフォンPixelシリーズにGoogle AssistantやGoogle TranslateといったオンデバイスAI技術を搭載するGoogle Cloud IoT、デバイスや産業機器向けエッジデータ処理支援サービスである「AWS IoT Greengrass」や「AWS Outposts」を提供するAmazon Web Services、Azure IoT EdgeやAzure Perceptを展開するMicrosoftなどがある。

対話型AIなどの普及に伴い、プロンプトに対して速答するニーズが高まっているため、オンデバイスによるスマートフォンなどの技術開発は今後一段と進みそうだ。自動運転、ロボティクス、AR/VR、スマートシティ、スマートホームといった分野でも、利用が広

がるかもしれない。

　世界のエッジコンピューティングの市場規模（支出額）は、2024年に2,320億ドル、2027年には3,500億ドルまで拡大すると予測されている。日本のエッジコンピューティングの市場規模（支出額）は、2024年に1.6兆円になると推計され、2027年には2.3兆円まで拡大すると予測されている。

図：世界のエッジコンピューティングの市場規模予測（支出額）の推移と予測

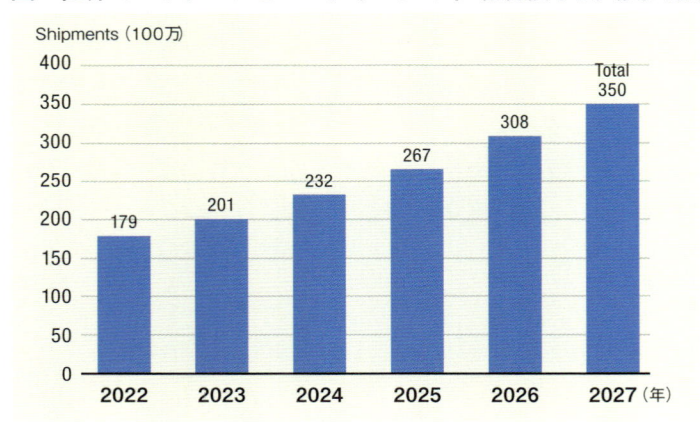

出典：総務省「令和6年版 情報通信白書」、原典は「IDC Worldwide Edge Spending Guide - Forecast 2024 | Feb（V1 2024）」

IoE、IoH、IoB
身体のインターネットと行動のインターネット

ヒトや動植物やサービスなど、すべてがネットにつながる技術

IoT（Internet of Things、モノのインターネット）は、物理的なデバイスやシステムがネットに接続されることで、データを収集・共有・活用する技術を指す。1999年に英国の先見的な技術者Kevin Ashtonが提唱したとされる。スマートフォンの普及と低消費電力で長距離通信が可能なLPWA（Low Power Wide Area Network）などに見られる通信技術の進歩やRFIDに象徴されるセンサーの小型化と低価格化の技術進歩、クラウドコンピューティングの発展によってIoTの基盤が築かれた。特に、2011年にドイツ政府が「インダストリー4.0」の一環としてIoTを推進したことなどを背景に、2010年代に入り急速に注目を集めるようになった。

IoTの導入事例に、Googleの「Nest」やAmazonの「Alexa」といったスマートスピーカーを介して家電や照明を制御する仕組み、工場の機器をリアルタイムで監視・制御するスマートファクトリーがある。また、土壌の湿度や温度のモニタリングにより灌漑を最適化するスマート農業においてもIoTの導入が加速している。

近年、このようなIoTを拡張する概念としてIoEなどが注目を集めている。IoE（Internet of Everything、あらゆる物事のインターネット）とは、モノに限らずヒトや動植物やサービスなど、すべてがネットにつながる技術である。その背景には、センサーや通信の技術進歩に伴って、ネットがつながる先はThings（モノ）に限定されなくなったことがある。

IoEの1つに、「ヒトのインターネット」と呼ばれるIoH（Internet of Human）がある。IoTが製造機器や家電などの「モノ」のデータを扱うのに対して、IoHは「ヒト」のデータを扱う。IoHは、集めた身体や行動のデータに基づいて治療や健康増進につなげる。そして、IoHを実現する技術がIoB（Internet of Bodies/Behavior）である。

IoBは「身体・行動のインターネット」で、ヒトの体や振る舞いに関するデータを収集・分析して活用する技術だ。IoBでは、身体のインターネットがウェアラブルデバイスや体

内に埋め込まれた医療機器を通じて心拍数、体温、血圧の生理データを集めるのに対し、行動のインターネットはスマートフォンやセンサを介して個人の位置情報や購買履歴、ウェブ閲覧履歴といった行動データを扱う。

　前者は医療機器との連携や健康状態のモニタリングといった医療分野での応用が、後者は個人に合わせた広告表示や商品推薦といったマーケティング分野での応用が進んでいる。IoBは身体のインターネットを念頭に、その特徴から主に3段階で構成される。すなわち、腕時計型デバイスなどで心拍や運動量のデータを扱う「体外」のフェーズ、臓器など身体内に取り付けたデバイスによってデータを取得する「体内」フェーズ、そして脳などにデバイスを取り付ける「埋め込み」のフェーズである。

　体外フェーズの企業としては、心拍数や歩数、睡眠の質など様々な生理情報を腕時計型デバイス「Apple Watch」で収集して健康管理に役立てるApple、同種のスマートウォッチを手掛けるFitbit、スポーツ向けスマートウォッチの筆頭のGarmin、スマート体重計や血圧計などの家庭用ヘルスケアデバイスを提供するWithingsといった米国勢のウェアラブルデバイスの市場が賑わう。Fitbitの親会社であるGoogle自身も健康増進アプリを提供するほか、低価格のスマートウォッチを手掛けるHuaweiやXiaomiといった中国メーカーも同様のサービスを手掛ける。

　「体内」フェーズの企業としては、心臓ペースメーカーやインスリンポンプなどの体内に取り付ける医療機器を扱うMedtronicやAbbott Laboratories、神経調節デバイスを扱うBoston Scientific、バイオセンサのProfusaなどがある。また、「埋め込み」フェーズの企業としては、Elon MuskがCEOのNeuralinkが有名である。同社は、脳に直接埋め込んだチップによる様々な実証実験を続け、商用化も近いとされる。

　一方、行動のインターネットの分野では、MetaやGoogle、Amazonといったビッグテック、Netflixなどが自社のプラットフォームに集まるビッグデータを通じた人間の行動パターンや心理的反応を探り、ターゲティング広告や購買推奨に生かしている。

　ただし、IoBによるサービスには課題もある。行動パターンや心理のデータは極めて秘匿性の高い個人情報であるため、プライバシーを侵害しないよう細心の注意が求められる。また、Neuralinkが目指すようなサービスは、自ら意図しない形で個人の心中や内面の情報が外部に漏れる恐れがあり、実証実験の段階から既に様々な倫理的課題が指摘されている。「思想・信条の自由」「良心の自由」に代表される個人の内面に対する一層の配慮が今

後求められそうだ。

図：IoB における身体的データと行動・心理的データの比較

観点	Internet of Bodies	Internet of Behavior
焦点	身体的データ	行動・心理的データ
データ収集方法	生理学的センサ	デジタル相互作用追跡
主な目的	健康モニタリング	行動予測と影響
データタイプ	生体信号、生理学的指標	デジタル行動、心理的パターン
アプリケーション	医療、フィットネス	マーケティング、心理学

5/10 クロスモーダル、感性コンピューティング
視覚、味覚、触覚、感情

人間らしいインターフェースを実現しようとする試み

　クロスモーダル（Cross-modal）とは、目、耳、皮膚、鼻、舌といった感覚器からそれぞれ得られる視覚、聴覚、触覚、嗅覚、味覚の異なる感覚などの相互作用を指す。例えば、視覚情報から味覚的な記憶を呼び起こしたり、触覚的な情報から視覚的なイメージを想起したりする現象である。

　こうしたクロスモーダルな特性とITを掛け合わせて、より人間らしいインターフェースを実現しようとする試みが進められている。例えば、音声や文章で指示された内容に基づいて画像を検索・生成したり（音声 - 文章 - 画像の連携）、VR/ARにおけるハプティクス技術（人に振動や動きを与えることにより、触感のフィードバックを得られるようにする技術）のような体験を提供したり（没入感の向上）といった試みが行われている。

　一方、感性コンピューティング（Affective Computing）とは、コンピュータが人間の感情を認識し、それに応じた行動を取ることを目指す研究分野であり、よりパーソナライズされたサービスの開発に向けた試みが進められている。例えば、ユーザーの感情を分析して適切に応答する対話システム、生体情報からストレスレベルを推定してリラックス効果のある音楽を再生するサービス、人間の感情を理解して共感的な行動を取るロボットなど、様々な実証実験に行われている。

　これらの分野に取り組む代表的な企業には、GoogleアシスタントなどAIを活用したパーソナルアシスタントの開発を進めるGoogle、音声認識技術を活用したスマートスピーカーAlexaを手掛けるAmazon、AIによる感情認識や音声認識のAPIを提供する「Azure Cognitive Services」などで知られるMicrosoftといった米ビッグテックのほか、表情や音声から感情を解析する技術を提供する感性コンピューティング専業のSmart Eye（旧Affectiva）などがある。音声認識、画像認識の精度は相当向上しており、商用的な導入もかなり進んでいる。一方、嗅覚や味覚といった分野の再現やITシステムとの連携はま

だ開発途上である。翻って未開拓のフロンティアは市場成長の余地が相当にある研究分野であるとも言え、関連するスタートアップも次々生まれている。

図：マルチモーダルとクロスモーダルの比較

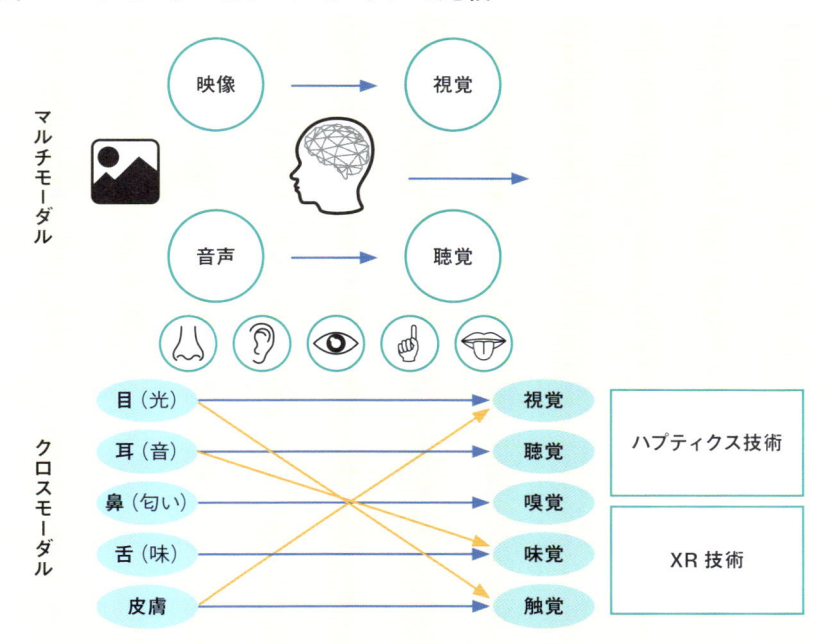

目で風鈴を見たり、耳で風鈴の鳴る音を聴いたりして、
涼しく感じるといった作用

IN-VEHICLE OPERATING SYSTEM

車載OS

電子制御ユニット、先進運転支援システム、自動運転機能

様々な機能を統合するソフトウェアの基盤

　車載OSとは、自動車の電子制御ユニット（ECU）やコンピュータを制御・管理し、様々な機能を統合するソフトウェアの基盤である。従来はECUごとに専用のOSが搭載されていたが、車載ネットワークの高度化に伴い、複数のECUを統合統御できる、より汎用的な車載OSが求められるようになった。特に、先進運転支援システム（ADAS）や自動運転機能の実現に欠かせない役割を果たすと期待される。

　CASE（Connected, Autonomous, Shared, Electric）や SDV（Software Defined Vehicle）の進展に伴い、車載OSの重要性は高まった。SDVではソフトウェアのアップデートによって、自動車の機能を後から追加したり、改善したりするため、車載OSには柔軟性が高いこと、頻繁にアップデート可能なことが求められるからだ。これらは、従来の組み込み型OSから、クラウド連携や機能更新に対応した高機能OSへと進化することによって実現された。また、高い安全性や信頼性に加え、即応性、拡張性も重要になる。エンジン制御などではリアルタイムでの制御が求められ、新しい機能を追加したり、既存の機能を改良したりするための拡張性も必要となる。

　車載OS関連の代表的な企業としては、自動運転分野の最右翼Teslaがある。「Tesla OS」と呼ばれるLinuxベースの独自車載OSを開発し、高度な自動運転機能やエンターテインメント機能を実装しつつある。

　トヨタ自動車も「Arene」という複数のECUを統合してソフトウェアのアップデートを容易にする車載ソフトウェアプラットフォームを開発中で、2025年以降の新型車に搭載予定だ。Volkswagenは「VW.OS」という独自開発の車載OSによりグループ全体での統一感を打ち出そうとしている。Mercedes-BenzもNVIDIAとの戦略的パートナーシップのもと、AIチップを組み込んだ「MB.OS」の開発に余念がない。

　そのNVIDIAは自動運転車向けプラットフォーム「NVIDIA DRIVE」を展開し、AIや

デジタルツイン技術の統合を図っている。このほか、Googleも「Android Automotive OS」を開発し、インフォテインメントシステムを中心に車載OS市場でAndroidベースのオープンプラットフォームを提供している。また、世界で市場を拡大するBYDも独自の車載OSを展開する。BYDの車両には「BYD OS」が搭載され、運転支援システムのセンサ類と連携し、車両の各種装備品や道路の状況ネットワークからの情報により走行に必要なデータを統合処理することができる。

なお、SDVでは、サイバー攻撃のリスクに晒されるため、セキュリティ対策が必須となる。また、各自動車メーカーで共通の車載OSが存在しないことによる、異なるメーカーの車両間での互換性の低さなども今後課題となるだろう。

業界全体の動向として、今後メーカー各社による独自OS開発の加速とテクノロジー企業との協業拡大が見込まれる。同時に、OSの乱開発による不統一感に歯止めをかけるべく、OSの標準化への取り組みも期待される。

図：各自動車メーカーの車載OSの比較

企業名	車載OS/プラットフォーム名	特徴
トヨタ	Arene	自社開発のOSで複数ECUを統合。ソフトウェアアップデートを容易にし、サードパーティー向けSDKを提供。モビリティサービスプラットフォームとの連携を推進
Volkswagen Group	VW.OS	社内OS開発組織「CARIAD」が開発。統合ソフトウェアプラットフォームを構築し、自動運転機能を段階的に実装
Mercedes-Benz	MB.OS	自社開発OS。NVIDIAとパートナーシップを結び、AIとハードウェア抽象化レイヤーを統合。プレミアム市場向けの高度な機能を提供
Tesla	Tesla独自OS	ソフトウェア主導の車両設計を推進。OTAアップデートで新機能を継続提供。高度なリアルタイム処理で自動運転機能を強化
Google	Android Automotive OS	オープンプラットフォーム。インフォテインメントシステムに特化し、VolvoやPolestarなど複数メーカーに採用。エコシステム構築と開発効率化が可能
NVIDIA	DRIVE	自動運転向けプラットフォーム。AI、シミュレーション、デジタルツイン技術を統合。多くの自動車メーカーと協業
BYD	BYD OS / e-Platform 3.0	独自のBlade Batteryを組み込み、拡張性と更新性に優れる。スマートコックピットシステム「DiLink」により音声制御やOTAアップデート、AIアシスタント機能を統合

6章

グローバルITの
キーパーソン

　グローバルITの世界においては、人と人とのつながりが事業の成否を分けることも少なくない。技術革新やビジネスモデルの優位性と同等に、あるいはそれ以上に、時宜を得た人脈の構築と維持が、起業や成長に不可欠な要素である。シリコンバレーをはじめとする世界各地のテック・ハブでは、ネットワーキングイベントが盛んに催されている。そうした機会を通じて野心的な起業家や投資家たちが出会い、情報共有や意見交換、やがて提携や協業の話へと発展を深めていく。このつながりの連鎖が、新たなイノベー

ションを生む土壌となっているのだ。本章では、人々のつながりによって紡がれてきたIT業界の歴史を振り返りつつ、イノベーションの源泉であり続ける人脈に着目し、主要な起業家や経営者、投資家や研究者など、業界を代表する人物たちの関係性を解きほぐしていく。その複雑な人間模様の一端を可視化し、主だった人物同士の相関関係の系譜を辿ることで、同一人物が異なる文脈、異なる時代背景でたびたび登場し、IT業界の大家たちの交錯する人生のあり様が浮かび上がる。

6/1 Frederick Terman
スタンフォード大学が育んだシリコンバレーの系譜

図：Frederick Terman と HP の関係

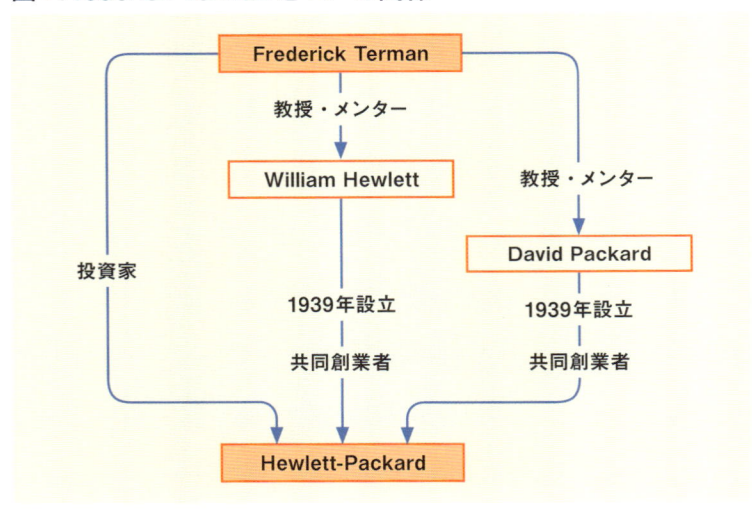

Terman 教授と HP 誕生

　シリコンバレー誕生の歴史に名を残す人物として Frederick Terman 教授は外せない。1900年生まれの Terman はスタンフォード大学を卒業後、同大学院修士課程を修了、さらに MIT で博士号を取得した真空管や電子工学の専門家である。スタンフォード大学の教員として、大学と産業界の連携という革新的なビジョンを抱いていた。

　Terman 最大の功績の1つは、2人の優秀な教え子、William Hewlett と David Packard への支援だった。1930年代、大恐慌の影響で就職難に直面していた2人に対し、Terman は大学近くでの起業を勧め、メンターとしての役割を果たすとともに自身も個人的に投資した。1939年、2人はガレージで Hewlett-Packard Company（HP）を創業する。ここがシリコンバレーの産業集積の起点となった。このガレージは「シリコンバレーの誕

生地」として記念碑的な象徴である。

　第2次世界大戦後、Termanは「スタンフォード・インダストリアル・パーク」構想を推進、大学の遊休地を企業に貸し出すという画期的な試みを実施する。このパークには、HPのほか、Varian AssociatesやEastman Kodak、General Electric、Lockheed Corporationといった名だたる企業が入居し、技術系企業の集積を生み出し、シリコンバレーの基盤が形成されていった。この構想により、大学の研究成果を産業化し、優秀な人材を地域に定着させるという、シリコンバレーの基本的なエコシステムが確立されることとなった。

スタンフォードの学窓、層の厚いアルムナイ

　構想が実現してパークの注目度が高まるとともに、スタンフォード大学はますます多くの著名な起業家を輩出していく。1994年には、Jerry Yang、David Filo両氏が在学中にYahoo!を創業、1998年にはLarry PageとSergey Brinが博士課程で出会い、「PageRankアルゴリズム」に基づいてGoogle検索を立ち上げた。両社は、インターネット時代の幕開けを告げる象徴的な存在となった。

　このほか、NVIDIAの創業者Jensen Huangや、Cisco Systems, Inc.を創設したLeonard X. BosackとSandy Lernerもスタンフォード大学の卒業生だ。また、Tesla、SpaceXのElon Muskは、1995年に同大学院に進学したものの、インターネットビジネスの可能性に魅せられ、まもなく中退している。

　スタンフォード大学出身者が多岐にわたる分野で成功を収めていることは、この地域の経済的・技術的な基盤の強さを象徴している。その人材の多様性と高い能力は、単に大学の研究成果や教育プログラムの成功を示すだけでなく、シリコンバレー全体のイノベーションの源泉ともなっている。スタンフォード大学は単なる教育機関を超え、イノベーションの揺りかごとしての役割を果たしてきた。Termanが築いた産学連携の精神は、世代を超えて受け継がれ、今なお新たな起業家たちを生み出し続けている。

6/2 Steve Jobs
浅からぬ対立と敬意

図：Steve Jobs をめぐる起業家の相関図

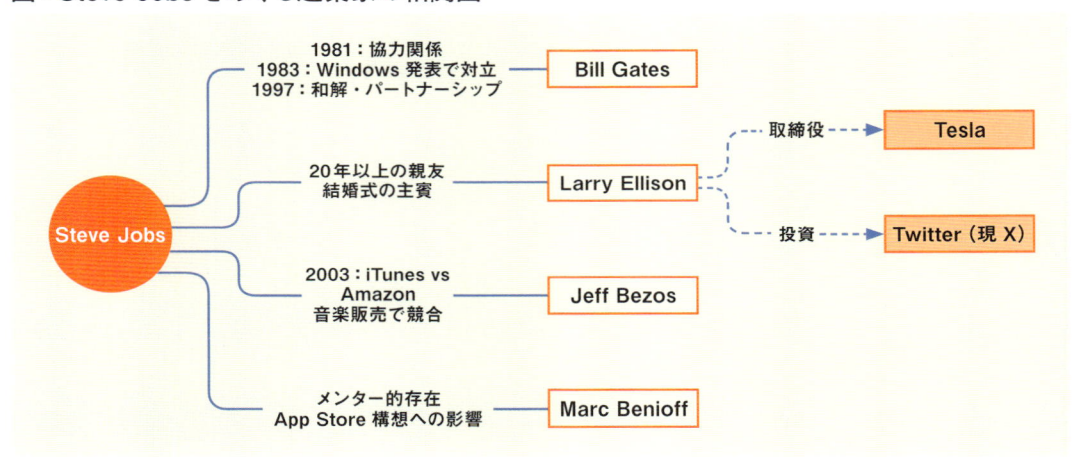

協調から競合へ

　1970年代後半、パーソナルコンピュータ革命の黎明期から、Steve Jobs と Bill Gates は互いを意識し合う関係にあった。両者の関係は、協力と対立、敵意と敬意が複雑に絡み合う人間ドラマとなっていく。1981年、当時創業から6年ほどの Microsoft は、Apple の Apple II 向けのソフトウェアを開発する重要なパートナーだった。しかし同年、Apple II がシェアの大半を占めるパーソナルコンピュータ市場に IBM が参入、Microsoft が IBM PC の OS 開発を手掛けたことから、両者の関係は微妙に変化する。

　転機となったのは1983年、Gates が Jobs に黙って Microsoft の Windows を発表すると、Jobs は「我々のアイデアを盗んでいる」と強く非難した。激しい怒りに対し、Gates は冷静に「Steve、私たちは両方とも、ゼロックスのパロアルト研究所から拝借したんだ」と返したとされる。この出来事は、両者の関係に深い亀裂を生むことになる。

　両者の性格やもの作りに対する姿勢も異なっていた。Jobsが職人的な気質を持っていたのに対し、Gatesはより商売人的な気質が強かったとされる。しかし、幼少期から勉強熱心だったこと、新しい技術に早くから着目する眼力を持っていたことなど、共通点も多く存在していた。

　1980年代、AppleとMicrosoftはそれぞれ異なる方向性でコンピュータ業界をリードしていた。AppleのMacintoshとMicrosoftのWindowsは、パーソナルコンピュータ市場で激しいシェア争いを繰り広げ、それぞれの哲学を象徴する存在となった。Jobsは、ユーザーインターフェースの美しさや直感性を重視し、閉じたエコシステムを構築した。一方、Gatesは、PCを誰もが使えるようにするというビジョンのもと、オープンなプラットフォームを追求した。両者はしばしば直接的な対立を繰り広げたが、それは単なる競争ではなく、業界全体を押し上げる原動力ともなった。

対立から雪解けへ

　1985年にJobsがAppleを追放された後も、両者の確執は続いた。しかし1997年、経営危機に陥ったAppleにJobsが復帰した際、意外な展開が訪れる。Microsoftが1億5,000万ドルのApple株の取得を発表、Office for Macの開発継続を約束した。この時のMacworld Expoでは、巨大スクリーンに映し出されたGatesの姿に会場からブーイングが起こる中、Jobsは「私たちは、敵を必要としているのではない。私たちはパートナーシップを必要としているのだ」と語った。

　その後、両者は表面上の対立を続けながらも、互いへの理解を深めていく。Jobsは、自身の伝記でGatesについて「彼は基本的に想像力に欠ける人間で、他人のアイデアを盗んだことも一度や二度ではない。しかし、彼には素晴らしいビジネスセンスがある」と語った。

　一方のGatesは、Jobsのデザインセンスと直感的な製品開発力を率直に認め、「彼には魔法使いのような能力がある」と表現している。特にJobs復帰後のAppleの復活を目の当たりにし、「本当に驚異的な人物」と高く評価していた。2011年、Jobsの死の直前、Gatesは最後の面会を果たす。その際、2人は技術の未来と人生について語り合ったという。Jobsの死後、Gatesは「誰も、彼が成し遂げたようなことはできない。私にもできなかったし、誰かができるとも思えない」と追悼の言葉を述べた。

Jeff Bezos、Larry Ellison、Marc Benioff

　GAFAMの一角、AmazonのJeff BezosとのJobsのエピソードも印象深く、示唆に富む。2003年、JobsはBezosをApple本社に招き、音楽産業の未来について議論を交わした。Jobsは、「AmazonはCDを買える最後の場所になるだろう」と一見アドバイスのような、しかし挑発的とも取れる発言をした。デジタル音楽配信という新しい市場でAppleのiTunes StoreをめぐりAmazonと競合関係にあったことから、この会話の裏には双方の思惑と駆け引きが潜んでいた。Jobsの言葉に対してBezosが沈黙を保ち、微妙な緊張感に包まれたという。

　一方、Jobsの親友として知られるのが、Oracle創業者のLarry Ellisonだ。20年以上にわたる親交があり、Jobsの結婚式では主賓を務めた。2人は頻繁に互いの自宅を訪問し合い、がん闘病中もEllisonのヨットで時を過ごすなど、私生活でも深い絆で結ばれていた。AppleがOracleのデータベースを採用する際にも、Ellisonは快く協力したとされる。EllisonはJobsの死後にAppleの取締役就任を打診されるほど、2人の関係は企業の枠を超えて特別だった。なお、Ellisonは、Elon MuskがCEOを務めるTeslaの取締役会メンバーであり、Muskによる2022年のTwitter（現X）買収にも10億ドルを用意した。

　Jobsはまた、Appleでインターンをし、Oracleに入社した後、1999年にSalesforceを立ち上げたMarc Benioffにも創業時などに折々助言をしていた。Jobsは「今すぐにしなければならないことが3つある」と言ったとされる。1つ目が「会社が24カ月以内に、今の10倍以上の規模にならなければ終わり」、2つ目が「このセールスフォースの自動化製品に、大口顧客を獲得した方がよい」、3つ目が「アプリケーション・エコノミーを構築した方がよい」であった。Benioffは書き留めたメモを何度も読み返してその真意を理解しようとし、「Jobsはアプリストアを作ってほしいのではないか」と考えに行き着いたという。

　Salesforceは実際、2006年にアプリとサービスのストア、AppExchangeを発表、その後2008年にAppleがApp Storeを発表した。App Storeの商標などをAppleにプレゼントしたとされるBenioffは、Jobsが「私のキャリアと生涯に劇的な影響を与えた」として感謝とともに偲んでいる。このように、Jobsは若い起業家を支援し、ビジョンを共有する関係を築いた。

　Gatesとの関係性に見られる通り、Jobsにまつわる交友遍歴や対立の構図は、単純な
ライバル関係では語れない複雑さを帯びていた。Jobsが残した足跡は、単なる製品や
サービスにとどまらず、彼の人間関係や価値観の中にも深く刻まれ、世の人々に影響を
与えている。中でもJobsがスタンフォード大学で講演した際に引用した「Whole Earth
Catalogue」の最終号に記載の「Stay hungry. Stay foolish.」はJobsが考案した名言と
勘違いされるほどに広まり、シリコンバレーの起業家に限らず、哲学的響きを持った金言
として今も伝わる。

6/3 PayPal マフィア

シリコンバレーを再定義した異才たち

図：PayPal マフィアの相関図

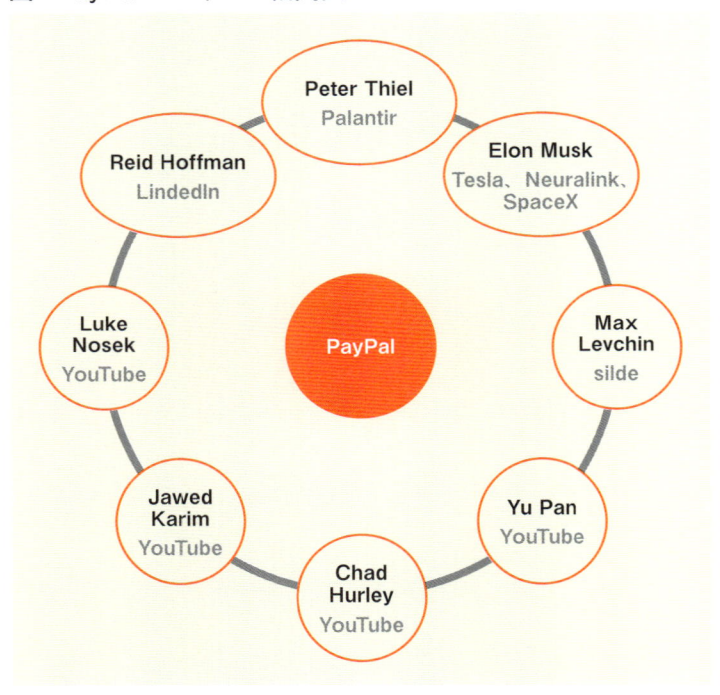

驚異の先見の明

　1998年末に設立されたPayPalは、その後のテック業界に多大な影響を与えた、人材の揺りかごのような存在だった。PayPalマフィアと呼ばれる創業期メンバーは、業界屈指の革新的な企業を次々と生み出し、輝かしいキャリアを築いたことで知られる。PayPalマフィアの特徴は、独自の哲学や視点を持ち、新しい市場を創造する力に溢れていた点である。

PayPalマフィアの中心人物、Peter Thielは、スタンフォード大学卒、ヘッジファンド出身という異色の経歴を持つ。1998年に天才プログラマで暗号技術の専門家であるMax Levchinと共同で設立した電子決済サービスのPayPalは、セキュリティなどが脆弱だった当時のインターネットで商取引の課題を解決すべく誕生した。創業当初は資金難やハッカー攻撃など多くの課題に直面しながらも、着実に支持を広げていった。

Thielの鋭い洞察力は、後にFacebook（現Meta Platforms）への初期投資家として結実、50万ドルの投資が10億ドル以上の価値に膨らんだ先見性は伝説として語り継がれている。Thielはその後2003年にデータ分析企業Palantirの共同創業者となり、2015年のOpenAI設立にも関与している。

異能揃いの初期メンバー

PayPalの初期メンバーたちは、単なる技術者や起業家ではなく、多様なバックグラウンドを持つ異才の集まりだった。27歳で参画したElon Muskは、南アフリカからの移民として、インターネットの可能性に魅せられてシリコンバレーにやってきた。PayPalから退いた後、宇宙産業、電気自動車、BMI（Brain Machine Interface）などの脳科学など、複数の異分野で斬新な事業に次々と挑み、試行錯誤しながら猛スピードで革新を成し遂げつつある。

一方、PayPal共同創業者で技術面の中核を担ったLevchinは、旧ソ連出身の天才プログラマだった。彼は後にYelpの取締役を務め、現在は金融テクノロジー企業Affirmの創業者兼CEOとしてBNPL（Buy Now Pay Later、後払い決済）ビジネスで成功を収めるなど、活躍している。PayPalのCOOだったReid Hoffmanは人脈構築と事業戦略に秀でており、後にLinkedInを創業し、ビジネス向けSNSを確立した。Hoffmanはグローバル企業に投資するベンチャーキャピタリストとしても名を馳せる。

その他、PayPalの創設メンバーには、YouTubeの共同創業者となるYu PanやChad HurleyやSteve Chen、Jawed KarimやLuke Nosekなどがいた。PayPalマフィアの特徴は、異なる文化的背景や専門分野を持つメンバーがそれぞれの強みを生かして協働する文化や、未知の分野への挑戦を恐れずに新しい市場を開拓するリスクテイクの姿勢、PayPal時代の信頼や結束に基づいた投資や事業協力という形での関係が継続している点

にある。PayPalでの経験を通じて、彼らは「既存の仕組みを根本から覆す」というマインドセットを共有していった。

Elon Musk
エキセントリックな異才を巡る人間模様

図：Elon Musk をめぐる起業家の相関図

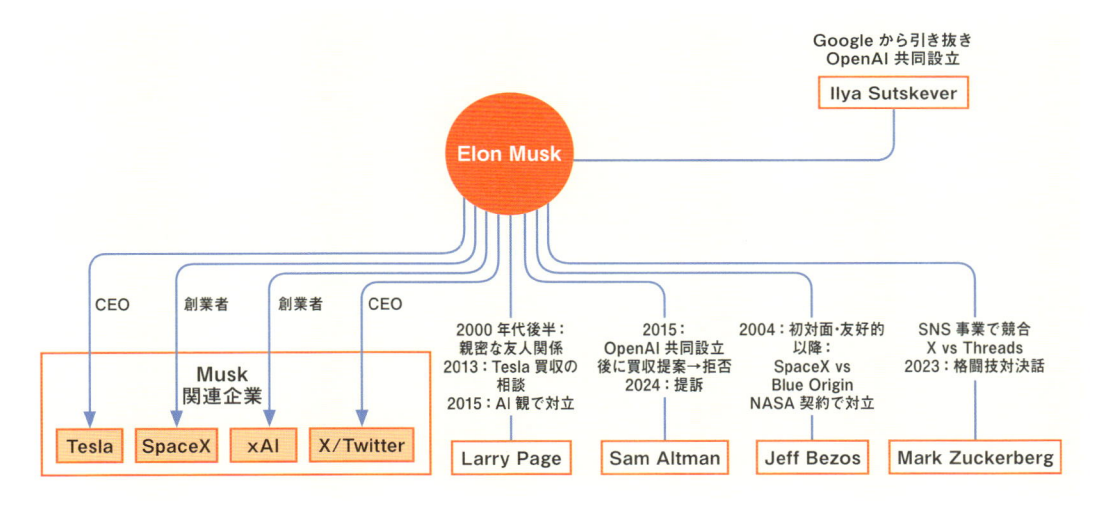

Musk と Page

　2000年代後半、Elon Musk と Google の Larry Page は、共通のビジョンを持つ親友同士で、未来の技術や人類の進化に強い関心を共有し、夜通し議論を交わす仲だった。Musk が Page のパロアルトの自宅で寝泊まりすることもしばしばで、Page は「彼はホームレスみたいなもので『今夜泊まるところがないんだ。行っていい？』というメールが来る」と冗談交じりに語っていたという。その関係は、2013年に Tesla が資金難で経営危機に陥った際にも証明された。Musk は Page に対し、Google による Tesla の買収を打診し、Page はこれを真剣に検討したとされる。Tesla の業績が急回復したため買収話は立ち消えとなったが、このエピソードは2人の信頼関係の深さを物語る。

　しかし、AI をめぐる価値観の違いは、徐々に2人の関係に亀裂を入れていく。Musk は

AIの発展に対して強い警戒感を持っており、「私の親友（Page）がEvil的なもの（AI）をつくりかねない」と懸念を示すようになった。PageはAIのポテンシャルに楽観的で、技術進化を積極的に進める姿勢を取っていた。一方、Muskは、AIが進化して制御不能となるリスクを懸念しており、これを防ぐために現CEOのSam Altmanと共にOpenAIを2015年に立ち上げた。

　仲違いが決定的となったのは、このOpenAI設立時の出来事だった。Muskは、GoogleのAI研究の中心人物だったIlya Sutskeverを引き抜き、Open AIに招き入れた。この行為は、Pageには「裏切り」と映った。「Larryはすごく腹を立てていた。付き合ってくれなくなった」とMuskは後に振り返っている。この価値観の違いは単なる個人的な問題にとどまらず、AIの未来に関する根本的な論争を象徴している。

　現在、PageとMuskの関係は冷え切ったものとされ、かつての親密さは失われた。その歴史は、シリコンバレーにおける友情と競争、そして未来の技術をめぐる哲学の衝突を象徴している。特に、AIに対する楽観論と悲観論の対立は、今後もシリコンバレーをはじめ、世界中で議論が続くテーマとなっている。

Muskと対立する人々：Altman、Bezos、Zuckerberg

　Elon Muskは革新的な発想と果敢な行動力でテック業界を牽引する一方、SNSでの投稿内容や言動から、業界の著名人との対立関係や緊張関係がしばしば取りざたされている。なかでも、Open AIのSam Altman、AmazonのJeff Bezos、Meta PlatformsのMark Zuckerbergとの溝は深い。

　MuskとAltmanは、2015年に非営利団体としてのOpenAIを共同設立した間柄だ。AIの進化によるリスクを制御しつつ、社会に役立つ技術を開発するというビジョンで意気投合した2人は、技術と未来に関する深い議論を重ねた。AltmanはMuskの知識と情熱を称賛するなど当初は良好な関係で、SpaceXの工場見学後には「彼の知識の深さに感銘を受けた」と語っている。

　しかし、Open AI設立後ほどなくして、MuskはOpen AIの研究成果と競争力に不満を持つようになる。そこでTeslaを通じたOpenAIの買収を提案した。提案はAltmanや取締役会によって拒否された。これを機にMuskはOpenAIを去り、両者の関係は急

速に冷え込んだ。その後、Altman が営利企業として OpenAI を再編し、ChatGPT が一世を風靡することとなる。Musk は営利追求に転じた OpenAI の姿勢に批判的であり、2024年には同社を提訴するに至っている。Musk 自身も生成 AI 企業「xAI」を立ち上げて Open AI に競合し、ユーザー獲得に動いている。

それと相前後する形で、OpenAI の共同創業者でチーフサイエンティストだった Sutskever が経営方針に異を唱え、Altman の解任に至った。ただ、その数日後に復帰するというドタバタ劇の末、Sutskever が Open AI を去る結果となる。同氏は「安全な AI」というコンセプトを掲げる新会社を設立し、VC から10億ドルの出資を得ている。

Musk と Jeff Bezos は、宇宙産業におけるライバルとして長年対立している。それぞれが率いる事業会社、SpaceX と Blue Origin は、宇宙開発において激しい競争を繰り広げている。当初、両者の関係は比較的平穏で、建設的な話し合いがなされていた。2004年に初めて会った際、Musk は SpaceX の工場見学に Bezos を招待し、両者は地球外の未来について語り合った。

しかし、その後、関係は一気に悪化した。Musk は「なぜ Blue Origin の工場には招待してくれないのか」と不平を漏らし、以後、両者の間には感情的な対立が生じた。両者の関係はそれぞれが手掛ける宇宙企業を通じて対立の度を増していった。NASA の契約をめぐる係争や人材の奪い合い、ロケット打ち上げ技術開発に衛星インターネット事業など、両社は事あるごとに対抗意識と競争心をたぎらせ、対立してきた。特に、Blue Origin が SpaceX のエンジニアを高額な給与で引き抜こうとした際、Musk は「無礼千万」と公然と非難した。SNS でも火花が散り、私情混じりの争いとなっている。Bezos について Musk は「全然面白くない男」と語り、火星探査という共通の目標を持ちながらも、実現のために協力する兆しは一向に見えない。

Musk と Mark Zuckerberg は、SNS 事業や AI 開発をめぐり激しい競争関係にある。特に、Meta（旧 Facebook）が展開する SNS「Threads」と、Musk が買収した X（旧 Twitter）は直接競合し、罵り合うような舌戦さえ繰り広げられている。SNS をはじめとする言論空間での表現の自由をめぐる姿勢の違いを背景に、運営するプラットフォームの管理状況は相当に異なる。両者の視点の違いが競争や対立をさらに激化させた。

極めつけは2023年に話題となった肉弾戦による「格闘技対決」の提案である。これは冗談半分で提案されたものの、SNS 上では現実味を帯びた挑発的な議論に発展し、具体

的な会場や日時が検討されるなど、両者の緊張関係を象徴する事件となった。

　Muskと取り巻く人との関係は、それぞれが未来を切り開こうとする強い意志とビジョンを持つがゆえにこじれている面もなくはない。いずれの対立にも共通するのは、技術革新と人類の未来に対する真摯な姿勢である。Muskの挑発的な言動やSNSでの発信は、誤解や対立を生む一方で、業界の進化を促し、新たな議論を巻き起こす要因となっている。このような複雑な関係性を持っている点においても、Muskの影響力が大きいことは間違いない。

6/5 Mark Zuckerberg

Facebook を支えた交友

図：Mark Zuckerberg をめぐる起業家の相関図

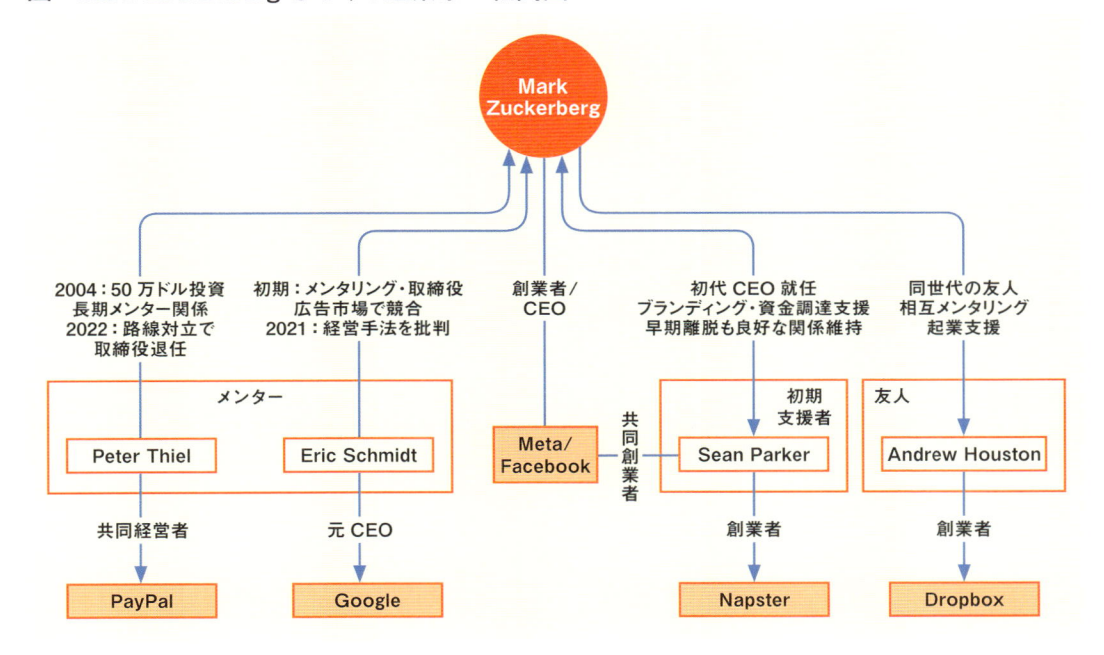

メンター：Peter Thiel、Eric Schmidt

　Mark Zuckerberg は Facebook（現 Meta）の創業を通じて、多くの重要な人物と出会い、その交友関係が Facebook の成功と彼自身の成長を支えた。在学中に思いついたビジネスの種は、ビジョナリーな投資家など IT 業界の先達のアドバイスとサポートにより、見事に花開いていく。

　PayPal マフィアの筆頭、Peter Thiel と Zuckerberg の出会いは、Facebook の重要な転換点となった。2004年、Thiel は当時19歳だった Zuckerberg のビジョンを信じ、50万

ドルの初期投資を行った。この軍資金により、Facebookは成長の基盤を築き、大規模ユーザーの獲得が叶う。この投資は額面以上の意味を持ち、「あのThielが投資するなら間違いない」といった信用をシリコンバレーの間に醸成する。Thielは投資家としてだけでなく、長年にわたってZuckerbergの重要な助言者としての役割を果たした。Zuckerbergを「真に独創的な思想家」と評価し、Facebookの成長に大きく貢献した。

Facebookの初期の重要な意思決定や経営戦略策定において、Thielの経験と洞察力は大きな影響を与えた。Thielの哲学は、競争を避けて独自の市場を開拓するという「ゼロ・トゥ・ワン」のアプローチであり、この考え方はFacebookがSNS市場で独自の地位を築く礎となった。2022年にThielがMetaの取締役を退任した背景には、政治活動に注力したいとのThielの意向があった。これは、ThielのDonald Trump大統領への支持とZuckerbergの政治的立場の違いが表面化したものと見られている。なお、2025年1月には、Trumpの大統領就任を目前に、FacebookとInstagramのファクトチェック廃止が発表されるなど、政治とIT業界の距離にあらためて注目が集まっている。

GoogleのCEOだったEric Schmidtもまた、Zuckerbergの重要なメンターの1人として知られる。Facebook創業初期からZuckerbergを支援し、取締役会に参加するなど直接的な影響を与えた。GoogleとFacebookがライバル関係にありながらも、SchmidtがZuckerbergを支援し続けたことは特筆に値する。GoogleとFacebookが後に広告市場で激しく競合するようになったにもかかわらず、両者の間には一定の尊敬とプロフェッショナリズムが介在していた。この関係は、シリコンバレーにおける世代を超えた知識と経験の継承の好例として評価されている。

ただし、2021年12月に、SchmidtはMSNBCのインタビューで「Markは根本的な道理や道義を忘れてしまった」と批判し、Zuckerbergの経営手法に疑問を呈した。この発言は、かつての良好な関係に亀裂が入ったことを示唆している。

支援と友情：Sean Parker、Andrew Houston

Napsterの共同創業者Sean Parkerは、Zuckerbergをシリコンバレーの世界へと導く重要な役割を果たした、Facebookの初期の歴史における重要な登場人物の1人である。ParkerはFacebookの最初の社外CEOとして参画し、同社のブランディングと資金調

達に手腕を振るった。映画「ソーシャルネットワーク」でも描かれたように、Parkerは Zuckerbergのビジネスセンスを引き出し、単なるプログラマから起業家への転身を促した人物である。

　しかし、パーカーの影響力は賛否両論を呼び、その過激な性格や問題行動は時にFacebookにとってリスクともなった。その派手な生活やトラブルの多い素行は批判を招き、ParkerはまもなくFacebookを離れることになった。それでも、Zuckerbergは彼に対する感謝を公言しており、Facebookの初期成功はパーカーの貢献なしには語れない。

　Andrew Houstonは、Dropboxの創業者であり、Zuckerbergの友人として知られる。歳の近い2人は、互いに尊敬し合い、ビジネスに関するアドバイスを交換し合ってきた。Zuckerbergは、Dropboxの立ち上げを支援し、Houstonに個人的にアドバイスしてきた。Houstonは、Dropboxをクラウドストレージ市場のリーダーに育て上げる過程でZuckerbergとの交流からユーザー体験やスケーラビリティの重要性を学んだと言われる。Zuckerbergもまた、Facebook以外の分野で成功する起業家との交流を通じて、多角的な視点を得ていた。こうした関係は、シリコンバレーの起業家同士の協力関係の典型である。同年代の両者は同時期にテクノロジー業界で成功を収めたことから、共通点も多い。

　Peter Thielの投資と助言、Eric Schmidtのメンタリング、Sean Parkerの創業期の支援、そしてAndrew Houstonとの友情、これらの交友関係は、Zuckerbergの成長とFacebookの成功に直接的な影響を与えた。これらの交流の歴史は、Zuckerbergが単に技術的な才能に優れているだけでなく、周囲の知恵とリソースを取り込みながら成長していく能力の高さを示している。

Bill Campbell

シリコンバレーで最も知られた「コーチ」

図：Bill Campbell をめぐる起業家の相関図

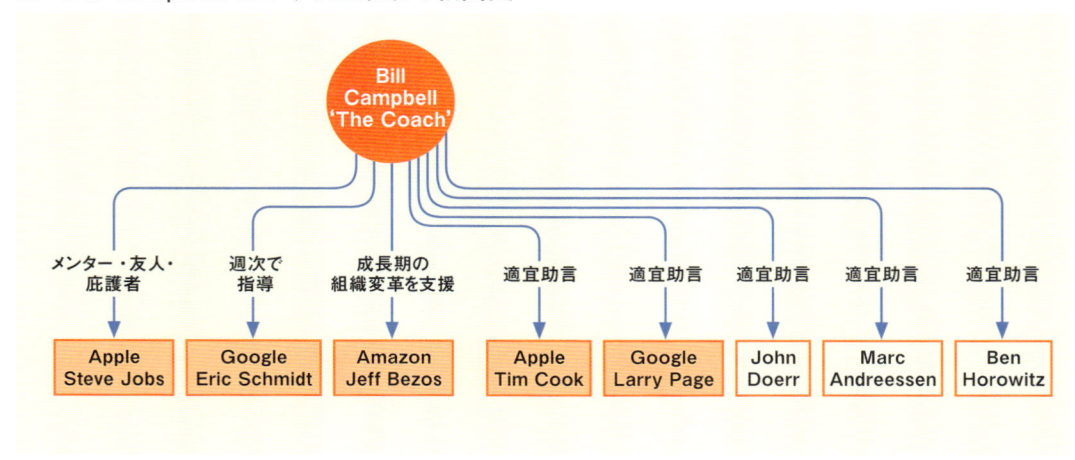

名だたる経営者へのアドバイス

　Bill Campbell は、シリコンバレーで「コーチ」の愛称で慕われ、IT業界の巨人たちに多大な影響を与えた人物として知られる。1970年代にコロンビア大学アメリカンフットボールチームのヘッドコーチを務めた経験に基づき、リーダーシップとチームワークの重要性を説く彼の言葉は、多くのリーダーたちにインスピレーションを与えた。「人を尊重し、信頼を築くことが、成功へのカギである」という彼の哲学は、技術的な知識以上に、人間関係の重要性やチームの信頼構築に重点を置き、シリコンバレーの経営者たちの間で広く共有されている。

　2016年に惜しまれながら亡くなった際には、多くのリーダーたちが「シリコンバレーで最も影響力のある人物の1人」として、功績を称えた。訃報に接した Apple の CEO である Tim Cook は「Bill Campbell は、誰も見向きもしなかったころから Apple を信じて

くれた」とSNSに投稿し、Eric Schmidtは「世界は今朝、偉大なリーダーを失った」と追悼した。彼の影響力と独特の指導スタイルは今も業界の語り草となっている。

　Steve JobsとCampbelの関係は特に深く、Appleの重要な転換期に大きな役割を果たした。Campbellは1983年にAppleに入社し、1997年にJobsの要請で取締役に就任した。Jobsの復帰を強く支持した1人であり、最も信頼する相談相手となった。Jobsのメンター、友人、庇護者として、彼は、Jobsの強烈な個性やリーダーシップを補完し、冷静な助言によってJobsの後ろ盾となり、Appleの再建に貢献した。Eric Schmidtの証言によれば、「Steveは他の誰よりも彼を信頼していた」とされ、iPodからiPhoneへの転換期など、重要な意思決定の場面で助言を行っていたとされる。

　CampbellはGoogleへも特筆すべき貢献を果たした。SchmidtやRally Pageら歴代のGoogle首脳に対し、それぞれの時期に適切な指導を行い、Googleがまだ小さなスタートアップだった頃から企業の成長を見守ってきた。特にSchmidtは、Googleの急成長期に彼から週次で指導を受け、技術者から経営者へ円滑にシフトできたという。「GoogleがAlphabetに再編される以前から我々を支えてくれた」と述べ、「信頼できるガイド」としてCampbellに全幅の信頼を寄せていた。Schmidtは「彼ほどテック業界に大きな影響を及ぼした人物はいない」と敬慕していた。

　AmazonのJeff Bezosもまた、Campbellの薫陶を受けた1人だ。特に、Amazonが小売業から技術プラットフォームへと業容を大きく広げようとした急成長期に、組織の変革と人材育成について重要な示唆を与えたとされる。CampbellはBezosに対し、長期的な視野を持ち、短期的な利益に囚われない経営の重要性を助言したとされる。顧客第一の「カスタマー・オブセッション」を経営理念の中心に据えた背後にも、彼の影響があったとみられる。特に、Amazonがクラウドサービス「AWS」の拡大に着手した際、リスクを恐れずに挑戦する姿勢を持つよう促したことが、Campbellの助言として伝えられている。

　他にも、CampbellはJohn Doerr、Marc Andreessen、Benjamin Horowitzなど、多くのシリコンバレーのリーダーたちを指導、育成してきた。同氏はリーダーたちに共通して求められる資質や能力を理解しており、それぞれの個性を生かせるようなアドバイスを心掛けていた。彼の指導方法の特徴として、各リーダーの個性や状況に応じて柔軟に指導スタイルを変える個々別々のアプローチや、信頼を最優先事項に据えてチームの「心理的安全性」を育む信頼関係の構築、技術や戦略以上にリーダーとしての人間性の成長を重

んじるといった人間性の重視が挙げられる。

　Campbellの影響力は彼が直接関わった企業や人物にとどまらず、シリコンバレー全体の文化や価値観の形成にまで及んだ。技術革新だけでなく、人材育成と組織づくりの重要性を説いたコーチのその教えは現在のテック業界の枠を超え、組織のチームビルディングなどビジネスの現場で模範とされる。その要諦は『1兆ドルコーチ』（ダイヤモンド社）といった書籍にまとめられるなど、コーチの死後も営々と受け継がれている。

インド系エンジニア
シリコンバレーで経営層として活躍

図：インド系エンジニアのネットワーク

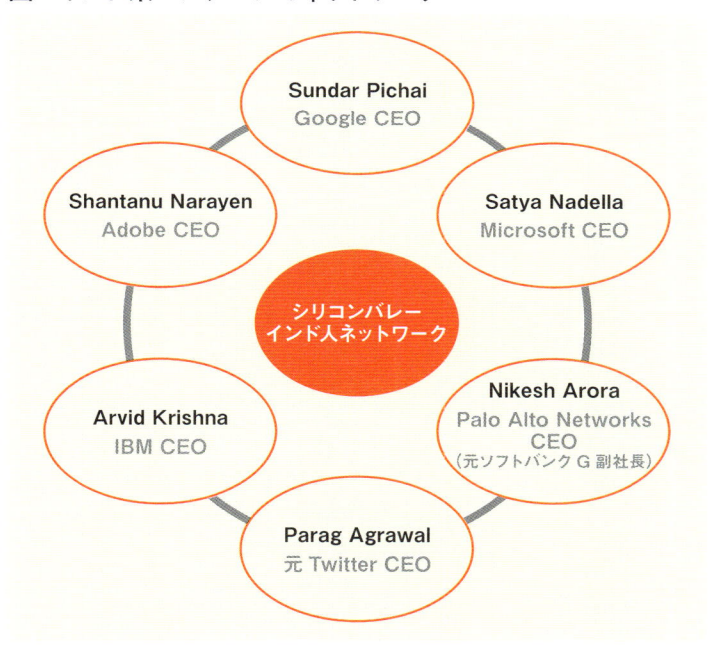

Pichai と Nadella

　シリコンバレーなどで活躍する経営者や凄腕エンジニアの中には、インド出身が少なくない。特に、インド工科大学（IIT）をはじめとする名門校出身者が多く、互いに影響を与え合いながら世界的企業のトップに上り詰めている。特に注目すべき卒業生には、GoogleのCEOであるSundar Pichai（IITカラグプル校）、元TwitterのCEOであるParag Agrawal（IITムンバイ校）、IBMのCEOであるArvind Krishna（IITカーンプル校）、Palo Alto NetworksのCEOであるNikesh Arora（IITバナーラス校）らがいる。

これらのリーダーたちは、IIT という超エリート教育機関での経験を共有し、その後も緊密なネットワークを維持している。彼らには、IIT などインドの一流大学で基礎教育、米国の名門大学院への留学、米国テック企業でのキャリア構築、経営トップへの昇進といったキャリアパスの共通点が見られる。特に Pichai はこのキャリアパスの最も成功したモデルとしてインド人からの尊敬を集める。Pichai は、インド南部タミルナドゥ州の中流家庭に生まれ育ち、IIT カラグプル校で工学を学んだ後、米国スタンフォード大学で学んだ。コンピュータの無い家庭で育った倹約的な彼の出世は、シリコンバレーでのサクセスストーリーの象徴となっている。2004年に Google に入社し、Chrome ブラウザや Android などの主要プロジェクトを主導、リーダーシップが評価され、2015年には Google CEO に、2019年には親会社 Alphabet の CEO に就任した。

一方、Satya Nadella は、インド南部ハイデラバード出身で、IIT に匹敵するインドの名門校であるマニパル工科大学を卒業した後、米国でコンピュータサイエンスを学んだ。1992年に Microsoft に入社し、クラウド事業の成功を通じて評価を確固たるものとし、2014年に CEO に就任した。彼は Microsoft を「クラウドファースト」へと転換させ、競争力を復活させるとともに、AI や検索エンジン「Bing」での革新を推し進めている。

インド出身のテック業界リーダーとして最も成功した人物とされる両者には、共通点が少なくない。インドを故郷とする誇りを公言し、故郷への支援活動にも力を入れている。例えば新型コロナウイルス感染拡大の際には、Google が医療用物資の確保や公衆衛生啓発キャンペーンのための支援を実施、Pichai は「インドの危機を見て悲しい想い」と Twitter（現X）で投稿していた。

Google と Microsoft という世界屈指のテック企業のトップに立つ快挙を成し遂げた2人だが、両社の競合関係は激しさを増しており、特に AI 分野では Open AI と組んだ Microsoft を Google が猛追する構図となって久しい。OpenAI の ChatGPT の登場を受け、Pichai は Google 社内に「コードレッド（緊急事態アラート）」を発報するほど、危機感は深刻だ。

こうした状況下、Nadella は「Google を"踊らせた"のは私たちだということを人々に知ってほしい」と述べ、Microsoft の優位をアピールしていた。この発言を踏まえた WIRED の2023年12月のインタビューで Pichai は、「Google は独自バージョンの Bard を慌ててリリースした。Google は Nadella に踊らされたのか」との質問に対し、「私た

ちは毎年AIの技術革新を進め、またAIを検索サービスに応用してきた。そこには常に競争がある。Alexaが登場し、Siriも登場した。こうした競争は、今に始まったことではない」と語っていた。

シリコンバレーの筆頭企業を率いるインド出身の2人の競争、駆け引きや心理戦は今後も続きそうだ。

競争環境、大学教育が育むインド人材

インド出身の有名企業経営者は数知れない。有名どころでは、AdobeのShantanu Narayen CEOは、インド南部のハイデラバードで育ち、オスマニア大学で学んだ後、米国でMBAを取得した。1998年にAdobeに入社し、2007年にCEOに就任した。同氏のリーダーシップの下、AdobeはCreative Cloudへの移行を成功させ、デザインとマーケティングの世界的リーダーとしての地位を確立した。Narayenもまた、故郷のインドに強い愛着を持ち、教育や社会福祉分野での貢献活動を通じてインド社会を支えている。

IBMのKrishna CEOは、IITカーンプル校で電気工学を学び、米国イリノイ大学で博士号を修めた。IBMに長年勤務し、AIやクラウド分野の開発を主導して2020年にCEOに就任した。以降、IBMはDXやAIのビジネスを強化している。元Twitter CEOのParag Agrawalは、IITムンバイ校で学んだ後、米国で博士号を取得し、Twitterにエンジニアとして入社、37歳という若さでCEOに就任した。ただ、MuskにTwitterが買収される経営変革期だったため、2021年11月から2022年10月までの短期間の在任となった。

日本でもソフトバンクグループの副社長を務め、一時は孫正義の後継者と目されたAroraは現在、サイバーセキュリティ企業のPalo Alto NetworksでCEOを務める。同氏はIITを卒業してGoogleに入社、重要な職責を果たした後、ソフトバンクを経て、2018年、現職に就任した。技術革新とビジネス戦略の両立を得意とし、IIT出身者の中でも特に幅広い分野で成功を収めた経営者として知られる。

現在、インド人躍進の秘訣に世界的な注目が集まっている。シリコンバレーの成功者にインド出身が多い理由には、2桁の掛け算を暗記するなどの独自の教育システムのほか、圧倒的な人口を背景とした強烈な競争環境、ITをはじめとする高いレベルの大学教育、多くのインド人は英語が話せるという言語的壁の低さ、そして何よりインド人同士で競合

しながらも互いにサポートしてチャンスをものにするハングリー精神などがある。シリコンバレーにおけるインド系コミュニティは今後、さらに広く、深く発展していくだろう。

JANUS FRIIS, NIKLAS ZENNSTRÖM, JAAN TALLINN

Skype マフィア
欧州テックシーンへの影響力

図：Skype マフィアの相関図

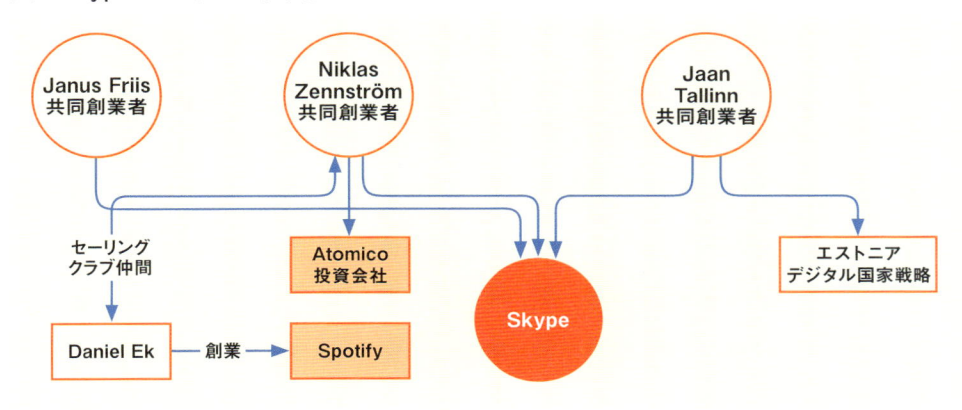

メンター：Skype の誕生とマフィアの形成

　2000年代初頭、Skypeはインターネット通話に革命を起こし、欧州発の成功事例として注目を集めた。Skypeを成功に導いた創業メンバーらは、PayPalマフィアならぬ「Skypeマフィア」と呼ばれ、Skypeマフィアからは数多くの起業家や投資家を輩出し、欧州テックシーンの発展に寄与した。

　当時、欧州のテック業界は米国のシリコンバレーに追いつくために方途を模索していた。そしてスウェーデン出身のNiklas Zennströmとデンマーク出身のJanus Friisが、スタートアップの創業により、欧州のテックシーンに新風を吹き込んだ。Zennström、Friis、Jaan Tallinnをはじめとする才能あるエンジニアたちが集結し、画期的な音声通話サービスを開発する。2003年、P2P技術を基盤とした音声通話サービス、Skypeの誕生だ。彼らは、欧州IT起業家憧れの存在となる。Skypeにはさらに、エストニアの技術者Priit Kassikらが加わり、革新的な通信プラットフォームの基盤を固めていった。2005年には

eBayに、2011年にはMicrosoftにそれぞれ買収される過程を経て、世界的な地位を確立した。

　買収後、多くの優秀なエンジニアや幹部がSkypeを去ったものの、この革新的企業の創設期の元従業員らが互いに協力し合い、ビジネスを成功させたこともあり、彼らは「Skypeマフィア」と呼ばれるようになる。共通の経験と価値観を持ち、新たなビジネスを創出していくネットワークを形成し、新たなスタートアップを立ち上げたり、既存企業に参画したり、投資分野で活躍したりしていった。

Skypeマフィアの台頭

　Skypeマフィアの中心人物は、共同創業者の1人であるZennströmだ。彼は投資会社Atomicoを設立し、欧州の初期段階スタートアップに多大な資金を提供した。同氏の投資活動はスウェーデンを中心とした北欧エコシステムの成長を支えた。もう1人の共同創業者であるTallinnはSkypeの技術的中核を担った。エストニア出身で、後にAI安全性に関する活動を広げ、エストニアのデジタル国家戦略にも影響を与える。

　Zennströmの影響力は現在も衰えていない。スウェーデン発のユニコーンとして知られるSpotifyの創業者Daniel Ekは、Zennströmとセーリングクラブで出会い、親交を深めた。Ekに助言を与え、Spotifyの拡大戦略を共に練り上げた。

　Skypeの成功はまた、欧州発の新興ITが世界規模で成功できることを証明した。ネット時代に国境は無いと実績で示し、多くの起業家を鼓舞した。オンライン決済サービスのKlarnaや、スタートアップインキュベーターのRocket Internetといった欧州発のユニコーン企業も、Skypeマフィアと決して無縁ではない。Skypeマフィアの活躍は、創業メンバーらの出身国であるエストニア、スウェーデン、デンマークといった国々が新たなスタートアップの拠点となる道を開いた。特に、エストニアのタリン市は「エストニアのシリコンバレー」として知られ、電子政府やスタートアップ支援のモデルとなっている。

台湾起業家
半導体産業の中核を担うネットワーク

図：台湾起業家の相関図

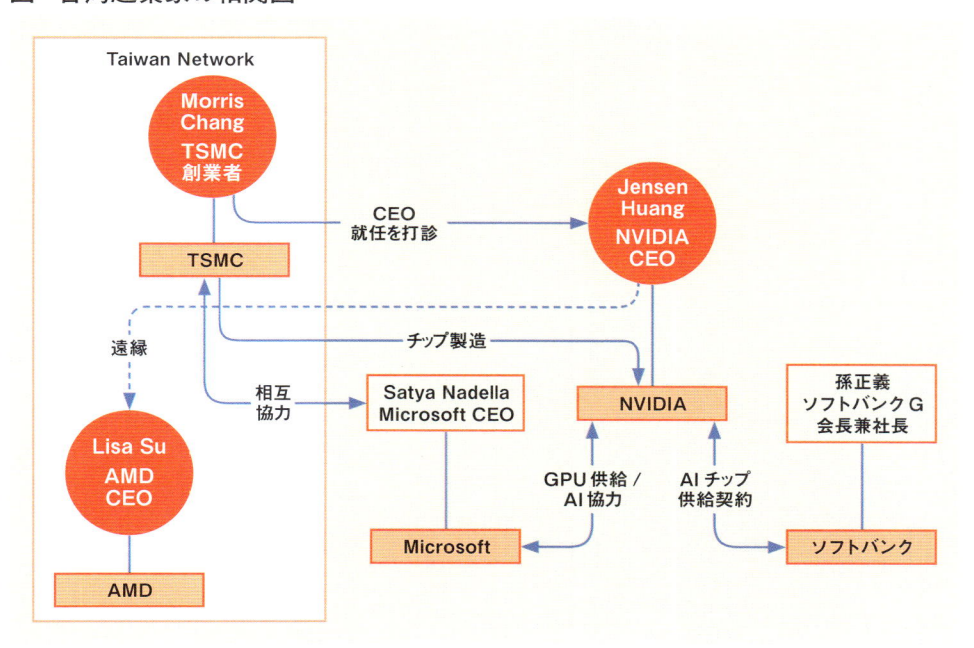

台湾にルーツを持つ半導体業界の重鎮

　半導体はグローバルITの中核であり、その産業においては台湾出身者が重要な役割を果たしている。今や飛ぶ鳥を落とす勢いのNVIDIAの創業者兼CEOのJensen Huang（黄仁勲）、台湾積体電路製造（TSMC）の創業者Morris Chang（張忠謀）CEO、AMDのLisa Su（蘇 姿丰）CEOらの交流遍歴を辿ることで、業界の相関図が浮かび上がる。

　HuangとChangは、台湾にルーツを持つ半導体業界の重鎮同士として長年交流がある。Changは、1987年にTSMCを創業し、世界最大の半導体受託生産企業「ファウン

ドリ」としての地位を確立した。TSMCのナノメートル単位の超微細技術は、NVIDIAのGPU製造にも欠かせない。かつて、ChangはHuangの才能を高く評価し、TSMCのCEO就任を打診したが、HuangはNVIDIAの経営に専念するためこれを断った経緯がある。NVIDIAとTSMCの協力関係は現在も続いており、TSMCの先進的なプロセス技術がNVIDIAのAI向けチップの製造を支えている。

一方、AMDの社長兼CEOであるLisa Suは、Huangの遠縁に当たる。Suの母方の祖父とHuangの母がいとこ同士である。台湾・台南にルーツを持ち、半導体業界における台湾人ネットワークの象徴的な存在となっている。Suは、AMDのCEOとして同社を劇的に復活させ、市場シェアの奪取に勤しんでいる。

台湾人以外にも太いパイプ

Microsoftの Satya Nadella CEO と Huang は、AI技術の発展において緊密な協力関係を築いている。Microsoft は、Azure のクラウドサービスにおいて NVIDIA の GPU を大量に採用し、AI の学習や推論における重要な基盤として活用している。Nadella は AI 分野における NVIDIA の半導体技術を高く評価し、両者の協力は AI 研究の進展や商業利用を加速させている。

Huang はまた、ソフトバンクグループの孫正義との親密な関係でも知られる。両氏は、AI技術に対する共通のビジョンを持つ長年のパートナーであり、世界経済フォーラムで共に登壇し、AI の未来について議論を深めるほどの親密ぶりだ。孫は Huang を「最も敬愛する経営者の1人」と公言している。ARM買収計画やAIチップの供給契約を通じて陰に陽に緊密な協力関係を築いてきた。特に、2023年に締結された NVIDIA とソフトバンクの AI チップの長期供給契約は、AI技術の商業利用拡大に向けた重要な一歩である。

これらの著名な台湾人経営者らは、共通の文化的背景と価値観を共有しつつ、ファウンドリとファブレスという相補性をうまく生かして今後もグローバルな半導体サプライヤーとして活躍していくだろう。

孫 正義
ソフトバンクを支える米国人脈とアジア人脈

図：孫正義をめぐる起業家の相関図

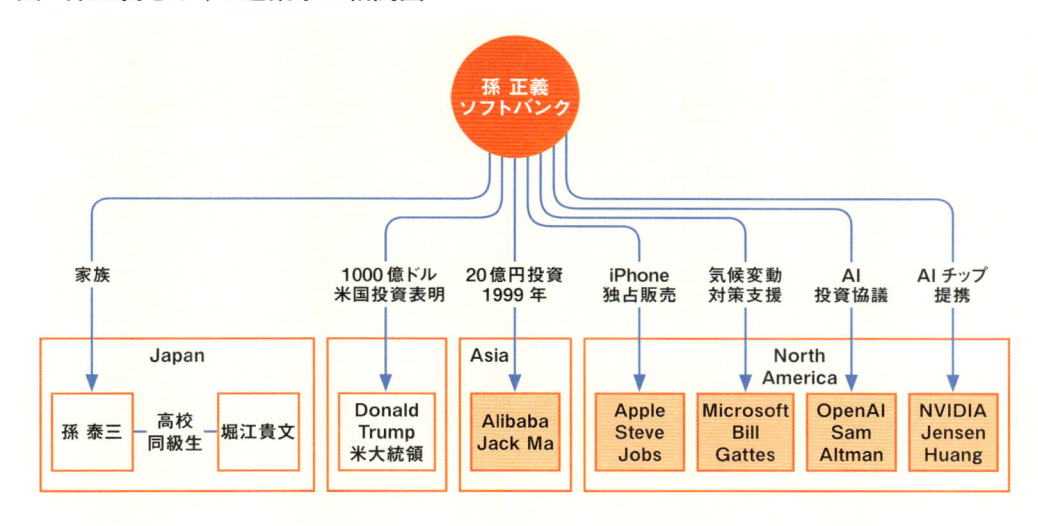

IT 業界の巨人たちとの絆が深い起業家

　ソフトバンクグループを一代で築いた孫正義は、国内にとどまらず、グローバルなビジネスリーダーから政治家まで幅広く太いパイプを有する。特に留学を端緒とする米国での人脈や、その後のビジネスで培ったアジアのIT分野の大物との親交は注目に値する。

　孫はシリコンバレーを中心としたIT業界の巨人たちとの絆が深い。最も象徴的なのが、故Steve Jobsとの親交である。2人の特別な関係は後に、ソフトバンクによる日本でのiPhone独占販売という形で結実する。2011年、ジョブズの死去の際には落涙して力を落とし、「とても悲しい。芸術とテクノロジーを両立させる正に現代の天才だった。彼の偉業は、永遠に輝き続ける」と悼んだ。

また、Microsoft 創業者の Bill Gates との関係も特筆に値する。1980年代の日本の PC 産業黎明期から始まった付き合いは現在も続く。特に気候変動対策の分野では、Gates が 2015年に立ち上げた Breakthrough Energy に対し、要請された 5,000万ドルを大きく上回る 1億ドルを投じるなど、信頼関係が深い。両者は定期的に会って最新のデジタル技術や気候変動、AI や人類の未来について活発な議論を交わしている。このほか、最近は OpenAI に兆円単位の巨額出資を協議するなど、Sam Altman との関係も注目されている。

　一方、政界にも顔が利き、2025年1月に返り咲いた米トランプ大統領の就任に際しては、米国へ 1,000億ドルの AI 関連の投資を表明した。トランプは相好を崩し、孫の肩を抱き寄せる親密ぶりを見せた。また、米投資ファンド大手 The Blackstone Group の共同創業者である Stephen Allen Schwarzman が設立した「Schwarzman Scholars」プログラムの支援を通じ、次世代のグローバルリーダーを育成するなど、教育分野でも精力的に動いている。

　アジアでも、先述の NVIDIA の Jensen Huang CEO との親交に加え、Alibaba Group の Jack Ma との絆が深い。1999年、孫が Ma と北京で面会した際、わずか5分の面談で約 20億円の出資を即決したとされる。孫の直感力と投資の才能を示すエピソードだ。この投資は後にソフトバンクグループに莫大な利益をもたらす。両者は、単なる投資家と起業家の関係を超えて、互いに尊敬し合うパートナーシップを築き、孫は Ma の人柄と事業の将来性を高く評価し、Alibaba の成長を支え続けた。

　孫は、在日韓国人三世であることを公言している。その尋常ならざる壮絶な出自や生い立ちは既に様々な形で記録に残っている。逆境をはねのけ、立身出世を地で行く孫を崇敬の対象とする経営者らは少なくない。弟の孫泰三も AI 分野を中心に活躍する実業家であり、高校の同級生には同じく実業家の堀江貴文がいるなど、日本国内にも様々な人脈網が張り巡らされている。

おわりに

　本書の執筆を始めたのは2024年半ば、まさにグローバルな政治変動の年の最中だった。米国大統領選をはじめ、台湾、インド、欧州、ロシアなど数多くの重要な選挙が世界各地で行われた。その選挙活動に、SNSやAIがかつてない規模で陰に陽に影響を及ぼした。特に生成AIを用いた虚偽情報の影響はかつてないほど大きく、ディープフェイク技術を悪用した映像や記事などが、民主主義の根幹を揺るがす危機的問題として深刻の度を増した。その対策は各国、そして国際社会の喫緊の課題となっている。

　トランプ氏の再選によって始動した米国の新政権は「トランプ2.0」と呼ばれ、自国第一の強硬な保護主義政策を掲げる。経済安全保障の重要性に鑑み、テクノロジー分野における米中対立は一層激しさを増す。半導体やクラウドなど先端技術をめぐる覇権争いは、グローバルなサプライチェーンの分断、ひいては再編を促している。

　こうした時代において、本書が焦点を当てた「グローバルIT」の視点はますます切要になるだろう。世界中で発展を遂げるIT産業は、各国・地域の政治的、経済的背景と密接に結び付いている。シリコンバレーのスタートアップのマインドやカルチャー、欧州のデータ保護規制、中国の国家主導のデジタル戦略、インドにおけるIT産業勃興のスピード、東南アジアのフィンテックやモビリティ革命——それぞれが独自の道を歩みながらも、相互に影響を及ぼし合う。

　激動の時代にあればこそ、一度立ち止まってみる。IT産業の歴史、辿った道程を顧みると、わずか半世紀余りの間に成し遂げられた技術革新の偉大さに感嘆を禁じ得ない。真空管からトランジスタへ、パーソナルコンピュータからスマートフォンへ、そしてインターネット革命からAI時代へ——。先人たちが築き上げてきた技術の積み重ねが、現代のデジタル社会を支える礎となっていることに、あらためて畏敬の念を抱く。

本書の執筆過程では、AIエージェント（Agentic AI）のトレンド、AI需要に伴うデータセンターの新設、中国発のオープンソースの生成AI「DeepSeek」をめぐる期待感と警戒感など、AIにまつわる新発表や観測記事がひっきりなしに報じられた。特に、大規模言語モデル（LLM）が急速な進化することによって、人間の知的活動の多くの領域でAIの活用が広がり続けているのは明らかだ。

　一方、テクノロジーの発展がもたらす負の側面にも目を向けねばならない。サイバーセキュリティの脅威は増大し、デジタルプライバシーの保護は国際的な課題となっている。また、デジタルデバイドの拡大やAIによる誤情報や偽情報の増加など、難題は山積する。

　こうした課題に直面しながらも、世界各地では多様なイノベーションが生まれ続けている。それぞれの地域が持つ独自の強みが、グローバルIT産業の持続的な発展の支えとなる。果たして、日本はどのようなポジショニングを取るべきか――。

　本書を通して、読者の皆様が、この激動するグローバルIT産業の現状を理解し、その未来を展望する一助となることを願う。

　最後に、スタートアップに通暁したメディア「TECHBLITZ」をはじめ、参照させていただいた有用な情報源、執筆にご協力いただいた各位、そして半年超にわたり伴走いただいたソシム中村理氏、機嫌よく支えてくれた家族に心より謝意を表し、擱筆としたい。

■企画・編集　　　　イノウ（http://www.iknow.ne.jp/）
■ブックデザイン　　河南 祐介（FANTAGRAPH）
■DTP・図版作成　　西嶋 正

グローバルITの世界地図

2025 年　5 月　1 日　初版第 1 刷発行

著　者　　南 龍太
発行人　　片柳 秀夫
発行所　　ソシム株式会社
　　　　　https://www.socym.co.jp/
　　　　　〒 101-0064　東京都千代田区神田猿楽町 1-5-15　猿楽町 SS ビル
　　　　　TEL　03-5217-2400（代表）
　　　　　FAX　03-5217-2420
印刷・製本　　シナノ印刷株式会社